NIMM DIR ZEIT
FÜR DICH SELBST

HAZELDEN MEDITATIONSBÜCHER

Nimm dir Zeit für dich selbst

Tägliche Meditationen für Frauen, die zuviel arbeiten

Ins Deutsche übertragen von
Gabriel Stein

WILHELM HEYNE VERLAG
MÜNCHEN

Titel der amerikanischen Originalausgabe:
MEDITATIONS FOR WOMEN
WHO DO TOO MUCH
Ins Deutsche übertragen von Gabriel Stein

17. Auflage

Die Originalausgabe erschien
bei Harper & Row, San Francisco

Der Wilhelm Heyne Verlag ist ein Unternehmen
der Ullstein Heyne List GmbH & Co. KG, München.
Umschlaggestaltung: Martina Eisele
Umschlagillustration: Chroma Zone / Premium, Düsseldorf
Satz: Schaber Satz- und Datentechnik, Wels
Druck und Bindung: RMO-Druck, München
Printed in Germany

ISBN 3-453-05561-6

Einleitung

Dies ist ein Meditationsbuch für Frauen, die »zuviel machen«. Als mir mein Verleger zum ersten Mal dieses Thema vorschlug, sprachen wir darüber, wie notwendig und wichtig ein Buch für arbeitssüchtige Frauen sei. Im Verlaufe der Diskussionen jedoch fanden wir heraus, daß es viele unterschiedliche Frauen gibt, die sich zwar überarbeiten und zu viele Dinge auf einmal anpacken, von denen sich viele aber nicht in erster Linie als »Workaholics« bezeichnen würden. Trotzdem sind da eine ganze Menge von Frauen unter uns, die sich übernehmen, sich ständig in Trab halten und ihre ganze Zeit damit verbringen, für andere zu sorgen — auf Kosten ihrer eigenen Gesundheit. Viele von uns haben die Grenze zu einem zwanghaften, suchterzeugenden und selbstzerstörerischen Verhalten bereits überschritten und müssen im eigenen Leben einige gravierende Änderungen vornehmen. Daher entschloß ich mich, ein Buch für Frauen zu schreiben, die »zuviel machen«, unabhängig davon, an welchem Ort oder in welcher Weise dies geschieht. Das vorliegende Buch wendet sich also an Frauen, die zuviel arbeiten (wie es der Untertitel, etwas verkürzend, auch sagt) und die darüber hinaus ständig unter dem Zwang stehen, sich zu beschäftigen, herumzuhetzen und sich um Gott und die Welt zu kümmern. Ich hoffe, es wird sich für eine ganze Reihe von Frauen als eine interessante, herausfordernde und hilfreiche Lektüre erweisen.

Ich habe mich entschieden, fast ausschließlich Zitate von Frauen zu verwenden. Das soll nicht heißen, daß es keine verlockenden, anregenden und nützlichen Aussprüche von Männern gibt — ganz im Gegenteil. Jedoch habe ich eine solche Fülle wunderbarer Sätze von Frauen entdeckt, daß ich nur auf diese zurückgreifen wollte. Sie stammen von Frauen unterschiedlichen Alters, die in verschiedenen Kulturen zu Hause sind, eine je andere Erziehung genossen und so auch über eine ganz unverwechselbare Perspektive verfügen. Ich habe Zitate berühmter, engagierter Frauen benutzt, aber auch von Frauen, die gewissermaßen im Vorübergehen etwas Wichtiges gesagt haben. Und so wurde mir diese Sammlung von Sprüchen zu einer kostbaren und bereichernden Quelle der Erfahrung.

Bei der Vorbereitung dieses Buches bin ich erneut auf einen Roman gestoßen, den ich immer schon sehr mochte und den ich in diesem Zusammenhang als besonders passend empfand: *Norma Jean the Termite Queen* (Norma Jean, die Termitenkönigin) von Sheila Ballantyne. In den folgenden Meditationen werden Sie verschiedene Zitate aus diesem Buch finden. Und da Norma Jean Harris für mich eine völlig reale Person ist, habe ich nicht nur der Autorin, sondern auch ihrer Hauptfigur an entsprechender Stelle meine Reverenz erwiesen.

Dieses Meditationsbuch ist nicht nur für Frauen gedacht, obwohl es aus der weiblichen Perspektive entworfen und im weiblichen Stil geschrieben wurde. Mehrere Männer haben das Manuskript gelesen und für geeignet befunden. Ich freue mich, diese Texte mit jedem Menschen teilen zu können, der in irgendeiner Weise Nutzen aus ihnen zieht. Ich weiß, es gibt viele unter uns, die sich zu Tode arbeiten und trotzdem das Gefühl haben, ihren Teil schuldig zu bleiben. Aber das Leben muß nicht einen so schrecklichen Verlauf nehmen.

In mancher Hinsicht ist hier die für Meditationsbücher übliche Form beibehalten worden. Zum Beispiel ist jede Meditation einem Tag des Jahres zugeordnet; jeder Tag beginnt mit einem Zitat, auf den dann der jeweilige Text folgt, und endet mit einigen Worten, die als Leitlinie für die nächsten vierundzwanzig Stunden gelten sollen. Weil ich annehme, daß Frauen, die sich ständig aufarbeiten und überfordern, kaum (oder wahrscheinlich gar keine) Zeit für eine meditative Lektüre aufbringen, habe ich mich bemüht, die Passagen kurz und prägnant zu gestalten. Auch habe ich am Ende des Buches einige »Alternative Meditationen« beigefügt. Falls Sie für die Gedanken an einem bestimmten Tag des Jahres nicht empfänglich sind, sollten Sie sich einen dieser zusätzlichen Abschnitte genauer ansehen.

Diese Meditationen verfolgen weder die Absicht, Ihnen eine besondere Handlungsweise aufzuzwingen, noch schreiben sie Ihnen vor, wie Ihr Charakter sein sollte. Sie stellen auch keine endgültigen Antworten dar. Sie wollen ganz einfach Gefühle in Ihnen wachrütteln, Sie zum Nachdenken anregen und Möglichkeiten aufzeigen, wie Sie einige Änderungen herbeiführen können, um so Ihre Lebensqualität und Vitalität zu steigern. Diese Meditationen können als offene Türen aufgefaßt werden, durch die man sanft in bisher unbekannte Räume überwechselt, oder aber als plötzliche Hiebe, die direkt in die Magengrube gehen. Verfahren Sie damit, wie Sie es für richtig halten.

Aufregung/Hetze

Alles, was sich wirklich lohnt, sollte man wie besessen und hektisch erledigen. Modernes Sprichwort

Wir Frauen, die wir immer zuviel tun, empfinden das Ende des alten Jahres und den Beginn des neuen als eine schwierige Zeit. Sobald das Jahr zu Ende geht, sind wir ständig versucht, all unsere noch offenen Probleme »in Ordnung zu bringen«. Wir erliegen dem Irrglauben, es sei möglich, unser ganzes Leben »aufzuarbeiten«, ehe wir das neue Jahr beginnen — und sind fest entschlossen, dies auch zu tun.

Außerdem geraten wir in Versuchung, für das kommende Jahr eine Reihe wohlüberlegter Vorsätze aufzustellen, damit wir schließlich doch noch alles *richtig machen.* Da wir arbeitssüchtig sind, neigen wir dazu, sehr streng mit uns selbst zu sein: Nur das Perfekte ist gut genug. So bleibt an diesem ersten Tag des Jahres nur zu hoffen, daß wir uns daran erinnern: Wir sind bereits vollkommen — genau so, wie wir sind.

ICH HOFFE, daß ich innerlich bereit bin, dieses Jahr so zu verbringen, daß es mir guttut ... und zwar Tag für Tag.

2. Januar

Machtlosigkeit

Wir sind machtlos gegenüber unserer Arbeitssucht und Geschäftigkeit und können unser Leben nicht mehr meistern.

Der Erste Schritt der Anonymen Alkoholiker in abgewandelter Form

Ich und machtlos? Nein, niemals! Schon das bloße Wort bringt mich dazu, verächtlich die Lippen zu schürzen und jedem menschlichen Wesen, das so etwas behauptet, tiefes Mißtrauen entgegenzubringen. Als Frau werde ich nie wieder machtlos sein. Vielleicht *glauben* die anderen, ich sei machtlos — aber ich werde es nicht sein!

Moment mal. Dieser Schritt besagt nicht, daß ich als Mensch machtlos bin. Er bringt vielmehr klar zum Ausdruck, daß ich machtlos bin gegenüber meiner Arbeitssucht und Geschäftigkeit. Das aber ist ganz etwas anderes. Denn in der Tat hatte ich das Gefühl, daß mir die Dinge ein wenig über den Kopf gewachsen sind; und ich bin beunruhigt darüber, daß meine Beziehungen und auch andere Bereiche meines Privatlebens in letzter Zeit sehr gelitten haben.

Selbst wenn ich versuche aufzuhören, muß ich feststellen, daß ich es im Grunde nicht kann. Vielleicht muß ich erst einmal die Bereitschaft aufbringen, diese Vorstellung des »Machtlos-Seins« in Betracht zu ziehen. Denn in meinem Leben fehlt etwas.

EINFACH BEREIT sein, einmal genauer hinzusehen, ist der erste Schritt. Ich bin fähig, diesen Schritt zu unternehmen.

Entschuldigungen/Wahlmöglichkeiten

So wurde mir schon in frühem Alter die Tatsache bewußt, daß die Arbeit das Wichtigste war und als Rechtfertigung für ein recht unmenschliches Verhalten diente.
May Sarton

Wie andere Suchtkrankheiten auch, ist die Arbeitssucht nicht an eine bestimmte Generation gebunden. Viele von uns haben sie zu Hause schon von Vater und Mutter übernommen, und so können wir uns in dieser Welt eine andere Lebensweise nicht einmal vorstellen. Die Arbeit hatte Vorrang vor allen anderen Dingen in Haushalt und Familie. Vergnügen konnten wir uns erst, wenn die Arbeit getan war — und sie nahm kein Ende. Wir konnten uns erst entspannen und uns um die eigenen Bedürfnisse kümmern, wenn die Hausarbeit erledigt und die Wohnung aufgeräumt war. Und als wir das endlich vollbracht hatten, fühlten wir uns viel zu müde für irgend etwas anderes. Sauberkeit ging immer über alles und war fast gleichbedeutend mit Frömmigkeit; und diese schien oft unerreichbar.

Die Arbeit war stets mit den Erfordernissen des Lebens verbunden, damit, daß man seinen Weg macht und es zu etwas bringt. Diese Ideale rechtfertigten alles: selbst ein grausames und unmenschliches Verhalten gegenüber der Familie.

Wir haben unsere Lektionen gut gelernt; jetzt aber haben wir die Möglichkeit, der von Generation zu Generation weitergegebenen Krankheit namens Arbeitssucht ein Ende zu machen. Wir haben die Chance, anders zu sein. Wir haben die Wahl.

ICH WILL HEUTE darauf achten, wie oft ich die Arbeit als Entschuldigung für mein unmenschliches Verhalten benutze.

4. Januar

Humor

Mit der Zeit wird alles Heile wund. Jane Ace

Humor ist so heilsam … und macht auch Spaß. Wir stellen fest, daß Humor eine jener menschlichen Gaben ist, die als erste verschwinden, sobald Suchtkrankheiten einsetzen.

Wir verlieren die Fähigkeit, über uns selbst und mit anderen Menschen zu lachen. Wir fühlen uns beleidigt, wenn sich jemand über uns lustig macht, nehmen alles sehr persönlich und betrachten es als Demütigung. Je weiter unsere Krankheit fortschreitet, desto mehr wirken wir wie *Scrooge* (der geizige Misanthrop aus Dickens' *Weihnachtsgeschichte*), wenn er sich als Alleinunterhalter versuchen würde. Und in der Tat: Anstatt Wunden zu heilen, sind wir selbst eine Wunde geworden … eine Wunde ohne Seele.

Guter Humor ist überhaupt nicht teuer. Er gehört zu jenen Vergnügen im Leben, die umsonst sind. Ich bin sicher: Wenn wir uns genug darum bemühen, können wir uns an jene Seite unserer Persönlichkeit erinnern, die lachen und scherzen konnte.

GOTT SEI DANK stirbt der Humor nicht ab, sondern taucht manchmal nur unter und gräbt Höhlen für unser »ernstes« Selbst, in denen dieses erschöpft Zuflucht suchen und klein beigeben kann.

Krisen/Erschöpfung/Kontrolle

Der Himmel stürzt ein! Der Himmel stürzt ein!
Chicken Little

Unser Leben zu verbringen wie Chicken Little kann ganz schön anstrengend sein. Und doch leben so viele von uns von einer Krise zur nächsten! Wir haben uns derart an Krisen und letzte Termine gewöhnt, daß wir uns schon beinahe verloren vorkommen, wenn einmal nicht irgendeine brenzlige Situation zu bereinigen ist. Wären wir wirklich ehrlich, dann müßten wir zugeben, daß diese Krisenbewältigung in Wirklichkeit etwas Dramatisches und Aufregendes an sich hat. Dadurch bekommen wir das Gefühl, unser Leben wenigstens etwas im Griff zu haben.

Gelegentlich haben wir uns jedoch gefragt, ob all diese vielen Krisen wirklich sein müssen und ob es nicht eine andere Lebensweise gibt, die unter Umständen ein bißchen weniger strapaziös ist. Selbst wenn wir uns vom Krisenmanagement anregen und berauschen lassen, bleibt doch ein Gefühl der Leere zurück. Könnte es nicht sein, daß solche Situationen uns nicht nur einfach *zustoßen* — sondern daß wir bei ihrer Entstehung selbst die Hand im Spiel haben?

Sobald wir anfangen, an unserer inneren Heilung zu arbeiten, nehmen wir andere Menschen in unserer Umgebung wahr, die nicht von einer Krise zur nächsten leben; und sie scheinen ihre Sache sehr gut zu machen … Sie sind sogar gelassen und heiter.

MEINE KRISEN sind nicht zu trennen von meiner Illusion, alles fest im Griff zu haben. Ich hoffe, daß ich es mir selbst heute gestatten kann, die Beziehung zwischen diesen beiden Aspekten ganz offen wahrzunehmen.

6. Januar

Selbsttäuschung/Illusionen

Nehmen Sie sich vor Illusionen in acht! *Was meinen Sie damit? Illusionen gehören zu meinen besten Freunden. Sie haben mich jahrelang bei Kräften gehalten.*

Norma Jean Harris (Sheila Ballantyne)

Alle Süchte basieren auf Illusionen: das Leben im Griff zu haben, perfekt zu sein und Objektivität zu besitzen. Unehrlichkeit und Verdrängung sind die Bausteine der Sucht. Wenn wir irgendeiner von diesen Illusionen nachhängen, betrügen wir uns selbst — und wenn wir uns selbst betrügen, verlieren wir uns selbst. Warum aber finden wir Selbsttäuschung und Illusionen um so vieles verlockender als Ehrlichkeit? Möglicherweise deshalb, weil wir in einer Gesellschaft leben, die ihrerseits ganz und gar von Illusionen lebt. Auf allen gesellschaftlichen Ebenen nehmen die Verdrängungsmechanismen überhand, und es gibt nicht viel Unterstützung für jene Menschen, »die die Wahrheit in den Mund nehmen«.

Dennoch können nur wir uns selbst betrügen. Wir sind die einzigen, die sich weigern können, die eigenen Empfindungen anzuerkennen, und die sich selbst belügen. Die Entscheidung, ob wir uns selbst etwas vormachen wollen, liegt bei uns.

ES GIBT ein altes Sprichwort, das lautet: »Das Gewissen ist ein Köter, der dich vorbeiläßt, den du aber nicht daran hindern kannst zu bellen.« Manchmal gibt unser Bewußtsein seltsame Geräusche von sich, damit wir ihm Beachtung schenken.

UNNACHGIEBIGKEIT

Nicht nur sind Veränderungen (im Leben) möglich und vorhersehbar — man wird mitschuldig am eigenen Dahinvegetieren, wenn man sie verleugnet.

Gail Sheehy

Zur Sucht gehört eine »verrückte« Denkweise, die sich unter anderem darin zeigt, daß wir uns sicher wähnen, wenn wir nur alles in Ordnung bringen, alles an seinen Platz stellen und darauf achten, daß dann alles so bleibt. Viel von unserer Energie wird damit vergeudet, daß wir versuchen, unsere eigene Verkalkung voranzutreiben. Leider sind verkalkte Lebewesen aber spröde und zerbrechlich.

Wenn wir in irgendeiner Sache allzu unnachgiebig werden, verlieren wir den Kontakt zu unserem eigenen Lebensprozeß und begeben uns außerhalb des großen Lebensstromes — wir sterben. Lillian Smith hat dies so zum Ausdruck gebracht: »Wenn du aufhörst zu lernen, nicht mehr zuhörst, nicht mehr schaust und keine Fragen mehr stellst, immer neue Fragen, dann ist es Zeit zu sterben.«

BIN ICH schon gestorben? Bin ich einer von jenen lebenden Toten? Starr sein bedeutet nicht Stabilität, sondern Brüchigkeit.

8. Januar

Das Bedürfnis nach Leistung

Einige von uns werden zu jenen Männern, die wir einmal heiraten wollten. Gloria Steinem

Es gehört schon einiges dazu, um in einer angesehenen Firma eine wichtige Stelle zu bekommen. Viele von uns haben lange und hart gearbeitet, um dahin zu kommen, wo wir jetzt stehen — und wir sind stolz auf unsere Errungenschaften.

Der Erfolg verlangt Opfer und Konzentration; wir haben gelernt, wie beides zu bewerkstelligen ist. Wir haben die Arbeit über alles andere in unserem Leben gestellt. Wir haben gelernt, mit anderen zu konkurrieren und Kompromisse zu schließen. Wir haben gelernt, uns wie Männer anzuziehen und uns im Kreis von Männern zu behaupten. Wir haben gelernt, »cool« zu sein und »aufzutrumpfen«, wenn es nötig ist. Wir wollten uns durchsetzen in der Männerwelt, und wir haben es geschafft. Wir haben gelernt, das Spiel mitzuspielen.

Es ist an der Zeit, innezuhalten und festzustellen, was mit uns auf diesem Weg passiert ist. Sind wir *die* Frau, die wir sein wollen?

ICH FRAGE MICH, ob ich wirklich der Mann geworden bin, den ich heiraten wollte? Würde jene klarsichtige und gesunde Frau in meinem Innern mich heiraten wollen?

Wut

Wut stirbt, wenn man sie nährt.
Erst durch Hungern wird sie fett. Emily Dickinson

Wut war für uns noch nie eine leichte Empfindung. Wir werden wütend, wenn man uns bei Beförderungen übergeht. Wir werden wütend, wenn keiner zuhört. Wir werden wütend, wenn man unsere Ideen nicht beachtet, und noch wütender, wenn eben diese Ideen als »fantastisch« bezeichnet werden, sobald einer unserer männlichen Kollegen sie präsentiert. Wir werden wütend, wenn wir so ausgelaugt und erschöpft sind, daß wir uns dabei ertappen, wie wir gerade jene Menschen anschreien, die wir am meisten lieben. Dann werden wir wütend darüber, daß wir wütend sind, und versuchen, uns selbst »unter Kontrolle zu kriegen«.

Es ist wichtig, sich daran zu erinnern, daß Gefühle nichts anderes sind als ... Gefühle. Es ist ganz normal, daß wir Gefühle haben, und es ist genauso normal, daß wir eine Wut im Bauch haben. Wut ist nur dann schädlich, wenn sie zurückgehalten und »ausgehungert« wird, wie Emily Dickinson sagt. Wenn wir sie zügeln, baut sie sich weiter auf, und dann explodieren wir gegenüber unschuldigen Menschen und unter höchst erstaunlichen Umständen. Am Ende fühlen wir uns schlecht und bekommen zudem die wütende Reaktion der anderen zu spüren.

Wir müssen gute Gelegenheiten ausfindig machen, unsere Wut herauszulassen. Wir können unsere Wut respektieren. Sie ist unser Freund. Sie läßt uns wissen, wenn etwas nicht in Ordnung ist.

NICHT DIE WUT ist das Problem — sondern wie ich damit umgehe.

10. Januar

Mit Projekten herumjonglieren
Negative Einstellung

> *Ich rechne mir das, was ich geschafft habe, nicht als Verdienst an, weil ich so viele Projekte habe, die auf sich warten lassen und noch nicht ausgeführt sind.* Chris

Wir Arbeitssüchtigen gehören zu jener Sorte Mensch, die ein Glas halb*leer* statt halb*voll* nennt. Es fällt uns viel leichter, das zu sehen, was noch nicht getan ist, als das, was bereits vollbracht wurde.

Wenn wir einmal innehalten und Bilanz ziehen, erkennen wir meistens, daß wir einiges erreicht haben. Im Grunde waren wir wahrscheinlich schon nahe daran, wahre Wunder zu vollbringen.

Leider lassen wir die Gelegenheit aus, über diese Wundertaten erstaunt zu sein, weil wir noch so viele Dinge zu planen und zu erledigen haben, daß — gemessen an dem, was (ständig) noch zu tun ist — das Geleistete bedeutungslos wird. Häßlich aber ist nur, was uns als häßlich *erscheint.*

HEUTE ist der Tag, an dem ich mir bewußt mache, was ich alles schon vollbracht habe. Es mag an der Zeit sein, das einmal zu feiern.

Veränderung/Sicherheit

Die Menschen verändern sich und vergessen, dem anderen davon zu berichten. Lillian Hellman

Wie hartnäckig wir doch der Illusion nachhängen, wir würden unser Leben in Ordnung bringen und es bliebe dann immer in diesem Zustand! Wie sehr wir uns doch dem ganz normalen Veränderungsprozeß widersetzen! Oft fühlen wir uns persönlich angegriffen, wenn jemand, der uns nah und lieb ist, sich verändert, ohne diese Veränderungen zuerst mit uns abgesprochen zu haben. Irgendwie sind wir zu der Überzeugung gelangt, daß Sicherheit und Stagnation Synonyme sind.

Die Veränderung ist ein Beweis dafür, daß wir fähig sind, innerlich zu wachsen und zu werden. Wenn sich die Menschen verändern, die uns am nächsten und am liebsten sind, dann ist das ein Anlaß zum Feiern. Wenn die Veränderung in uns selbst stattfindet, erhalten wir die Möglichkeit, uns auf einer ganz neuen Ebene mitzuteilen. Wir sind nicht ehrlich, wenn wir versuchen, anderen die bewußte Kenntnis unserer Veränderungen vorzuenthalten. Keiner der anderen kann sich um den Menschen kümmern, der wir sind, wenn sie nicht wissen, wer wir sind.

DER WECHSEL ist das einzig Bleibende.

12. Januar

Wahlmöglichkeiten

Um zu gewinnen, was zu besitzen sich lohnt, ist es unter Umständen notwendig, alles andere zu verlieren.
Bernadette Devlin

Manchmal gehen wir das eigene Leben in sehr drastischer Weise an und glauben, wir müßten alles opfern, was uns nah und teuer ist, um zu bekommen, was wir wollen. Jene Bücher, die von sagenhaften Erfolgsstories und rasanten Aufsteigern handeln, sagen uns, daß wir — wenn wir ganz nach oben wollen — den Ehepartner, die Kinder (bzw. den Wunsch, welche zu haben), Hobbys und alles andere in unserem Leben, was nicht mit der Arbeit zu tun hat, bereitwillig opfern müssen, um »es zu schaffen«. Einige von uns haben versucht, dies zu tun. Die Folge ist: Wir sind arbeitssüchtig geworden und haben dabei uns selbst verloren. Aber ohne wirklich bei uns selbst zu sein, können wir den anderen letztendlich nur wenig oder gar nichts geben. Außerdem haben wir versucht, unser Bedürfnis nach Nähe, Freundschaft, Ruhe und Freizeit zu unterdrücken, überzeugt davon, daß diese Entscheidung richtig und heldenhaft war.

Wir haben für unsere Arbeit Opfer gebracht. Wir haben uns den romantischen Traum erfüllt, alles zu geben. Wir haben uns wirklich großartig hervorgetan.

ES IST NIE zu spät, die eigenen Entscheidungen noch einmal zu überprüfen. Eine erneute Untersuchung ist immer klug. Denn wir haben immer eine Wahl.

Mitgefühl/Rücksichtslosigkeit

Und selbst wenn er an sich zweifelt, kann kein Schriftsteller seiner Arbeit zuliebe die Rücksichtslosigkeit rechtfertigen — denn seine Arbeit verlangt von ihm, daß er in höchstmöglichem Maße menschlich *ist.* May Sarton

Was May Sarton geschrieben hat, trifft nicht nur auf den Schriftsteller zu. Überhaupt niemand kann Rücksichtslosigkeit rechtfertigen!

Uns wird gesagt, man müsse rücksichtslos sein, um sich in der Geschäftswelt durchzusetzen. Wir Frauen haben geglaubt, wir müßten noch rücksichtsloser sein als Männer — einfach deshalb, weil wir das schwache Geschlecht sind. Viele von uns haben Erfolge erzielt — aber um welchen Preis? Wir mögen diese Person nicht, die wir da vor uns im Spiegel sehen.

Eine spezifische Eigenart der Suchtkrankheit besteht darin, daß wir nach und nach den Bezug verlieren zu unserer eigenen Sittlichkeit und Spiritualität — und ebenso auch zu unserer Menschlichkeit. Erst der Heilungsprozeß bietet uns die Möglichkeit, uns mit dem eigenen, mitfühlenden Selbst wieder zu verbinden.

DIE FÄHIGKEIT, mitfühlend zu sein und die Größe meiner Menschlichkeit zu erfahren, hat mich nicht verlassen. Sie war nur unter mehreren Schichten von Sucht-Müll begraben.

14. Januar

Glaube

In der Tat: Warum muß »Gott« ein Substantiv sein? Warum nicht ein Verb ... das aktivste und dynamischste aller Wörter?
Mary Daly

Einige von uns haben Schwierigkeiten mit dem Gottesbegriff, weil sich Gott in unserer Vorstellung als etwas Statisches entpuppte, als übermächtiger »Aufseher« — und offensichtlich als einer, den man nicht allzu gerne um sich hat. Gewöhnlich haben *wir* versucht, Gott in diesen statischen Zustand zu pressen, damit wir uns sicher fühlen konnten. Das aber ist nicht Gottes Problem, sondern unser eigenes.

Was wäre, wenn wir uns Gott als einen Prozeß vorstellten — als Kraft, die das Weltall kontinuierlich durchströmt? Was, wenn wir allmählich begriffen, daß wir ein Teil dieses universalen Prozesses sind? Was, wenn wir uns klarmachten, daß wir nur dann eins sein können mit dem Universum, wenn wir eins sind mit uns selbst? Sobald wir versuchen, jemand zu sein, der wir unserer Ansicht nach sein sollten oder den andere in uns sehen, geht der Einklang zwischen uns und dem Strom des Lebens abrupt verloren.

WENN GOTT genauso einen Prozeß darstellt wie ich selbst, dann haben wir etwas gemeinsam, mit dem wir beginnen können.

»Geschenke« und Hinterlassenschaften

Mach noch aus dem Schlechtesten das Beste.
Elizabeth Beresford

Es liegt wirklich an uns, was wir mit unserem Leben anfangen. Vielleicht sind wir mißhandelt oder geschlagen worden, oder man hat uns unsittlich belästigt oder zur Inzucht getrieben; vielleicht auch wurden wir verwöhnt und zu nachsichtig behandelt. Wir alle haben Gefühle und Erinnerungen, die wir durcharbeiten müssen. Keiner von uns hatte eine perfekte Familie. In unserer Gesellschaft sind gestörte Familienbeziehungen eigentlich die Norm.

Für uns lautet die Frage: Wie haben sich diese Erfahrungen auf uns ausgewirkt, und was müssen wir tun, um aus ihnen zu lernen und unsere Lektionen durchzuarbeiten? Und was müssen wir tun, um sie dann in unser Leben zu integrieren, sie umzuwenden und schließlich voranzukommen?

Wenn wir an unseren Schuldzuweisungen, unserer Wut, unserem Schmerz und unseren Verdrängungen festhalten, sind *wir* diejenigen, die leiden. Es liegt an uns, »noch aus dem Schlechtesten das Beste zu machen«.

WENN MEIN LEBEN einer Müllkippe ähnelt, liegt es an mir, Dinge auszusortieren, die Erde umzugraben und Blumen anzupflanzen — um so all den natürlichen Dünger zu nutzen.

16. Januar

FREIHEIT

Wenn wir lernen, in unserem Denken und Fühlen frei zu sein, und zwar Augenblick für Augenblick, haben wir alle auf der ganzen Welt die Möglichkeit, frei zu werden.
Sonia Johnson

Die Freiheit hat ihren Ursprung im Innern. Suchtkrankheiten sind das genaue Gegenteil von Freiheit. Definitionsgemäß zeichnen sie sich immer dadurch aus, daß sie über unser Leben bestimmen, schlimmer werden und einen tödlichen Ausgang nehmen. Das süchtige Verlangen, ständig zuviel zu machen und sich dabei aufzuarbeiten, unterscheidet sich im Grunde nicht von dem süchtigen Verlangen nach Alkohol oder Drogen. Wir sitzen fest — und wir können an diesem arbeitssüchtigen Verhalten sterben.

Von Süchten frei zu sein ist ein erster wichtiger Schritt in Richtung persönlicher Freiheit. In Gruppen, die mit den Zwölf Schritten der Anonymen Alkoholiker arbeiten, hören wir oft, daß »diese Suchtkrankheiten die einzigen verhängnisvollen Krankheiten sind, die garantiert geheilt werden, falls wir unsere Arbeit tun«. Wenn wir süchtig sind, haben wir unseren Verstand und unser Herz an die Krankheit verloren. Sobald wir jedoch an einem Heilungsprogramm zu arbeiten beginnen, wissen wir allmählich das Wort *Freiheit* in ganz neuer Weise zu schätzen.

DIE ARBEIT, die ich für meine innere Heilung leiste, wirkt sich auf andere aus — ob mir das bewußt ist oder nicht. Die Freiheit *ist* ein realisierbarer Traum.

Denken

Wenn du etwas erreichen willst, mußt du nachdenken ...
Du mußt wissen, was du da tust — das ist wahre Macht.
Ayn Rand

In einigen Kreisen wird das Denken verteufelt, in anderen wird es überbetont! Unsere Gesellschaft im ganzen ist in ihren rationalen, logischen und linearen Denkmustern so einseitig geworden, daß viele von uns ganz konfus sind, was den Denkprozeß als solchen betrifft. Wir sind sehr gespalten in unserem Nachdenken über das Denken.

So sind wir zu der Überzeugung gelangt, daß wir entweder kalte, berechnende, rational und logisch denkende Frauen sein müssen oder aber unser ganzes Denken über den Haufen werfen und die Last all der gefühlsmäßigen, intuitiven Aspekte unserer Gesellschaft tragen müssen. Beide »Lösungen« führen in eine lähmende Einseitigkeit, die uns mit vielen unbefriedigten Bedürfnissen zurückläßt.

Es ist überhaupt nichts falsch daran, *daß* wir denken — sondern nur daran, *wie* wir denken. Wenn wir mit unserem logisch und rational arbeitenden Verstand vorgehen, lassen wir es oft nicht zu, daß er von unserem ganzen Sein sowie den anderen inneren Prozessen: Intuition, aufmerksamer und bewußter Wahrnehmung, durchdrungen wird. Wahres Denken beginnt mit dem Zusammenspiel all der unterschiedlichen Bereiche unserer Vernunft.

MEIN VERSTAND ist ein großes Geschenk. Wenn ich all seine Aspekte soweit wie möglich nutze, wird er dadurch noch wertvoller.

18. Januar

DEN AUGENBLICK LEBEN

Liebe den Augenblick — und seine Energien werden sich über alle Grenzen ausdehnen. Corita Kent

Wir Frauen, die wir uns ständig aufarbeiten, tun uns schrecklich schwer damit, den Augenblick zu genießen und zu lieben. Dauernd stellen wir Listen zusammen und fassen kommende Aufgaben ins Auge — wo wir doch genug zu tun hätten mit den Dingen, die jetzt zu erledigen sind. Folglich erhält kaum etwas unsere ganze, ungeteilte Aufmerksamkeit. Aufgrund dieser fast unmerklichen Zerstreutheit und mangelnden Präsenz versäumen wir vieles im Leben.

Wenn wir uns dem Augenblick wirklich hingeben können, wirft diese ganz besondere Art, das Dasein auszukosten, Licht in die geheimen Winkel unseres Lebens — und aus den Ecken, die voller Spinnweben waren, steigt Staub auf.

PRÄSENT ZU SEIN ist solch ein Geschenk ... für mich wie für andere.

KONTROLLVERHALTEN

Jene Menschen, die versuchen, sich selbst herumzukommandieren, wollen (wie freundlich sie dabei auch sein mögen) stets auch andere herumkommandieren. Immer denken sie, selbst alles am besten zu wissen — und benehmen sich deshalb so unnachgiebig und resolut, daß sie nicht sehr offen sind für neue und bessere Ideen.

Brenda Ueland

Es ist schwer, mit uns Arbeitsbesessenen Umgang zu haben. Es ist schwer, mit uns oder für uns zu arbeiten. Unsere Tätigkeit zielt hauptsächlich darauf ab, Kontrolle auszuüben. Oft wissen wir nicht, was der Unterschied ist zwischen einer Arbeit, die einfach getan werden muß, und einer Arbeit, die gut getan werden muß. Wir sind davon überzeugt, unsere Aufgaben zu erledigen — und sie »richtig« zu erledigen —, wenn wir nur *alles* kontrollieren können. Die Illusion aber, alles im Griff zu haben, bringt uns um. Und zugleich stellen wir fest, wie erschöpft und ausgebrannt wir sind.

Leider ist unser Kontrollbedürfnis teuer erkauft. Indem wir versuchen, diese Illusion Wirklichkeit werden zu lassen, sind wir destruktiv gegen uns selbst und andere. Zudem stellen wir fest, daß unser Blickfeld enger und enger wird (genauso wie unsere Blutgefäße!) und daß wir nicht länger offen sind für neue und bessere Ideen. Tatsächlich sind wir für überhaupt keine Ideen mehr offen.

WENN ICH durch mein Kontrollverhalten anderen das antue, was ich mir selbst antue, leiden darunter alle Beteiligten.

20. Januar

Kontrollverhalten

Wenn du genug Fantasie hast, bist du auf alles, was auch geschehen mag, innerlich vorbereitet.
Norma Jean Harris (Sheila Ballantyne)

Wir Süchtigen sind Menschen, die ständig mit dem Wörtchen »wenn« denken. Wir benutzen den Konditional, um damit unsere Vergangenheit, unsere Gegenwart und unsere Zukunft zu kontrollieren.

In bezug auf die Vergangenheit sagen wir dauernd »wenn doch nur«: *Wenn* ich *doch nur* selbstbewußter gewesen *wäre, hätte* ich die Beförderung bekommen. *Wenn* ich *doch nur* intelligenter zur Welt gekommen *wäre, hätte* ich die Arbeit besser gemacht.

Dagegen ist unser hier zu praktizierendes »Als ob« ein Versuch, die Gegenwart zu bewältigen. Wir handeln, *als ob* wir genau wüßten, was wir da tun. Wir handeln, *als ob* wir ruhig und entspannt wären. Schließlich haben wir damit dann doch *einige* Fähigkeiten entwickelt!

Indes ist es vor allem unser »Was wäre, wenn«, das uns ständig lähmt und die Illusion nährt, wir hätten alle Dinge im Griff. Wir versuchen, uns alle möglichen zukünftigen Notlagen vorzustellen und auf sie vorbereitet zu sein, ehe sie überhaupt eintreten. Wir denken: Wenn ich ganz einfach alle grundlegenden Bedürfnisse abdecke, werde ich nie von Mangelgefühlen überrascht.

Aber dieses ständige »Wenn ...« hat zur Folge, daß ich mein Leben nie bewußt wahrnehme.

WENN ICH mit diesem »Was wäre, wenn« aufhöre, kann ich ganz einfach anfangen zu leben.

ANGST/UNEHRLICHKEIT/VERDRÄNGUNG KONTROLLVERHALTEN ERSTER, ZWEITER UND DRITTER SCHRITT

In ihrer schrecklichen Angst will die Lügnerin die innere Leere mit allem möglichen ausfüllen. Mit ihren Lügen verdrängt sie die Angst: um so die Dinge weiterhin im Griff zu haben.
Adrienne Rich

Unsere Angst ist gleichsam der erste Stein in einem Dominospiel. Die Verdrängung dieser Angst veranlaßt uns dann zu lügen, zu betrügen und jemand zu werden, den wir nicht einmal respektieren würden — nur um die Illusion aufrechtzuerhalten, wir hätten alle Dinge in der Hand. Wir lügen, weil wir uns ängstigen, und wir ängstigen uns, weil wir lügen. Es ist ein Teufelskreis, und wir glauben, inmitten all dieser tobenden Gefühle wie festgenagelt zu sein.

Wieviel Erleichterung bringt es doch, die eigenen Ängste zuzugeben und sich einzugestehen, daß man diesen Ängsten, die das Leben unregierbar machen, machtlos gegenübersteht! Dadurch öffnet sich eine Tür, und wir erkennen: Wenn wir in uns selbst zurückkehren, wie auch zu jener Macht, die größer ist als wir, können wir wieder geistig gesund werden.

WIR ALLE haben manchmal Angst; das ist menschlich. Wenn jedoch unser Leben von der Angst regiert wird, ist das ein Zeichen von Sucht.

22. Januar

Hindernisse

In den höheren Rängen der Geschäftswelt ist es hilfreich, wenn man gut aussieht … aber nur für den Mann. Wenn man eine Frau ist, kann Attraktivität ein Nachteil sein.

Diane Crenshaw

Manchmal ist es schwer zu akzeptieren, daß die in unserem Leben vorhandenen Hindernisse einen Sinn haben und daß wir von ihnen einiges lernen können. Einige dieser Hindernisse erscheinen uns so ungerecht … und sie sind es auch! In der Geschäftswelt (und in anderen Bereichen!) wird meistens noch immer mit zweierlei Maß gemessen. Für Frauen gilt oft nicht das gleiche wie für Männer — auch wenn sich beide in derselben Ausgangslage befinden. Das ist nicht fair … stimmt! … und wir ägern uns darüber … gut so! … und das sollten wir auch.

Doch während wir versuchen, diesen Sachverhalt zu ändern, ist es wichtig zu erkennen, daß von diesen ungerechten Hindernissen auch etwas zu lernen ist, und dann weiter voranzuschreiten. Natürlich mögen wir sie nicht — aber es liegt an uns, was wir mit ihnen anfangen.

HINDERNISSE stellen oft keine persönlichen Angriffe dar: sie stärken nur unsere Muskelkraft.

Ehrlichkeit

Wenn eine Frau die Wahrheit sagt, schafft sie in ihrer Umgebung die Möglichkeit für noch mehr Wahrheit.
Adrienne Rich

Ehrlichkeit ist ansteckend — genauso wie Unehrlichkeit. Wir brauchen mehr Ehrlichkeit in der Welt.

Viele von uns haben sich ihrer Ehrlichkeit gerühmt. Wir haben immer versucht, ehrlich zu sein, und geglaubt, wir wären es auch. Es war erschreckend für uns, als wir hören mußten, wir seien »zu ehrlich« — oder nicht fähig, Karriere zu machen, wenn wir weiterhin darauf bestünden, so »brutal ehrlich« zu sein.

Allmählich haben wir gelernt, »Kompromisse« einzugehen. Wir haben gelernt, das zu sagen, was von uns erwartet wird, und keinen zu kränken. Doch dabei haben wir das Bewußtsein verloren, daß wir nicht ehrlich sind, wenn wir nur vorwärtskommen wollen, und deshalb einverstanden sind, Dinge zu tun, bei denen wir wirklich kein gutes Gefühl haben. Es ist schon so weit gekommen, daß wir weder von uns selbst noch von den Menschen in unserer Umgebung ein ehrliches Verhalten erwarten. Wir sind jetzt sogar überrascht, wenn wir einem solchen Verhalten begegnen.

WENN WIR GENESEN WOLLEN, müssen wir anfangen, uns selbst und anderen gegenüber ehrlich zu sein. Es liegt an jedem einzelnen von uns, die Möglichkeit dafür zu schaffen, daß mehr Wahrheit in die Welt kommt.

24. Januar

Intimität

... jenes zarte Gefühl für die Vorgänge in meinem Innern, wodurch meine Verbindung mit dem Göttlichen aufrechterhalten wird. Shelley

Wie die Nächstenliebe beginnt die Intimität bei einem selbst. Wenn wir nicht mit uns selbst intimen Umgang pflegen können, ist es ausgeschlossen, ihn mit anderen Menschen zu haben.

Dieses Intimsein mit uns selbst braucht Zeit. Wir brauchen Zeit zum Entspannen, für Spaziergänge, um der Stille zu lauschen und in Einklang zu kommen mit uns selbst. Wir können nicht unser Leben vollständig mit Aktivitäten anfüllen und zugleich intimen Umgang mit uns selbst haben. Auch können wir nicht unendlich lange nur still dasitzen und glauben, er stelle sich dann schon irgendwie ein. Wir müssen die Zeit und die Kraft haben, um *eins zu sein* mit unserem Leben und es zugleich *in die Hand zu nehmen:* dann erst können wir eine intime Beziehung mit uns selbst eingehen.

Überraschenderweise entdecken wir unsere Verbundenheit sowohl mit anderen wie mit dem Göttlichen, sobald wir vertraut werden mit uns selbst. Ohne diese Intimität ist alles unerträglich.

VERTRAUTHEIT: **Ich traue dem, was ich in mir sehe. Dies einmal auszuprobieren tut nicht weh.**

Loslassen

Sobald ich mich wegen irgend etwas völlig zermürbe, halte ich stets inne und frage mich, welche Bedeutung diese Sache für die Evolution der menschlichen Rasse in den nächsten zehn Millionen Jahren haben wird. Diese Frage hilft mir immer, den Überblick zurückzugewinnen.

Anne Wilson Schaef

»Kleinigkeiten sind von großer Bedeutung« — zumal dann, wenn wir ihnen all unsere Aufmerksamkeit widmen, von ihnen verfolgt werden und sie einfach nicht loslassen können. Gefangen in unserer Krankheit, wälzen wir oft wieder und wieder die gleichen beunruhigenden Gedanken und glauben, bestimmt irgendeine Lösung zu finden, wenn wir nur lange genug darüber nachdenken und jede Möglichkeit überprüfen.

Lassen wir uns auf ein solches Verhalten ein, ist das ein Zeichen dafür, daß wir in süchtiger Weise agieren und uns zu Tode denken. Stets habe ich festgestellt, daß ich dann den Überblick verlor, wenn die Sucht von mir Besitz ergriff. Plötzlich werde ich zum Mittelpunkt der Welt — und meine Probleme sind die einzigen, die es gibt.

Mir hilft es immer, wenn ich etwas Abstand gewinne und erkenne, daß wahrscheinlich keines meiner Probleme universelle Ausmaße besitzt. Diese Perspektive hilft mir einzusehen, daß ich machtlos bin gegenüber meinem wahnhaften Denken und wirklich geistig krank werde, wenn ich so weitermache. An diesem Punkt kann ich wieder in Verbindung treten mit meinem innersten Wissen: daß eine Macht, die größer ist als ich, meine geistige Gesundheit wiederherzustellen vermag — und daß ich ihr dieses Problem ruhig anvertrauen kann.

IM VERLAUFE unserer krankhaften Sucht verlieren wir einiges: besonders den Überblick.

26. Januar

FINANZIELLE SICHERHEIT

Menschen müssen atmen, aber Unternehmen müssen Geld verdienen. Alice Embee

Es ist durchaus in Ordnung, gut zu verdienen. Auch Unternehmen sollen ruhig Geld »machen«. Leider aber nimmt in unserer Gesellschaft die Geldsucht derart überhand, daß wir zum Geldverdienen kein gesundes Verhältnis mehr haben. Wir sind abhängig geworden vom *Vorgang* des Geldverdienens. Das Geld an sich ist dabei unwichtig geworden. Wir sind besessen davon, ständig noch mehr anzuhäufen. Egal, wieviel wir haben: Es ist nie genug. Das trifft vor allem auf die Wirtschaft und die Unternehmen zu: Mehr ist nie genug. Wir häufen an, geben aus und häufen noch mehr an. Wir haben vergessen, daß Geld gar nichts Reales ist. Es steht nur für etwas anderes: Es ist ein Symbol, ein gesetzliches Zahlungsmittel. Es stellt *eine* mögliche Form dar, den gegenseitigen Austausch zu bewerkstelligen. Für uns aber ist es dermaßen real geworden, daß es schon realer ist als unser Leben, unsere Gesundheit, unsere Beziehungen. Oft gehen Geldsucht und Arbeitssucht Hand in Hand.

DIE VORSTELLUNG von finanzieller Sicherheit ist statisch; sie ist illusionär und verstärkt sich rasant, sobald eines unserer früheren, ebenso statischen Ziele erreicht ist.

VERSÖHNLICHKEIT

Es ist sehr leicht, anderen ihre Fehler zu verzeihen. Doch es erfordert viel mehr Mumm und Grips, ihnen zu verzeihen, daß sie unsere eigenen gesehen haben.

Jessamyn West

Wie sehr wir es doch verabscheuen, vor den anderen völlig entblößt dazustehen! Wir fühlen uns großmütig, wenn wir ihnen ihre schrecklichen Fehler verzeihen — aber wir sind vor lauter Scham- und Schuldgefühlen wie gelähmt, sobald uns bewußt wird, daß sie uns in den schlechtesten Momenten erwischt haben. Die Versuchung ist groß, an ihnen etwas zu finden, das nicht in Ordnung ist, um von unserem eigenen Tun abzulenken. Angriff ist die beste Verteidigung — so wurde uns gesagt. Wie schwer es doch ist, die eigenen Fehler zuzugeben und Verantwortung dafür zu übernehmen! Aber: wie befreiend ist dies auch.

Wir haben nicht nur die Möglichkeit, jenen zu verzeihen, die unsere Irrtümer miterlebt haben, sondern diese Menschen auch bereitwillig anzunehmen — gleichsam als Geschenk, das uns hilft, ehrlich zu bleiben.

MANCHMAL sind die Geschenke für mich so gut eingepackt, daß ich Schwierigkeiten habe, sie als solche zu erkennen. Sobald ich mich selbst öffne, kann ich auch jedes Geschenk öffnen.

28. Januar

Sich überflüssig fühlen
Kontrollverhalten/Angst

> *Als ich sechzehn war, sagte mir meine Mutter, ich sei im Grunde überflüssig und jede Firma könnte mich einfach loswerden, wenn ich nicht hart arbeite. Jetzt arbeite ich sechzig bis siebzig Stunden in der Woche, nehme mir nie frei, und mein Mann und ich haben zwölf Jahre lang keinen Urlaub gemacht. Ich bin süchtig nach Arbeit, und ich liebe das.* Anonymes Zitat einer Frau

Uff! Muß ich dem noch etwas hinzufügen? Diese Frau hat's total erwischt.

Wie sie glauben viele von uns, daß wir das Gefühl, überflüssig zu sein, in den Griff bekommen, indem wir uns unentbehrlich machen. Wie ausgeklügelt doch die irrige Vorstellung ist, auf diese Weise hätten wir alles unter Kontrolle! Aber besessen arbeiten ist ganz etwas anderes als leidenschaftlich gern arbeiten.

Meistens sind die Menschen, die wirklich leidenschaftlich an ihre Arbeit herangehen, auch leidenschaftlich auf ihre Freiheit aus: Sie spielen gern und nehmen sich Zeit für sich selbst. Nicht so wir Arbeitssüchtigen. Wir arbeiten aus Angst und versuchen uns selbst davon zu überzeugen, daß wir das auch noch gerne mögen. Angst und »Selbstmißhandlung« gehen Hand in Hand.

KOMME *ICH* MIR überflüssig vor? Das ist die Frage.

Machtlosigkeit
Erster Schritt

Wenn man ein Hindernis auf keinen Fall überwinden kann, ist Starrsinn Dummheit. Simone de Beauvoir

Einige von uns hören das gar nicht gern, aber es gibt Dinge in unserem Leben, denen wir machtlos gegenüberstehen. Und wenn wir es einmal genau betrachten, gibt es nur wenige Bereiche, die wir wirklich *im Griff* haben!

Sicherlich sind wir genau da am ohnmächtigsten, wo es um unsere süchtigen und zwanghaften Gewohnheiten geht: zuviel zu arbeiten, zu sehr zu hetzen und allzu geschäftig zu tun. Im Grunde ist eben dies eine der Definitionen von »Sucht«: eine krankhafte Abhängigkeit, die über uns bestimmt, gegen die wir nichts auszurichten vermögen und die dazu führt, daß wir unser Leben nicht mehr bewältigen können. Wenn wir nicht in der Lage sind, damit aufzuhören, daß wir uns durch Überarbeitung allmählich umbringen, dann gehört auch das gewiß in diese Kategorie.

ZU WISSEN, wann ich aufhören muß — darin besteht wohl mein größter Erfolg.

Ichbewusstsein

Zum ersten Mal seit Jahren ist sie sich wieder ihres Körpers bewußt, seiner besonderen Bewegungen: Sie fühlt, wie er sich bewegt.

Norma Jean Harris (Sheila Ballantyne)

Unser zwanghaftes Tätigsein macht es erforderlich, daß wir unseren Körper »abschalten«. Und tatsächlich bringt uns die Sucht dahin, daß wir den Kontakt zu unseren Gefühlen, unseren Gedanken, überhaupt zu unserem Bewußtsein und unserer Intuition verlieren. Die Sucht nach Arbeit und Hektik läßt uns kaum Zeit oder Energie, die Zeichen zur Kenntnis zu nehmen, die uns der Körper hinsichtlich unseres Gefühlslebens und Gesundheitszustandes sendet.

Wir sind zu der Auffassung gelangt, unseren Körper als nicht existent zu betrachten — und vom Hals abwärts empfinden wir oft ja auch nur wenig. Einige von uns verbringen die meiste Zeit ihres Lebens »außerhalb des Körpers«. Anstatt diesen als Verbündeten und wichtige Informationsquelle zu achten, haben wir ihn als Vehikel betrachtet, um unsere Sucht auszuleben, und ihn auch sonst als Objekt behandelt. Wir haben vergessen, wie unser Körper sich bewegt und wie er *fühlt*, daß er sich bewegt.

ICH SOLLTE LIEBER auf die Botschaften meines Körpers hören. Wenn nicht, wird er meine Aufmerksamkeit beanspruchen — vielleicht auf extreme und schmerzhafte Weise.

Sich selbst hergeben

Beinahe wäre einer mit fast allem, was ich hatte, abgehauen.
Ntozake Shange

Wir Frauen sind oft so großzügig, daß wir uns Stück für Stück an fast jeden verschenken, der etwas von uns will. Im jeweiligen Moment nehmen wir das kaum wahr. Manchmal sind die Dinge, die wir von uns hergeben, so winzig, daß sie tatsächlich unwichtig erscheinen ... Hier tun wir einen Gefallen ... dort lassen wir etwas durchgehen, obwohl wir wissen, daß es verkehrt ist ... dann wieder schlucken wir die Wut herunter, die uns überkommt, wenn uns Unrecht getan wurde. Wir sind fähig, jedem auf seine Weise gerecht zu werden — und sind uns nicht der Gesamtwirkung bewußt, die sich daraus ergibt, daß wir jahrelang immer ein klein wenig von uns selbst hergeben.

Eines Tages erheben wir uns und schreien: *»Beinahe hätte einer alles mitgenommen, was ich hatte!!!«* Wir haben es zugelassen, nahezu aufgezehrt zu werden von den Menschen in unserer Umgebung.

MEIN HANDLUNGSSPIELRAUM besteht nicht nur darin, entweder mich selbst zu verschenken oder völlig knauserig zu sein. Ich kann zum Beispiel andere teilhaben lassen an mir. Um mich jedoch anderen mitzuteilen, muß ich mich selbst soweit *haben,* daß die anderen Anteil nehmen.

1. Februar

FREIHEIT

In welcher Weise dient mein eigenes Lebenswerk dazu, all diese Tyranneien, diese Zerstörung ehrwürdiger Möglichkeiten, zu beenden? June Jordan

Manchmal, wenn wir innehalten und nachzudenken beginnen, brauchen wir den Glauben daran, daß unsere Arbeit eine Bedeutung besitzt, die über die Langeweile des Alltags hinausreicht. Oft empfinden wir ein Gefühl von Verlust, von Leere, wenn wir in unserem Tun keinen größeren Zusammenhang erkennen können.

Irgendwo tief im Innern wissen wir, daß die *Art und Weise, wie* wir mit unserer Arbeit umgehen — selbst wenn sie nicht gerade eine weltgeschichtliche Dimension besitzt —, und die Wechselbeziehungen, die wir mit anderen dabei eingehen, ihr einen höheren Sinn verleihen. Unabhängig davon, *was* wir tun, haben wir die Möglichkeit, unsere Arbeit als im wahrsten Sinne des Wortes *ehrwürdig* zu betrachten.

IMMER steht es mir frei, eine Möglichkeit zu wählen, die einen *ehrwürdigen Sinn* besitzt.

Glück

Es ist nicht leicht, das Glück in sich selbst zu finden, doch es ist unmöglich, es anderswo zu finden.

Agnes Repplier

Jeder ist seines Glückes Schmied. Es kommt von tief innen. Nichts und niemand anderes kann es uns schenken. Vielleicht versuchen wir, alle möglichen äußeren Dinge zu finden, die uns ausfüllen und glücklich machen sollen, aber sie sind allesamt nur von kurzer Dauer. Wir glauben, Erfolg, Anerkennung, Achtung, Geld und Prestige würden uns genügen. All das ist auch eine Zeitlang ganz schön — aber zugleich bleibt das ungute Gefühl zurück, daß uns etwas fehlt. Das heißt freilich nicht, daß ein glücklicher Mensch diese Begleiterscheinungen des Erfolgs nicht erfahren sollte: Er kann es sehr wohl. Das tiefe Glücksgefühl *resultiert* jedoch *nicht* aus Statussymbolen.

Das Glück ist genauso himmlisch wie wechselhaft. Allein im Innern verweilt es — und wenn wir nach ihm suchen, ist es nur um so schwerer zu fassen.

ICH HABE die Möglichkeit, mich dem Glück zu öffnen, das mir heute gewährt wird — anstatt zu versuchen, mich mit den Surrogaten des Glücks vollzustopfen.

3. Februar

Zeit des Alleinseins

> *Als erste ins Bett zu gehen, wenn das Zimmer noch absolut ruhig und dunkel ist, erschien ihr allmählich als eine weitere geheime Perversion.*
>
> Norma Jean Harris (Sheila Ballantyne)

Das ist doch scheinbar eine so unbedeutende Sache: »Als erste ins Bett zu gehen, wenn das Zimmer noch absolut ruhig und dunkel ist ...« Oft aber kommt es uns so vor, als würden wir die Zeit, die wir für uns selbst brauchen, unseren Kindern und unserem Partner stehlen — bzw. der zu bewältigenden Arbeit: So etwas muß ja eine Art Perversion sein.

Und doch: Im Verlauf eines einzigen Tages gibt es so viele kostbare Augenblicke; zum Beispiel, wenn wir morgens alle Lieben endlich aus dem Hause haben und zum ersten Mal wieder tief durchatmen können ... jene kurzen Zeitspannen, da wir allein im Auto oder im Bus oder in der U-Bahn sitzen und niemand ringsum uns kennt, niemand uns stört ... jene halbe Stunde im Badezimmer, wenn keiner zu Hause ist und wir einen Seufzer der Erleichterung von uns geben ... ja selbst jene »gestohlenen« Momente des Alleinseins, während wir Geschirr abspülen, besitzen für uns einen großen Wert.

ALLES IN ORDNUNG. Es ist keine Perversion, wenn wir diese Augenblicke des Alleinseins brauchen und auch in Anspruch nehmen; sie spenden uns viel Kraft für unser Leben.

Geschenke

Probleme sind Botschaften. Shakti Gawain

Ich bin fest davon überzeugt, daß die Heftigkeit, mit der das Leben uns vor den Kopf stoßen muß, um uns endlich eine Lektion begreiflich zu machen, direkt proportional ist zum Grad unseres Starrsinns und zum Ausmaß unserer Illusionen, alle Dinge im Griff zu haben.

Probleme geben uns die Möglichkeit, etwas zu lernen. Wenn wir den »Lehrstoff« beim ersten Mal nicht verstehen und hinter uns bringen, erhalten wir eine weitere Chance, dann noch eine, und wieder eine. Wenn wir diese erste Lektion überhaupt nicht mitbekommen, wird der nächste Schlag auf den Kopf ein wenig härter sein, und das übernächste Mal noch härter. Es bieten sich viele Gelegenheiten zu lernen, was in diesem Leben gelernt werden muß.

Hindernisse sind Geschenke, denn wir können aus ihnen lernen. Wir wissen nie genau, was wir eigentlich gelernt haben, ehe wir es tatsächlich gelernt haben. Dann sind wir bereit für die nächste Lektion.

HEUTE warten viele Geschenke auf mich. Hoffentlich sehe ich sie.

5. Februar

ERSCHÖPFUNG

Was immer die Frauen machen: Sie müssen es doppelt so gut machen wie die Männer, damit man sie für halb so gut hält. Zum Glück ist das nicht schwierig.

Charlotte Whitton

Es ist wohl wahr, daß wir »die Dinge doppelt so gut machen müssen wie die Männer, damit man uns für halb so gut hält« — obwohl einige von uns dies nur äußerst ungern zugeben. Und es ist wahrscheinlich ebenso wahr, daß wir in einer Weise »produktiv« sein können, daß einem ganz schwindlig wird.

Wir neigen jedoch dazu, den Preis zu ignorieren, den wir dafür bezahlen müssen. So hart und so lang zu arbeiten, wie wir es tun, ist strapaziös. Manchmal fürchten wir, es könnte uns bewußt werden, wie müde und erschöpft wir sind. Und manchmal hat es fast den Anschein, als ob das Mark in unseren Knochen schmerzen würde.

Frauen haben eine schreckliche Angst davor, die eigene Müdigkeit zu spüren. Wir fürchten, daß wir nie wieder aufstehen werden, wenn wir uns dieses Gefühl einmal erlauben.

MEINE MÜDIGKEIT gehört mir. Ich habe sie mir verdient.

Glaube
Elfter Schritt

Weder Vorwürfe noch Ermutigungen sind imstande, einen schwächer werdenden Glauben wiederaufleben zu lassen. Nathalie Sarraute

Letzten Endes ist der Glaube eine sehr persönliche Angelegenheit. Eines der Probleme, mit welchen wir als Frauen konfrontiert sind, sobald wir zu unserer Spiritualität finden wollen, besteht darin, daß uns früher alle möglichen Dinge gesagt wurden, die wir glauben *sollten.* Wir haben versucht, Glaubensdinge von außen in uns aufzunehmen. Selten gaben wir uns die Zeit und machten uns die Mühe, nach innen zu gehen und mit unserem eigenen Bewußtsein oder Verständnis von Gott bzw. einer Macht, die größer ist als wir, zu beginnen und diesem Wissen bereitwillig zu vertrauen. In unserem hektischen Leben ist es leichter, das eigene Wissen zu verwerfen, anstatt es geduldig zu »erwarten«. Es ist leichter, sich immer weiter voranzutreiben, als ganz »bei der Sache zu sein«.

Kein anderer Mensch kann uns die Antworten geben, die wir in unserem sprirituellen Leben brauchen. Lesen und Nachdenken allein bringt keine Lösung. Unsere Spiritualität muß *erfahren* werden; sie ist auf engste Weise verbunden mit unserem inneren Wesen.

MANCHMAL haben Glaubensdinge meine Verbundenheit mit einer Macht, die größer ist als ich, beeinträchtigt. Es ist an der Zeit, daß ich Geduld aufbringe, um mir mein Wissen langsam anzueignen.

7. Februar

Termine/Stress

Zu Hause wuchs die Anspannung, und meine Arbeit wurde stark in Mitleidenschaft gezogen, als ich mich auf immer engere Termine einließ. Ellen Sue Stern

Es gehört ins Reich der Fabel, wenn man von Arbeitssüchtigen sagt, sie seien besonders produktiv und leisten gute Arbeit. Solche Märchen sind verwirrend, denn oft handeln wir so, als wären sie wahr, selbst wenn wir genau wissen, daß sie erfunden sind.

Im Gegensatz zu dieser weitverbreiteten Auffassung sind wir, die nach Arbeit und Hektik Süchtigen, oft nicht sehr produktiv, und häufig ist unsere Arbeit schlampig und unkreativ. Unsere drängenden Termine werden wichtiger als die Qualität unserer Arbeit. Das Resultat ist: Wir leiden, unsere Arbeit leidet, und unsere Familie leidet auch.

Ein anderes Märchen über Arbeitssucht besagt, daß diese im Grunde nichts anderes sei als Streß, als völlige Erschöpfung, und daher mit sogenannten »streßmindernden Maßnahmen« eingedämmt werden könne. Aber jeder Alkoholiker möchte irgendwelche Umstände für seine Trunksucht verantwortlich machen und glaubt leidenschaftlich daran, daß es eine Möglichkeit gibt, sie unter Kontrolle zu halten — was oft verheerende Folgen hat. Unsere Arbeitsbesessenheit ist auch eine solche Sucht. Sie ist eine fortschreitende, verhängnisvolle Krankheit, die über unser Leben bestimmt. Zum Glück jedoch ist eine Sucht die einzige fortschreitende, verhängnisvolle Krankheit, die *garantiert* geheilt werden wird, falls wir unseren Beitrag dazu leisten.

ES KÖNNTE an der Zeit sein, sich nach einem Gruppentreffen zu erkundigen, bei dem die Zwölf Schritte der AA durchgearbeitet werden.

Innere Klarheit

Wir beginnen unser Leben als kleine Kinder, erfüllt von innerem Licht und reinstem Blick. Brenda Ueland

Wenn wir damit beginnen, uns von der Sucht des übertriebenen »Machens« zu heilen, mögen wir aus eigener Erfahrung nur wenig oder gar nichts darüber wissen, was innere Klarheit eigentlich ist, oder was es bedeutet, nicht mehr wie besessen, sondern »nüchtern« zu sein. Derart lange schon haben wir mit diesen Denkmustern und Verhaltensweisen der Sucht herumgewurstelt, daß sie uns fast schon normal vorkommen. Vielleicht haben wir zum letzten Mal einen klarsichtigen Augenblick erlebt, als wir Kinder waren.

Nachdem wir zugegeben haben, gegenüber unserem süchtigen und zwanghaften Arbeitsverhalten machtlos zu sein, und nachdem wir schon eine Zeitlang mit der Arbeit am Zwölf-Schritte-Programm begonnen haben, erleben wir vielleicht ganz plötzlich einen Augenblick der Klarheit. Dieser schießt durch unser Bewußtsein wie ein Meteor und erschreckt uns aufs äußerste. Dennoch fühlen wir, daß das, was wir gerade erlebt haben, von besonderer Bedeutung ist. Es ist wie ein Wiegenlied, das wir vor langer Zeit gehört haben. Die Worte kommen ganz leise, und die Melodie hallt wider in unserem Innern.

INNERE KLARHEIT ist uns nicht unbekannt ... Wir haben nur vergessen, wie sie sich anfühlt.

Erfolg/Dankbarkeit
Beruflicher Aufstieg

Selbst wenn ein Baum noch so hoch wächst: Die fallenden Blätter kehren zur Erde zurück.

Malaiisches Sprichwort

Viele von uns streben nach beruflichem Erfolg und setzen sich auch voll dafür ein. Wir haben hart und lange gearbeitet, um die Position zu erreichen, in der wir jetzt sind, und verdienen die Belohnungen, die sie für uns bereithält.

Es ist wichtig, daß wir uns regelmäßig Zeit nehmen für eine Bestandsaufnahme, um herauszufinden, *wo* wir im Augenblick stehen und *wer* wir eigentlich sind. Beurteilen wir uns selbst nach unseren Errungenschaften? Ist für uns Leistung gleichbedeutend mit Wert und Würde? Wie haben wir es geschafft, dahin zu kommen, wo wir jetzt stehen — haben wir ein gutes Gefühl hinsichtlich der Art unseres Vorgehens? Müssen wir bei einigen Menschen Schaden wiedergutmachen und anderen unsere Dankbarkeit bezeigen?

Es ist wichtig, daß wir uns klarmachen: Unser Leistungen sprechen nicht nur für uns, sie sprechen auch für jene Menschen und Kräfte — ob sie nun sichtbar sind oder nicht, ob wir sie wahrnehmen oder nicht —, die in unserem Leben aktiv geworden sind.

DER ERFOLG bietet mir die Möglichkeit, über jene Menschen nachzudenken, die mir viel gegeben haben, und dankbar zu sein für ihre Geschenke.

Kommunikation

Einige Leute reden nur deshalb, weil sie glauben, Geräusche seien leichter zu bewältigen als Schweigen.

Margaret Halsey

Frauen, die zuviel machen, müssen sich ständig in Trab halten. Wir tun das etwa dadurch, daß wir selbst dann reden, wenn wir gar nichts zu sagen haben — nicht weil wir so angetan wären vom Klang unserer Stimme, sondern weil das Schweigen uns so erdrückend und düster vorkommt.

Einen Großteil unseres Lebens haben wir damit verbracht, irgend etwas aufzufüllen ... Wir aßen zuviel und stopften uns voll ... Wir arbeiteten zuviel und füllten so unsere Zeit aus ... Wir redeten zuviel und stopften die Augenblicke des Schweigens, die wir mit anderen teilten, mit Wörtern voll.

Sobald wir anfangen, gesund zu werden, stellen wir fest, daß wir die »Wortdrogen«, mit denen wir uns »vollpumpen«, nicht mehr brauchen. Wir können schweigend mit uns selbst auskommen.

WENN DIE LEUTE reden und reden, hören sie meistens nicht in sich selbst hinein.

11. Februar

BEJAHENDE HALTUNG/KONFLIKTE/GEFÜHLE

Als Peter mich verließ, waren die negativen Gefühle, die in mir hochstiegen und zum Ausbruch kamen, einfach entsetzlich. Aber Gott gab mir ständig zu verstehen, daß sie alle zu mir gehörten und daß ich sie nicht unter den Teppich kehren könne, nur weil ich sie nicht mochte.

Eileen Caddy

Im Verlauf unseres Lebens geschehen Dinge, die Gefühle hervorrufen, von deren Vorhandensein wir nie etwas wußten und zu denen *wir* uns nie für fähig hielten. Der Ehepartner will die Scheidung oder hat eine Affäre. Der Chef übergeht uns zugunsten einer jüngeren, hübscheren (wie wir glauben) und (wie wir sicher wissen) weniger qualifizierten Frau, und wir stellen fest, daß die Hexen von Endor oder die Drachen der Sage nichts gegen uns sind. Wir könnten mit unserem Atem Feuer speien und Diamanten zum Schmelzen bringen.

Genau, richtig so. Na und? Es ist ganz normal, solche Gefühle zu haben. Aber weder ist es gesund, sie an anderen auszulassen, noch an ihnen festzuhalten. *In uns* werden sie sich allmählich zersetzen.

WENN ICH solche Gefühle habe, ist das eine weitere Gelegenheit, etwas Neues über mich selbst zu erfahren. Innerlich sage ich: »Danke.«

Ziele/Wettbewerb

Was du geworden bist, ist der Preis, den du bezahlt hast, um zu bekommen, was du schon immer wolltest.
Mignon McLaughlin

Hat es sich gelohnt? Lohnt es sich? Können wir in den Spiegel blicken und der Person, die wir da sehen, sagen: »Du bist jemand, dem ich vertraue und den ich wirklich bewundere«?

Wir dürfen nicht vergessen, daß die einzelnen Schritte auf unserem Lebensweg mit einer Art Spaziergang vergleichbar sind. Wir kommen irgendwo an, und die Schritte hinterlassen oft Fußspuren.

Wir können nicht zu uns sagen: »O.K., was ich im Moment mache, ist durchaus zweckdienlich und vorteilhaft, also werde ich in der gleichen Weise fortfahren. Mit den Konsequenzen werde ich später schon fertig werden« — und uns diesen Konsequenzen dann nie stellen. Alle Dinge, die wir in unserem Leben verdrängen, stehen in Beziehung zueinander.

DURCH ALL mein Tun werde ich die Frau, die ich bin. Ich gehe hier also mit äußerst wertvollem Material um.

Moralische Grundsätze

Ich kann und will nicht mein Gewissen ausschalten, bloß um den neuesten Moden zu entsprechen.
Lillian Hellman

Eine der Konsequenzen des Suchtverhaltens besteht darin, daß wir allmählich die Verbindung zu unseren eigenen moralischen Grundsätzen verlieren und langsam, aber sicher unsere Integrität einbüßen. Es ist leicht zu erkennen, wie eine Alkohol- oder Drogensüchtige immer bereitwilliger lügt, betrügt, stiehlt — und sogar den geliebten Menschen umbringt oder verletzt, nur um ihren »Stoff« zu bekommen.

Wir Frauen, die ständig zuviel machen und sich aufarbeiten, sind davon gar nicht so verschieden. Auch wir begehen unsere Fehltritte. Wir halten Informationen zurück, lügen, führen andere in die Irre oder behindern sie willentlich, nur um selber voranzukommen. Um an die Spitze zu gelangen, um »den neuesten Moden zu entsprechen«, sind wir bereit, hinsichtlich unserer inneren Maßstäbe und moralischen Grundsätze alle möglichen Kompromisse zu schließen. Aber wenn wir so etwas tun, verkaufen wir unsere Seele und verlieren »jenes Wesen, das wir selbst sind«.

Zum Heilungsprozeß gehört auch, daß wir erkennen: Unsere moralischen Grundsätze sind mit die kostbarsten Werte, die wir besitzen. Sie sind zu wichtig, als daß wir leichtfertig damit umgehen könnten.

ICH SCHÄTZE mich selbst hoch genug, um erkennen zu können, daß meine persönliche Moral gleichsam ein Leuchtfeuer ist, dem ich zu folgen habe.

ERWARTUNGEN

Niemand hat etwas dagegen, daß eine Frau eine gute Schriftstellerin oder Bildhauerin oder Genforscherin ist, wenn sie es zugleich schafft, eine gute Ehefrau und gute Mutter zu sein, die gut aussieht, sehr gepflegt, äußerst verträglich und überhaupt nicht aggressiv ist.

Leslie M. McIntyre

Genau! Worin also liegt das Problem? Es ist nicht leicht, ein gepflegtes Äußeres zu haben, wenn uns die Kleinen ständig um die Füße herumrennen ... aber wir versuchen es. Es ist nicht leicht, ausgeglichen und unaggressiv zu sein, wenn wir in der Arbeit *und* zu Hause Termine einhalten müssen ... aber wir versuchen es. Es ist nicht leicht, Kinder in die Welt zu setzen und trotzdem schlank zu bleiben und gut auszusehen ... aber wir versuchen es.

Wahrscheinlich gibt es in dieser Gesellschaft keine Gruppe, die auf angestrengtere Weise versucht, die in sie gesetzten Erwartungen zu erfüllen, als die Frauen. Die Folge ist, daß wir immerzu nach außen schauen, um Bestätigung zu erhalten, und nie genug davon bekommen können. Indem wir ständig versuchen, so zu sein, wie wir in den Augen der anderen sein sollten, haben wir uns selbst verloren und können am Ende nur wenig einbringen in unsere Beziehungen mit anderen Menschen bzw. in unsere Aufgaben.

ERWARTUNGEN zwingen uns gleichsam in ein Korsett. Wahrscheinlich hätten wir sie schon vor Jahren hinter uns lassen sollen.

15. Februar

SICH HALB WAHNSINNIG FÜHLEN

Mein Mann war der Ansicht, ich sollte mit jemandem über meine Probleme sprechen ... Er meint, es hätte den Anschein, als würde ich mit den Dingen nicht mehr so zurechtkommen, wie es früher immer der Fall war.
Norma Jean Harris (Sheila Ballantyne)

Warum ist es nur so, daß anscheinend immer *wir* diejenigen sind, die Hilfe brauchen? Manchmal glauben wir, schon halb wahnsinnig zu sein; jenes Gefühl, von allem erdrückt zu werden, ist uns nur allzu vertraut. Und doch: Weshalb heftet man gerade uns das Etikett »Wahnsinnige« an (wenn irgend jemand hierfür gefunden werden muß)?

Manchmal ist es eine wahre Erleichterung, wenn man einfach zugibt: Ich werde schier verrückt. Wir sind angewiesen auf einen Menschen, mit dem wir sprechen können, sobald die Einsamkeit uns übermannt. Die anderen scheinen mit allem ganz gut fertig zu werden. Warum also sind wir nicht auch dazu imstande? Zumindest verhilft uns das Gespräch mit einer Freundin oder in der Frauengruppe zu der Erkenntnis: Wir sind mit diesen Gefühlen nicht allein. Wenn wir uns nach Hilfe und Unterstützung umschauen, kann unser Leben eine ganz andere Wendung nehmen. Schließlich kostet es nichts, sich einer Selbsthilfegruppe von Arbeitssüchtigen anzuschließen.

VIELLEICHT ist meine Unfähigkeit, mit einer äußerst ungesunden Situation in der Weise fertig zu werden, »wie es früher immer der Fall war«, ein Zeichen dafür, daß ich dabei bin, gesund zu werden.

Selbstwerdung/Illusionen

Die Illusionen, die wir uns über unsere Illusionen machen — sie sind es, die uns das Genick brechen.

Anne Wilson Schaef

Unsere Süchte verleiten uns zu einem Leben voller Illusionen. Sie nähren die Illusion, wir hätten alles im Griff, wir seien perfekt — und sie machen uns noch unehrlicher. Unser Suchtverhalten läßt es zu, daß wir die Realität verleugnen und Rechtfertigungen dafür finden, daß wir unser Leben nicht in die Hand nehmen. In einem wahren Nebel von Illusionen gleiten wir so dahin — ob es dabei nun um eine Liebesgeschichte geht, um persönliche Macht oder äußeren Erfolg. Und irgendwie versäumen wir das Leben.

Eine der wesentlichen Eigenschaften des erwachsenen Menschen besteht darin, daß er fähig ist, sich von Illusionen zu trennen, anstatt sie immer weiter zu hegen, und die wahre Realität in sich aufzunehmen. Im Gegensatz zur weitverbreiteten Auffassung heißt das nicht, daß wir ein langweiliges und behäbiges Leben führen müßten. Es bedeutet, daß wir unser Leben tatsächlich *leben* müssen.

AUF GEHT'S! **Laßt es uns zur Abwechslung mal mit der Wirklichkeit versuchen.**

17. Februar

Bewusstsein für den Lebensprozess
Kontrollverhalten/Kreativität

Das Leben als Prozeß begreifen heißt: offen zu sein für Einsichten und Begegnungen. Die eigene Kreativität geht intensiv in diesen Prozeß mit ein und gibt ihm Gestalt.
Susan Smith

Wenn wir die Wahl treffen, unser Leben als einen Prozeß zu begreifen und es dementsprechend zu verbringen, entscheiden wir uns dafür, offen zu sein für alles, was das Leben zu bieten hat. Durch die Illusion, wir hätten alle Dinge in der Hand, wurden neue Einsichten und Begegnungen oft »herausgefiltert«. Wir waren so fixiert auf unsere Ziele und die Art und Weise, wie die Dinge zu geschehen *hatten,* daß wir den lebhaften Spürsinn und die Wachheit für all die sich ergebenden Möglichkeiten nicht mehr empfanden. Wir hatten derart Angst, unsere Illusion hinsichtlich des eigenen Kontrollverhaltens aufgeben zu müssen, daß wir einige der kostbarsten Begegnungen, die das Leben uns bot, versäumten.

Sobald wir an unserem eigenen Lebensprozeß voll Anteil nehmen, entdecken wir neue Ausdrucksweisen unseres schöpferischen Selbst. Die Kreativität hat viele Namen. Schon indem wir einfach das eigene Leben leben, kann das Bewußtsein unserer Schaffenskraft gesteigert werden.

KANN ES WIRKLICH SEIN, daß es bereits genug ist, wenn ich einfach mein Leben lebe?

Hektik

Wir haben einen Punkt erreicht, an dem Frauen ohne Hektik und Panik anscheinend fast undenkbar geworden sind, besonders wenn sie im Berufsleben stehen.

Anne Wilson Schaef

Frauen, die ständig zuviel machen und sich aufarbeiten, neigen dazu, auf fast alles hektisch zu reagieren. Wo hatten wir bloß diesen Mietwagen auf dem Flughafen abgestellt, und wie in aller Welt sah er überhaupt aus? Wir sind uns jedenfalls ganz sicher, daß wir unseren eigenen Wagen direkt vor der Apotheke im Einkaufszentrum geparkt haben. Oder war das vielleicht doch schon letzte Woche?

Wo haben wir nur diese Rechnung hingelegt, die heute unbedingt bezahlt werden muß? Es muß doch, denken wir, eine Möglichkeit geben, unsere Kinder morgens mit weniger Hektik aus dem Haus zu bekommen. Wir sind sicher, eine wirklich ordentlich planende Mutter könnte das viel besser machen.

Wo ist der Kugelschreiber? Wo die Pfanne? Wo sind die Unterhosen? — Wahrscheinlich genau dort, wo wir sie gelassen haben. Meistens ist es unsere »Raserei«, die unseren Blick trübt.

HEKTIK UND PANIK sind alte, vertraute Freunde. Vielleicht ist es an der Zeit, daß sie unser Haus verlassen.

19. Februar

Mit Projekten herumjonglieren

Üblicherweise sind wir ziemlich stolz auf uns, wenn wir die kreative Arbeit zwischen Haushalt und anderen Pflichten noch eingeschoben haben. Ich bin mir nicht sicher, ob wir dafür wirklich eine Eins mit Sternchen verdient haben.
Toni Morrison

Frauen, die außer Haus arbeiten, sind nicht die einzigen, die von ihrer Arbeit besessen sind. Auch Frauen, die die ganze Zeit zu Hause sind, haben kaum Zeit für sich selbst und ihre kreativen Pläne. Schließlich sind Kinderpflege und Haushaltsführung 24-Stunden-Jobs. Es gibt immer etwas zu tun.

Unsere größte Fähigkeit ist vielleicht nicht die, bestimmte Dinge zu erledigen, sondern mit verschiedenen Dingen gleichzeitig herumzujonglieren, damit es *so aussieht, als* würde die Arbeit getan, und damit wir uns besser fühlen. Aber Achtung! Dieses Herumjonglieren mit verschiedenen Projekten, die einzeln auszuführen wären, ist eines der Symptome des arbeitssüchtigen Menschen. Anstatt die Vorhaben auf jene zu reduzieren, die in angemessener Weise bewältigt werden können, versuchen wir in unserer Arbeitssucht, alles auf einmal zu machen.

JONGLEURE werden nicht sehr gut bezahlt, und manchmal trifft sie einer von den Bällen, die sie in die Luft geworfen haben, am Kopf.

Wiedergutmachung

Mach es dir zur Lebensregel, nichts zu bereuen und niemals zurückzuschauen. Die Reue ist reine Kraftverschwendung: man kann auf ihr nicht aufbauen; man kann sich nur in ihr »suhlen«. Katherine Mansfield

Zurückzuschauen und zu bereuen ist etwas ganz anderes als Bilanz zu ziehen, Schaden wiedergutzumachen und voranzuschreiten. Wenn wir dauernd mit Bedauern zurückblicken, geben wir uns ganz der ichbezogenen Beschäftigung hin, uns selbst zu bestrafen wegen der Fehler, die wir früher einmal begangen haben.

Wir alle haben Fehler gemacht. Als wir im Wahn dieser fortschreitenden Suchtkrankheit agierten, haben wir uns selbst und anderen viel Schaden zugefügt. Wir haben uns selbst vernachlässigt. Wir haben die geliebten Menschen vernachlässigt. Genau das ist charakteristisch für die Sucht.

Nun aber können wir unsere Fehler zugeben und Schaden wiedergutmachen bei jenen, die wir ungerecht behandelt haben (und auch bei uns selbst, wenn wir mit *uns* nicht sorgsam umgegangen sind), und dann weiter unseren Weg gehen. Wir können weder auf Scham- und Schuldgefühlen noch auf Reue aufbauen. Denn darin können wir uns tatsächlich nur »suhlen«.

WENN ICH meine Fehler einräume und den dadurch entstandenen Schaden wiedergutmache, bekomme ich die Möglichkeit, auf meiner Vergangenheit aufzubauen und sie in mein gegenwärtiges Leben zu integrieren. Ich kann damit jederzeit beginnen … vielleicht sogar schon heute.

21. Februar

Werte

Wenn Frauen einen Beruf ergreifen, geben sie ihre weiblichen Werte nicht auf, sondern fügen sie zu den traditionell männlichen Werten wie Arbeitsleistung und Karriere noch hinzu. Wenn sie dann darum kämpfen, den Erfordernissen beider Rollen gerecht zu werden, können sie nicht verstehen, warum die Männer dieses zweifache Wertesystem nicht mit ihnen gemeinsam tragen.

Susan Sturdinent und Gail Donoff

Eine der oft schmerzlichsten Lektionen für Frauen, die nicht im Haushalt arbeiten, besteht darin, daß die gleichen Fähigkeiten, die im Berufsleben gefragt sind und dort auch Anwendung finden, zu Hause — und auch in unseren persönlichen Beziehungen — einfach nicht »funktionieren«. Zum Glück sind wir in der vorteilhaften Lage, ein Wertesystem zu kennen, das dem Leben an sich förderlich ist, und so müssen wir nur lernen, welche Fertigkeiten im Beruf wichtig sind.

Während wir aber lernen, uns im beruflichen Wertesystem zurechtzufinden, werden wir leider dazu ermuntert, unsere eigenen Werte zu verunglimpfen — und manchmal geben wir diesem äußeren Druck nach.

Unsere Werte sind nicht verkehrt. Sie sind nur anders. Mit ihnen und durch sie würde auch unser Arbeitsplatz vorteilhafter sein.

WENN ICH Vertrauen in mein eigenes Wertesystem habe, kann das ein wichtiger Beitrag zu meiner Arbeit sein.

Abgeschiedenheit

Du wirst diesen Ort tiefen Schweigens geradewegs in deinem Zimmer finden, deinem Garten oder sogar in deiner Badewanne. Elisabeth Kübler-Ross

Das Alleinsein ist ein wahrer Segen! Jeder Mensch braucht Zeit für sich allein. Oft fürchten wir uns davor, denn wir begegnen dann niemand anderem als uns selbst. Wie tröstlich es doch ist, zu sich selbst zu kommen! Und wie sehr ähnelt dies einer Rückkehr nach Hause zu einem alten Freund oder einem geliebten Menschen, nachdem wir zu lange fort gewesen sind und Orte besucht haben, die uns ungewohnt und fremd vorkamen.

Das Alleinsein ist eine jener Freuden, die nur wir in die Wege leiten können. Wir haben es in der Hand, dafür zu sorgen, daß wir uns mit Hilfe dieser einsamen Zeit regenerieren. Dazu haben wir das Recht, und dazu haben wir auch die Kraft. Wenn wir unser Bedürfnis nach Abgeschiedenheit nicht achten und dabei unseren Kindern kein Vorbild sind, werden sie niemals lernen, daß auch sie es verdient haben, einmal allein zu sein.

ICH WILL MICH daran erinnern, daß es nichts Wohltuenderes gibt als das Geräusch von fließendem Wasser — selbst wenn es nur in meine Badewanne plätschert.

23. Februar

Ehrlichkeit

Man lügt mit Wörtern genauso wie durch Schweigen.
Adrienne Rich

Sobald unsere innere Genesung Fortschritte macht, lernen wir die Worte Jesu von neuem schätzen: »Ihr werdet die Wahrheit wissen, und die Wahrheit wird euch frei machen.« Unser Suchtverhalten zielt unter anderem darauf ab, daß wir den Kontakt zu uns selbst verlieren, und wenn wir uns selbst fremd geworden sind, können wir unmöglich ehrlich sein gegenüber einem anderen Menschen. Um dies zu schaffen, müssen wir wissen, was wir denken und fühlen. In diesem frühen Stadium unserer inneren Heilung erkennen wir allmählich, wie weit wir uns entfernt haben von unserem Inneren ... In der Tat liegt da ein weiter Weg dazwischen!

Wir schreckten davor zurück, die Wahrheit offen auszusprechen. Wir hatten Angst, unsere Arbeit zu verlieren, unsere Freunde — überhaupt alles, was wir haben. Trotzdem: Sobald wir ehrlicher werden, fangen wir an, den festen Knoten aus Unehrlichkeit, Ichbezogenheit, Kontrollverhalten und innerer Verwirrung zu lösen. Wir sehen, auf welche Weise unsere Unehrlichkeit zur Konfusion führte — und selbst wenn es uns schwerfällt, so atmen wir doch tief auf in jener erfrischenden Brise, die sich mit der Ehrlichkeit einstellt.

ALLMÄHLICH lerne ich wieder meine Fähigkeit kennen, ehrlich zu sein. Ich bin erschreckt darüber, wie weit ich von meinem Weg abgekommen bin.

Wahlmöglichkeiten/Verantwortung

Wir zehren uns nur dann auf, wenn wir es wollen.
Nathalie Sarraute

Wenn wir davon sprechen, Verantwortung für unser Leben zu übernehmen, müssen wir klären, was wir unter »Verantwortung« verstehen. Im Zusammenhang mit der Sucht bedeutet das Wort: zur Rechenschaft gezogen werden und die Schuld bei sich suchen. Wenn Frauen sich diese Auffassung zu eigen machen, können sie es nicht ertragen, Verantwortung für ihr Leben zu übernehmen oder zu sehen, wie andere Frauen es tun, weil sie unterstellen, sie hätten dann *die Schuld* zu tragen für ihren gegenwärtigen Zustand und die Art und Weise, wie sie eben sind. Leider bringt uns diese Haltung in eine Lage, in der wir zu Opfern werden und uns der eigenen Kraft berauben.

Nur wenn wir akzeptieren, daß wir über verschiedene Wahlmöglichkeiten verfügen, und auch von ihnen Gebrauch machen, können wir unser Leben wiedergewinnen. Dazu gehört unter anderem, daß wir zu (allen!) früher getroffenen Entscheidungen stehen und dann weiter voranschreiten. Somit machen wir nicht uns selbst für unser ganzes Leben verantwortlich. Vielmehr bekennen wir uns zu ihm und tragen Verantwortung dafür — so daß wir den nächsten Schritt unternehmen können.

ICH HABE EINIGE schlechte Entscheidungen getroffen, einige waren so lala, und einige waren gut. Das wichtigste an ihnen aber ist: Es sind *meine* Entscheidungen — und zwar alle.

25. Februar

Schmerz

Eisen, im Regen gelassen,
Im Nebel und Tau,
Wird von Rost bedeckt.
Auch Schmerz vergeht zu Schönem.

Mary Carolyn Davies

Unser Schmerz gehört niemand anderem als uns. Zum Teil haben wir ihn verdient, zum größeren Teil nicht — dennoch bleibt er der unsere. Wenn wir ihn verdammen, verdammen wir die Erfahrung unseres menschlichen Daseins und verlieren uns selbst in diesem Kampf. Ein Leben ohne Schmerz ist ein totes Leben. Unser Schmerz läßt uns allmählich begreifen und wissen, was es bedeutet, Mensch zu sein. Wenn wir uns gegen diese ganz normale Empfindung wehren, können wir nicht miterleben, wie mit der Zeit »auch der Schmerz zu Schönem« vergeht.

Wir müssen den Schmerz nicht eigens suchen; aber wenn er nicht zu vermeiden ist, besteht die Möglichkeit, daß etwas Neues in unser Leben tritt.

MEIN SCHMERZ stellte eine Chance dar. Weder habe ich ihn verschuldet, noch werde ich durch ihn bestraft.

Sich selbst hegen und pflegen

Einfach zu wissen, daß man am Ende eines langen Tages ein gutes Buch vorfinden wird: schon das macht diesen Tag glücklicher. Kathleen Norris

Die Kunst, sich selbst zu hegen und zu pflegen, wird in den wenigsten Schulen und nicht einmal in einem guten Kursus für angehende Manager unterrichtet. Auch in der Familie wird sie uns wohl kaum gelehrt.

Dennoch ist es für das Überleben in unserer »High-Tech-Society«, unserer Informationsgesellschaft, absolut notwendig, daß man sich selbst die bestmögliche Pflege angedeihen läßt. Einige besonders eifrige Arbeitssüchtige haben herausgefunden, daß sie noch härter arbeiten können, wenn sie sich zwischendurch einmal kurz etwas aufpäppeln. Das ist leider keine genügende Pflege des Körpers und der Seele, sondern nur Nachschubsicherung.

Die Fürsorge, die wir uns selbst zuteil werden lassen, gibt uns die Möglichkeit, innezuhalten, damit wir uns dann die Zeit geben herauszufinden, was gut für uns wäre: in diesem Augenblick, an diesem Ort — und es auch tun.

OB ETWAS »NAHRHAFT« für uns ist, hängt davon ab, an welchem Punkt unseres Lebens wir uns gerade befinden. Um mich selbst hegen und pflegen zu können, muß ich mich selbst in jedem Augenblick kennen.

27. Februar

Perfektionismus

Dies ist das Zeitalter des Perfektionismus, mein Kind. Jeder versucht, sein Äußerstes zu geben — emotional, mental, physisch: »Rackere dich ab, kämpfe: Alle Fehler müssen berichtigt werden!« Judith Guest

Der Perfektionswahn ist eines der Kennzeichen von Suchtverhalten. Durch ihn wird ein abstraktes, rein äußerliches Ideal statuiert, wie wir sein oder was wir können *sollten,* das nur wenig oder gar nichts zu tun hat mit dem Menschen, der wir sind, oder dem, was wir tun müssen — und so versuchen wir uns dann diesem Ideal anzugleichen.

Indem wir in einer solch unrealistischen Weise perfekt sein wollen, mißhandeln wir uns selbst, fällen Urteile über uns und beeinträchtigen unser Leben. Egal, was wir auch machen oder wie sehr wir uns anstrengen: Es ist nie genug. Wir sind uns nie genug. Sich zu sehr bemühen und sich überhaupt niemals um irgend etwas bemühen: das sind die beiden Seiten jener Münze, die den Namen »Perfektion« trägt. Leider ist dies eine Münze, die nie etwas einbringt.

PERFEKTIONSWAHN ist in höchstem Maße eine Mißhandlung der eigenen Person.

LACHEN

Lachen kann befriedigender sein als Ehre, wertvoller als Geld und reinigender als ein Gebet. Harriet Rochlin

Wie lange ist es her, daß Sie so richtig lauthals gelacht haben? Das gesunde Lachen scheint eine Kostbarkeit zu sein, die in letzter Zeit knapp geworden ist.

Die meisten von uns stehen ihrem Lachen argwöhnisch gegenüber, und es macht sie verlegen. In der Kindheit wurde uns ständig beigebracht, es zu unterdrücken. Oft haben wir das Gefühl, daß es uns fast ganz abhanden gekommen ist. Wir fürchten uns vor dem Lachen, wenn wir allein sind, und es berührt uns peinlich im Beisein anderer Menschen. Was ist das nur für ein Zustand!

Das Lachen ist eine der Gaben, die wir als Menschen besitzen. Wir können es nicht erzwingen, aber wir können gewiß damit aufhören, es in uns selbst und in unseren Kindern zu unterdrücken.

LACHEN spielt für Menschen dieselbe Rolle wie Schwanzwedeln für den Hund.

Die Wirkung auf andere abschätzen und planen

Und doch hatte ich all die Jahre schreckliche Angst davor, die anderen würden mich steinigen, wenn sie hinter meine Fassade blicken könnten. Sara Davidson

Wieviel Zeit und Energie vergeuden wir wohl damit, unsere Wirkung auf andere abzuschätzen und zu planen? Wir sind der festen Überzeugung, daß andere (besonders Männer) uns für professionell, intelligent, kompetent, stark und sicher halten, wenn wir uns nur richtig kleiden. Wir glauben, daß andere (meistens Männer) uns attraktiv, sexy, begehrenswert finden und uns als eine Person betrachten, die zu kennen sich lohnt, wenn wir uns nur passend anziehen und schminken. Wir denken, daß bestimmt jemand mit uns zusammensein möchte, wenn wir nur genügend fürsorglich, verständnisvoll und konstant sind.

Wir haben solche Angst davor, jemand könnte hinter unsere Fassade blicken und herausfinden (das fürchten wir am meisten!), daß da eine gähnende Leere ist. Wir glauben, die Menschen hätten kein Interesse an uns, wenn sie wirklich wüßten, wer wir sind. Wir meinen, weiterhin in Sicherheit zu sein, wenn wir nur unsere Wirkung auf andere richtig zur Geltung bringen.

Wenn sich jemand in das Bild verliebt, das ich nach außen hin abgebe, liebt er natürlich nicht mich, sondern nur den Eindruck, den er von mir hat.

Innere Verbundenheit mit dem Lebensprozess Höhere Macht

Insgeheim glaubten wir beide an eine äußere Macht, an deren Kraft man sich anschließen kann, wenn man mit allen Geschehnissen in Einklang ist. Robyn Davidson

Im Lebensprozeß stehen heißt, das eigene Leben als Prozeß zu begreifen und eins zu sein mit universellen Prozessen. Die Suchtkrankheit zerstört unsere tiefe Verbundenheit mit diesem Lebensprozeß. Sie entfremdet uns der eigenen Spiritualität, unserem Glauben, und gibt uns zu verstehen, daß wir keineswegs geborgen seien, daß wir die Dinge kontrollieren und unsere Sicherheit gewährleisten müßten, indem wir uns selbst, unser Leben und sogar die ganze Welt in einen statischen Zustand versetzen.

Wir haben so viel Mühe darauf verwandt, die Welt gleichsam anzuhalten, daß unser inneres Vermögen, in Einklang zu sein mit allem Geschehen, überhaupt nicht entwickelt wurde. Sobald wir lernen, uns auf diesen Strom einzustimmen und daran teilzunehmen, stellen wir fest, daß es so viel leichter ist, sich dem eigenen Lebensprozeß gemäß zu verhalten als zu versuchen, aus der Welt einen toten Ort zu machen.

WENN ICH mit meinem Lebensprozeß verbunden bin, bin ich auch angeschlossen an alles, was in der Welt geschieht.

2. März

Sich halb wahnsinnig fühlen

Wie ich das alles weiß? Weil ich verrückt bin. Sie können immer den Informationen trauen, die Ihnen von verrückten Menschen gegeben werden; denn die haben einen Zugang zur Wahrheit, der über normale Kanäle nicht erreichbar ist.

Norma Jean Harris (Sheila Ballantyne)

Vor einigen Jahren, nachdem ich mein Buch *Weibliche Wirklichkeit* geschrieben und veröffentlicht hatte, besuchte ich eine alte Freundin, die in New York lebt. Im Verlaufe unseres Gesprächs sagte sie plötzlich: »Du hast dich verändert.« (Sie ist eine Analytikerin und nimmt gewisse Dinge immer sehr genau wahr!) »Wirklich«, antwortete ich, »wie denn?« (Insgeheim hoffte ich natürlich, mich verändert zu haben. Schließlich waren wir uns jahrelang nicht begegnet, und wäre in dieser Zeit alles beim alten geblieben, müßte ich wohl in ernsten Schwierigkeiten stecken!) »Du hast keine Angst mehr, verrückt zu sein«, bemerkte sie. »Hatte ich denn früher Angst davor?« fragte ich ein wenig erschreckt. »Ja«, erwiderte sie ruhig. Und ich sagte: »Nach der Beendigung von *Weibliche Wirklichkeit* ist mir folgendes bewußt geworden: Die anderen haben mir immer dann gesagt, ich sei verrückt, wenn ich meine klarsichtigsten, gesündesten und wertvollsten Wahrnehmungen zum Ausdruck brachte. Heute finde ich mich damit ab, ›verrückt‹ zu sein in den Augen einer Gesellschaft, die Suchtkrankheiten erzeugt — und fühle mich mit meinem ›Wahnsinn‹ sehr ›gesund‹.«

GEBEN SIE genau darauf acht, wer bestimmt, was »verrückt« ist und was nicht.

Loslassen/Ressentiments

Wenn du dich emporschwingen willst, mußt du den ganzen Mist, der dich nach unten zieht, zurücklassen.
Toni Morrison

Der »alte Mist« erscheint uns so kostbar. Liebevoll hegen wir unseren Groll von früher und nähren ihn regelmäßig von neuem, damit er bestehen bleibt. Und auch unsere Wut wird sorgsam gehütet und gepflegt. Wir tun nicht das geringste, um diese Gefühle einmal aufzuarbeiten oder loszuwerden — wir halten einfach bloß an ihnen fest und verstärken sie auch noch. Und dann fragen wir uns, warum wir ständig das Gefühl haben, nicht weiterzukommen und wie behindert durchs Leben zu gehen.

Wenn wir an diesem alten Kram festhalten, belastet er uns. Es ist, als wären unsere Füße in frischem Teer stekkengeblieben.

Es kommt eine Zeit, da wir erkennen, daß es im Grunde keine Rolle spielt, was ein anderer uns angetan hat — wir schaden nicht diesem Menschen, sondern *uns selbst,* wenn wir weiterhin auf der Sache herumreiten. Wenn wir innerlich gesund werden wollen, täten wir gut daran, diesen ganzen Mist zu nehmen und damit die Blumen zu düngen.

NUR INDEM ICH loslasse, kann ich mich weiterentwikkeln.

Gefühle/Freiheit

Die weißen Väter sagten uns: »Ich denke, also bin ich«, aber die schwarze Mutter in uns allen, die dichterische Stimme, flüstert in unseren Träumen: »Ich fühle, also kann ich frei sein.«
Audre Lorde

Wir wurden dazu angehalten, unsere Gefühle auszuklammern und abzublocken. Man sagte uns, Gefühle zu haben sei schwächlich und unvernünftig, und wenn wir in dieser Welt erfolgreich sein wollten, müßten wir fähig sein, sie zu kontrollieren; die großen Vorbilder seien Menschen, die niemals ihre Gefühle gezeigt hätten.

Doch wenn wir danach handeln, stellen wir fest, daß wir uns nicht weniger angreifbar machen, sondern im Gegenteil noch mehr. Wenn wir Gefühle unterdrücken, wissen wir nie, wann oder wie sie hervorbrechen; und wir können sicher sein, daß dies mit größerer Heftigkeit geschehen wird, als wenn wir den ursprünglichen »Gefühlsmoment« zugelassen hätten.

Darüber hinaus sind Gefühle unser natürliches, sozusagen »eingebautes« Alarm- und Informationssystem. Nicht der Verstand, sondern die Gefühle warnen uns vor einer Gefahr, sagen uns, daß der andere uns anlügt, und geben uns ein Gespür für jene feinen Nuancen, durch die wir bestimmte Unterschiede erkennen und Entscheidungen treffen können. Ohne dieses innere Informationssystem können wir nie wirklich frei sein.

ZU FEIERN, daß ich zu Gefühlen fähig bin, ist *eine* Möglichkeit, wirklich frei zu sein.

Einsamkeit

Einsamkeit und das Gefühl, unerwünscht zu sein: Das ist die allerschlimmste Armut. Mutter Teresa

Das Gefühl von Einsamkeit trifft man nicht selten an bei Frauen, die ständig zuviel machen. Immerzu sind wir beschäftigt und umgeben von Menschen — und trotzdem fühlen wir uns allein. Es ist sogar ganz gut möglich, daß einer der Gründe für unsere Geschäftigkeit darin besteht, daß wir versuchen, das Gefühl von Einsamkeit bewußt zu vermeiden, und zugleich vor jeder Intimität zurückschrecken.

Wir glauben, daß unsere Einsamkeit verschwinden wird, wenn wir nur genug herumrennen, immer hinreichend zu tun haben und uns mit durchaus wichtigen und interessanten Leuten umgeben. Leider funktioniert keine dieser Methoden. Es stimmt tatsächlich, was Fiona Macleod sagt: »Mein Herz ist ein einsamer Jäger, der auf einsamem Hügel jagt.« Unser Herz ist auf der Suche, und die vielen Dinge, die wir ausprobiert haben, scheinen nicht die richtigen zu sein. Sobald wir die Verbindung zu unserem spirituellen Selbst verloren haben, sind wir einsam — egal, was und wieviel wir besitzen.

DIE EINSAMKEIT ist nicht außerhalb von mir, sie ist in mir.

6. März

Beziehungen

Man hat den weisen Satz gesagt: Wir können keinen Menschen wirklich lieben, über den wir nie richtig lachen.
Agnes Repplier

Wie ernst wir alles nehmen — besonders unsere Beziehungen! Bei all unseren inneren Fähigkeiten vergessen wir oft, daß das Lachen über uns selbst und andere eines der Mittel ist, die unser Schöpfer uns mitgegeben hat, damit wir dem realen Leben verhaftet bleiben. Beziehungen aber, die ohne diesen engen Bezug zur Wirklichkeit sind, dauern nicht an.

Wir müssen die anderen sehr gut kennen, um ihre spaßigen Seiten sehen und auch am heiteren Leichtsinn innerhalb der Familie Anteil nehmen zu können. Machen wir uns nichts vor: Die Menschen sind ein lustiger Haufen. Kein Roboter war je zu solchen Possen fähig, wie wir sie uns ausdenken können.

MITEINANDER zu lachen: über sich selbst und die anderen, ist eine der Möglichkeiten, den Faden der Intimität weiterzuspinnen.

Geistige Gesundheit

Jemand hat einmal gesagt: »Wenn wir wirklich zivilisiert sein wollen, müssen wir die Krankheit bereitwillig annehmen.« Wenn das zutrifft ... Robyn Davidson

Wenn wir unter wirklich wahnhaften Umständen leben und arbeiten, hat das die Nebenwirkung, daß unsere Duldsamkeit gegenüber geistig kranken Verhaltensweisen rapide zunimmt. Unsere Fähigkeit, das Sinnvolle vom Sinnlosen zu unterscheiden, wird stark beeinträchtigt. Wenn die Menschen unserer Umgebung ständig ein äußerst bizarres Benehmen an den Tag legen, fangen wir natürlich an, unsere geistige Gesundheit in Frage zu stellen. Meistens aber sind wir nicht geistig krank. Die Situation ist es, in der wir uns befinden, und so werden wir selbst zunehmend wahnsinniger, wenn wir versuchen, uns dieser anzupassen.

»Wenn wir wirklich zivilisiert sein wollen, müssen wir die Krankheit bereitwillig annehmen« — nun ja; vielleicht müssen wir einmal genauer in Betracht ziehen, was wir unter »zivilisiert« verstehen.

ICH BIN NICHT WAHNSINNIG — nur die Umstände scheinen von mir zu verlangen, daß ich so bin.

8. März

Selbstbestätigung

Ich fand Gott in mir
und liebte sie/*liebte* sie *glühend.*

Ntozake Shange

Gibt es einen schöneren Ort, Gott zu finden, als in uns selbst? Nur wenn wir uns wirklich kennen und uns der eigenen, unverwechselbaren Persönlichkeit versichern, werden wir uns jenes göttlichen Wesens bewußt, das wir mit allem Lebendigen gemeinsam haben. Wir sind Teil des Hologramms ... ja wir *sind* das Hologramm. Wenn wir uns selbst fremd werden, verlieren wir auch die Verbindung mit allem, was jenseits unserer selbst liegt.

»Gott« zu kennen und glühend zu lieben bedeutet nichts anderes, als sich selbst zu lieben. Die Liebe zu diesem Gott hat nichts von der Liebe zu dem selbstsüchtigen »Gott« unserer Sucht. Vielmehr lieben wir den Gott, der das Eine und Ganze ist, der in uns und jenseits von uns ist. Wir lieben Gott so, wie wir ihn verstehen können.

DIE VERBINDUNG mit Gott ist so einfach — nur wir erschweren sie so sehr.

Selbstachtung/Höhere Macht

Es besteht kein Zweifel, daß der Jubel und die Befriedigung, die ich bei jeder Eruption des Vulkans empfand, zum Teil auch meine feministische Solidarität zum Ausdruck brachte. Ihr Männer denkt, ihr wärt die einzigen, die eine wirklich schlimme Unordnung veranstalten können? Ihr denkt, ihr hättet die ganze Feuerkraft für euch gepachtet und Gott wäre auf eurer Seite? Ihr denkt, ihr hättet die Dinge in der Hand? Dann paßt mal auf, meine Herren, und seht: Die große Dame ist tätig wie eine Frau.
Ursula K. Le Guin

Auf überraschende Weise erwies sich der Vulkanausbruch des Mount St. Helens als ein wichtiges Symbol für uns alle. Die »große Dame« erinnerte uns an jene Kräfte, die unsichtbar und unkontrollierbar sind. Sie erinnerte uns daran, daß es auf diesem Planeten und im Universum Urgewalten gibt, über die wir nicht bestimmen können. Nicht nur standen wir den Eruptionen machtlos gegenüber — wir konnten noch nicht einmal vorhersagen, was als nächstes geschehen würde, obwohl wir unsere beste Technologie einsetzten und »Helena« ständig überwachten. Sie aber zeigte unserer technokratischen Gesellschaft, daß die Natur (die oft als »weiblich« gekennzeichnet wird, zumal dann, wenn sie »Böses« tut) nicht beherrscht werden konnte.

Obwohl niemand möchte, daß Landschaften verwüstet oder Lebewesen getötet werden, müssen wir Menschen doch gelegentlich darauf aufmerksam gemacht werden, daß wir nicht das Kommando haben.

WENN DIE GLUT leise in ihr aufsteigt, ist sie wie eine Frau. Wenn sie plötzlich explodiert — auch dann ist sie wie eine Frau. Wir verfügen über eine ganze Reihe von Reaktionen.

Innere Gelassenheit

Plötzlich bin ich erfüllt von jenem Gefühl des Friedens und der Sinnhaftigkeit, das wohl die frommen Menschen meinen, wenn sie über die Erfahrung göttlicher Gegenwart sprechen. Valerie Taylor

Wenn wir aufgrund von Suchtmechanismen handeln, wissen wir nur sehr wenig von innerer Gelassenheit. Das Wort »Gelassenheit« verstehen wir oft nur im abstrakten und weniger im praktischen Sinne. Sobald wir jedoch damit beginnen, sorgsam mit uns selbst umzugehen, und sobald wir allmählich von unserem zwanghaften Tun geheilt werden, erfahren wir auch *Augenblicke* innerer Gelassenheit. Beim ersten Mal leuchtet ein solcher vielleicht nur kurz in unserem Bewußtsein auf wie ein Meteor, der in die Erdatmosphäre eintaucht. Diese Empfindung mag uns Angst einjagen, weil sie uns derart fremd ist. Aber nach einer Weile erkennen wir die innere Gelassenheit als etwas ganz Besonderes an und versuchen, sie mit Hilfe von Ritualen, geistigen Übungen und bestimmten Techniken *herzustellen.* Jetzt sind wir nicht mehr darauf fixiert, alles mögliche unter Kontrolle zu bringen — sondern wollen die Erfahrung innerer Gelassenheit unter Kontrolle bringen … Da kann man nur sagen: Alles noch mal von vorn.

DIE INNERE GELASSENHEIT ist ein Geschenk. Es steht uns allen zur Verfügung. Es ist gleichbedeutend damit, daß wir eins sind mit der Gegenwart Gottes.

Das Haus in Ordnung bringen/Bereuen

Meine Ordentlichkeit wie auch meine Unordentlichkeit geben mir Anlaß zur Reue, zu Gewissensbissen und anderen vielschichtigen Gefühlen. Natalia Ginzburg

Eines der größten Geschenke, das mir meine Mutter je machte, bestand darin, daß ihre Haushaltsführung einfach *schrecklich* war. Sie war nicht in allem so — nur konnte sie eben das Haus nicht in Ordnung halten, obwohl sie dazu, ihrer festen Überzeugung nach, hätte fähig sein sollen.

Sie hatte Gedichte veröffentlicht, war eine große Kurzgeschichtenautorin, eine Malerin, sie konnte Pferde zureiten und trainieren, war eine begeisterte Leserin, eine kenntnisreiche Sammlerin von Antiquitäten, sie suchte die Psyche und dunklen Rätsel der Welt zu erkunden, war eine gute Mutter, eine wahre, treue und anhängliche Freundin, unverbesserlich in ihrer Wißbegier, eine Autorität, was das Wissen über die Indianer betrifft, eine von der Intuition beflügelte Forscherin, wenn es um wertvolle Mineralien, Fossilien und alte Edelsteine ging, und sie war eine Verfechterin der Bürgerrechte, die für alle gelten sollten; vor allem aber war sie eine faszinierende und außergewöhnliche Frau — die allerdings den Küchenboden nicht sauberhalten konnte.

Ich habe keinen Schaden davongetragen, weil unser Haus in diesem unordentlichen Zustand war. Ich war nur betrübt darüber, daß sie sich manchmal selbst so negativ beurteilte.

ICH HOFFE, daß ich mich wenigstens immer daran erinnern kann, was wichtig ist im Leben.

12. März

Bejahende Haltung/Fehler
Wiedergutmachung

Unter allen Idioten, denen ich im Leben begegnet bin — und Gott weiß, daß das nicht wenige und durchaus keine geringen waren —, war ich meiner Meinung nach der größte.
Isak Dinesen

Ich kann meine Kraft zum Beispiel dadurch wiedergewinnen und mich im ganzen regenerieren, daß ich meine Fehler zugebe. Manchmal ist es hilfreich, sich hinzusetzen und eine Liste jener Menschen aufzustellen, denen ich Unrecht getan habe (mich selbst eingeschlossen), und den Schaden dort wiedergutzumachen, wo es möglich ist und den anderen nicht verletzt.

Welch ein reines Gefühl stellt sich ein, wenn man das eigene Leben akzeptiert und sich zu ihm bekennt — und sich nicht selbst bestraft für die Fehler der Vergangenheit! Und wie gut ist es doch, die anderen, die verletzt wurden, wissen zu lassen, daß man sich der eigenen Missetaten bewußt ist und den aufrichtigen Wunsch hat, sein Verhalten nicht nur einzugestehen, sondern auch zu ändern — und alles mögliche zu tun, um in Zukunft klarsichtiger und sorgsamer zu leben.

DIE EIGENEN FEHLER zuzugeben und den Schaden bei anderen wiedergutzumachen ist ein wirksames Mittel, sich selbst wiederzugewinnen.

Spirituelles Leben

Wir sind nicht menschliche Wesen, die versuchen, geistig zu sein. Wir sind geistige Wesen, die versuchen, menschlich zu sein. Jacquelyn Small

Wie oft machen wir doch den Versuch, unsere Spiritualität abzutrennen und aufzuteilen, um sie damit (wie wir hoffen) unter Kontrolle zu bringen. Sie ist aber allumfassender, als viele von uns es zugeben wollen. Alles, was wir tun, hat seinen Ursprung in unserem Inneren, das geistiger Natur ist. Wenn wir Entscheidungen treffen, ist unser geistiges Sein daran beteiligt. Und es schwingt auch mit, wenn wir bei der Arbeit mit anderen Menschen in Beziehung treten oder zu Hause Geschirr abspülen.

Wie oft haben wir schon versucht, unser geistiges Ich von unserem körperlichen, in den Alltag verstrickten Ich abzusondern — nur weil wir Geistigkeit mit Heiligkeit gleichsetzten und nicht wollten, daß diese mit unserem täglichen Leben in Berührung kam. Erst wenn wir erkennen, daß unser *ganzes* Tun geistiger Natur ist, können wir zulassen, daß unsere Menschlichkeit durchdrungen wird von unserer Geistigkeit.

ALLES, was ich tue, und sei es noch so unbedeutend oder langweilig, ist geistigen Ursprungs.

14. März

Wut

Seit Monaten schon hat sie nicht mehr einen so starken Zorn empfunden, wie er jetzt in ihr aufsteigt, um sogleich Stimmbänder und Augen anzugreifen.
Norma Jean Harris (Sheila Ballantyne)

Ich mag Norma Jean Harris, die Heldin in Sheila Ballantynes Buch *Norma Jean, die Termitenkönigin* einfach sehr gerne. Als ich darin las, lachte und weinte ich; vor allem aber identifizierte ich mich mit der weiblichen Hauptfigur. Ich liebe solche Bücher, wo ich Seite um Seite mich selbst und mein Leben wiederfinde.

Wer von uns kennt nicht diesen gewaltigen Zorn, der im Inneren ansteigt wie das Quecksilber in einem Thermometer, bis unsere Stimme bebt und unsere Augen eine leuchtendrote Färbung annehmen, um dann ganz glasig zu werden? Das ist der Augenblick, wo sich kleine Kinder und Haustiere mit sicherem Instinkt vor uns verdrükken.

Einige von uns kurbeln in solchen Augenblicken im Auto das Fenster hoch und fangen mitten auf der Hauptverkehrsstraße das Schreien an. Andere warten, bis niemand in der Nähe ist, und schreien dann ins Kissen. Und wieder andere schreien einfach los, egal, wo sie gerade sind. Die meisten von uns dachten dann wohl, sie seien verrückt. Aber wir sind nicht verrückt. Wir sind einfach lebendige Wesen, die auf ein oft anstrengendes und bedrückendes Leben reagieren.

EIN GESUNDER SCHREI, an keine bestimmte Person adressiert, ist oft viel effektiver als ein Gespräch.

ZEIT DES ALLEINSEINS

Wenn wir als Individuen zum ersten Mal unseren Geist wiederentdecken, können wir meistens nicht umhin, dieses neue Bewußtsein zu hegen und zu pflegen.
Shakti Gawain

Die Zeit, die man mit sich allein verbringt, ist für den menschlichen Organismus absolut notwendig. Und doch haben viele von uns Angst davor, allein zu sein. Wir fürchten, daß überhaupt kein Mensch mehr da ist, wenn nicht irgend jemand um uns ist. Sobald wir nicht mehr wissen, wer wir eigentlich sind, versuchen wir, unsere Zeit mit Arbeit, Geschäftigkeit, Essen oder anderen Leuten auszufüllen. Wir schrecken davor zurück, in uns selbst hineinzuhören. Wir fürchten, nichts als Leere vorzufinden, wenn wir einmal wirklich nach innen blicken würden.

Und dennoch: Wenn uns zum ersten Mal die »Wiederentdeckung des Geistes« bewußt geworden ist, wissen wir, daß da jemand in uns ist, den zu kennen sich sehr wohl lohnt.

Es gibt keine Möglichkeit, sich selbst kennenzulernen, wenn man keine Zeit für sich hat, in der man die eigenen Tiefen erforschen kann. Wir müssen diese Zeit pflegen und gegen äußere Angriffe schützen — selbst wenn das schwierig erscheint.

FÜR MEINEN GEIST ist die Zeit des Alleinseins genauso lebenswichtig wie Essen, Schlaf und Bewegung für meinen Körper. Hoffentlich vergesse ich das nicht.

TRÄNEN

Man hat mir gesagt: Wenn du weinst, wirkst du weichlich und ziemlich unbedeutend. Als ob unsere Sanftheit der Preis wäre, den wir für die Macht bezahlen müßten — und nicht der, den wir leichten Herzens und sehr oft hingeben.
Audre Lorde

In unserer Gesellschaft werden Tränen und Sanftheit nicht sehr hoch bewertet, schon gar nicht am Arbeitsplatz. In der Vergangenheit wurde Frauen der Eindruck vermittelt, sie könnten durch Weinen und ihre Bereitschaft, sich um andere zu kümmern, indirekt — also auf manipulative Weise — Macht gewinnen.

Viele der heutigen Frauen haben sich geweigert, durch ihre Tränen und ihre Sanftmut das zu bekommen, was sie wollen. Leider hat diese Ablehnung unserer milden und gütigen Seiten zur Folge, daß wir nun versuchen, genauso hart und robust wie feindselig und aggressiv zu sein — und damit unsere innere Integrität verlieren.

Wir sind weder ganz weich noch ganz hart. Wir sind ganz einfach: Wir sind am Leben.

ANDERE AN MEINEM WEINEN und meiner Sanftheit teilhaben zu lassen ist genauso ein Akt der Liebe, wie ihnen meine Stärke und mein sicheres Auftreten zu zeigen. Indem ich mich mitteile, bin ich ein liebendes Wesen.

Selbstwerdung/Bejahende Haltung

Das Wunderbare am Älterwerden ist, daß man dabei nicht all die früheren Lebensperioden, die man erfahren hat, verliert. Madeline L'Engle

Das Leben ist ein Prozeß. Wir selbst sind ein Prozeß. Alle Ereignisse unseres Lebens geschehen aus einem bestimmten Grund und sind nun integraler Bestandteil unserer inneren Entwicklung.

Eine der Herausforderungen unseres Lebens besteht darin, die Erfahrungen, die wir machen, unmittelbar einzubeziehen in dessen Gesamtzusammenhang. Manchmal ist es verlockend, lange Perioden unseres Lebens zu verdrängen oder wichtige Geschehnisse zu vergessen, zumal dann, wenn sie Schmerz mit sich brachten. Aber wenn wir versuchen, unsere Vergangenheit auszulöschen, berauben wir uns genau jener Weisheit, die wir uns mühsam verdient haben.

In uns steckt kein Kind mehr, kein junges Mädchen — sondern jenes Kind und jenes junge Mädchen, das sich entwickelt hat zu dem Menschen, der wir jetzt sind.

Sobald wir erkennen, daß die Lebenserfahrungen, die wir gesammelt, und die Lebensalter, die wir durchschritten haben, zu unseren wichtigsten Stärken gehören, die wir in die Arbeit einbringen, wehren wir uns vielleicht nicht mehr gegen das Älterwerden.

MEINE WEISHEIT tritt zutage, sobald ich alles, was ich getan habe, alles, was mir geschehen ist, akzeptiere und zu einem Ganzen zusammenfüge.

18. März

Bewusstheit

Ich halte mich ständig dazu an, nicht zu vergessen, daß ich in mich selbst zurückkehren muß — um so mit meinen intuitiven Kräften in Verbindung zu treten.
Shakti Gawain

Jeder von uns verfügt über weitaus mehr geistige Kraft, als wir je nutzen können. Wir haben jene Bereiche unseres Gehirns, die für das logische und rationale Denken verantwortlich sind, derart überentwickelt, daß wir dabei unsere Bewußtheit, unsere Intuition und Kreativität häufig haben verkümmern lassen. Manchmal vergessen wir sogar, daß *auch diese* Funktionen mit der Gehirntätigkeit zusammenhängen.

Dennoch sind uns diese geistigen Bereiche gleichsam treu ergeben und bleiben uns auch dann erhalten, wenn wir sie nicht wertschätzen bzw. durch ständige Übung pflegen. Wann immer wir uns der intuitiven Wahrnehmung öffnen — sie ist vorhanden. Wichtig ist, daß wir nicht vergessen, in uns selbst zurückzukehren, um mit unseren intuitiven Kräften in Verbindung zu treten. Wenn wir unserer Intuition vertrauen, werden wir oftmals vor Unglück bewahrt.

Manchmal ist es erschreckend, der eigenen Intuition zu vertrauen. Aber es ist immer unheilvoll, ihr *nicht* zu vertrauen.

Unrealistische Versprechungen
Verzweiflung

Wir Arbeitssüchtigen geben so viele Versprechen, daß kein normaler Mensch sie je einhalten könnte. Auch dadurch sorgen wir dafür, daß wir ständig ein schlechtes Gefühl in bezug auf uns selbst haben. Lynn

Wir, die wir süchtig sind nach der Arbeit und der Sorge um andere, haben zum Beispiel auch das Problem, daß wir uns ständig übernehmen und glauben, wir könnten und sollten alle gegebenen Versprechen erfüllen. Wir wollen einfach nett sein. Wir wollen ein vollwertiges Mitglied des Arbeitsteams sein. Wir wollen als kompetent und verläßlich angesehen werden.

Auch können wir es nicht ertragen, nein zu sagen, wenn jemand auf uns aufmerksam wird, sein Vertrauen in uns setzt und um eine Gefälligkeit bittet. Wir *wollen* fähig sein, den Erwartungen gerecht zu werden und unser Wort zu halten.

Wenn wir jedoch mit uns selbst nicht abklären, ob wir all unsere Versprechen wirklich halten können bzw. halten wollen, gehen wir am Ende immer zu viele Verpflichtungen ein und haben letztlich ein schlechtes Gefühl in bezug auf uns selbst — wodurch dann die Probleme, die wir mit unserer Selbstachtung haben, noch größer werden.

SCHON BEVOR ICH ES GEBE, sollte ich überprüfen, ob ich ein Versprechen auch halten kann bzw. will; davon profitiere ich selbst genauso wie die anderen.

Gefühle/Kontrollverhalten

Jahrelang habe ich mich darum bemüht, eine stürmische Flut zu bändigen, indem ich alles tat, um meine Gefühle in geordnete Bahnen zu lenken. Aber es war nur ein Ankämpfen gegen den Strom. Mary Wollstonecraft

Im allgemeinen wurde uns beigebracht, Gefühle seien etwas Schlechtes. Sie seien weder logisch noch rational; dazu widerspenstig, wirr, unvorhersehbar und oft heftig. Aber wie wunderbar ist es doch, über eine solche Bandbreite des Ausdrucks zu verfügen!

In unserer Kindheit waren es oft nicht nur solche Gefühle wie Wut, Zorn, Traurigkeit oder ein einfaches Schmollen, die unterdrückt wurden. Man sagte uns, wir sollten still sein, und ebenso gab man uns den Befehl, die eigenen Gefühle, die mit der inneren Erregung, der Freude, der Kreativität, der Fantasie, mit dem Gekicher und dem Lachen, kurzum: mit unserem Glücklichsein in Verbindung standen, nicht zuzulassen. Seltsamerweise fanden wir heraus, daß es nicht möglich ist, einige Gefühle zu unterdrücken und andere nicht. Wenn wir die Wut unterdrücken, geht auch die Freude verloren. Wenn wir den Zorn unterdrücken, verschwindet auch die Sanftmut.

Sind wir erwachsen, wird uns oft gesagt, unsere Wut müsse »angemessen«, »nicht beleidigend«, »gerechtfertigt« sein und »in der richtigen Weise« zum Ausdruck gebracht werden. Das ist ein Witz. Wenn ich versuche, meine Gefühle in ein Korsett zu zwingen, ist das so, als würde ich den Wind einfangen und festhalten wollen.

WENN ICH meine Gefühle ignoriere und unterdrücke, zeigen sie sich auf beängstigende, manchmal destruktive Weise. Ich muß lernen, sie zu würdigen — egal, wie sie sind.

Versöhnlichkeit

Wenn du dir selbst noch nie etwas vergeben hast, wie kannst du dann anderen vergeben? Dolores Huerta

Die versöhnliche Haltung muß bei einem selbst beginnen. Wenn wir uns selbst verzeihen, bedeutet das nicht, daß wir all unsere Handlungen stillschweigend dulden oder gar unterstützen. Es bedeutet, daß wir uns zu ihnen bekennen. Wir übernehmen die Verantwortung dafür. Wir akzeptieren, daß wir unrecht hatten — und gehen weiter unseren Weg.

Wenn wir erkennen, daß wir etwas falsch gemacht haben, fallen wir oft zurück in unsere Ichbezogenheit und werden derart hochmütig gegen uns selbst, so sehr davon in Anspruch genommen, uns selbst auszuschelten, daß wir das Stadium der Versöhnung nie ganz erreichen. Um zu verzeihen, müssen wir innerlich loslassen und dann voranschreiten. Wenn wir nicht wissen, wie das bei uns gehen soll, werden wir anderen Menschen nie verzeihen können.

»IRREN ist menschlich, vergeben ist göttlich.« Wenn ich mir und anderen vergebe, ist das göttlich und menschlich zugleich.

22. März

Geduld/Entscheidungen

> *Unsere wichtigsten Entscheidungen werden nicht getroffen, sondern entdeckt. Die unwichtigen* haben wir in der Hand, *aber die großen machen es erforderlich, daß wir mit ihrer Entdeckung* warten. Anne Wilson Schaef

Oft drängen wir uns selbst zu Entscheidungen, die nicht ausgereift sind und also noch nicht getroffen werden können. Wir geißeln uns selbst dafür, daß wir so unentschieden sind — und die anderen bestärken uns noch in dieser Auffassung. Wir glauben, wir würden schon wissen, was wir wollen, wenn wir nur klug und intelligent und klarsichtig genug wären. Wir respektieren nicht, daß wir vielleicht deshalb noch keine Entscheidung treffen konnten, weil wir *es eben noch nicht sicher wissen.*

Über viele Generationen kam es Frauen so vor, als hätten sie zu allem ja zu sagen. Dann lernten wir, daß es ganz in Ordnung ist, nein zu sagen, und so haben wir das Neinsagen praktiziert. Jedoch fällt es uns leider immer noch äußerst schwer, »Ich weiß nicht« zu sagen und mit diesem Nichtwissen ganz gut leben zu können — bis wir es dann schließlich wissen.

DIE QUALITÄT meiner Entscheidungen hängt direkt davon ab, wie geduldig ich mit meinem Nichtwissen umgehe.

Am Ball bleiben

Wenn du jemand sein willst, mußt du ausdauernd sein.
Ruth Gordon

Wir Frauen, die wir immer zuviel machen, wissen, wie man »am Ball bleibt«. Wir halten an einem Zustand fest, den eine innerlich gesunde Person schon vor Jahren aufgegeben hätte. Tatsächlich ist diese Hartnäckigkeit oft Ausdruck unseres wahnhaften Verhaltens. Wir fixieren uns so sehr darauf, »dran zu bleiben«, daß wir den Überblick verlieren und nicht mehr sehen, daß diese besondere Form von Beharrlichkeit eine ungesunde Situation nur noch verschlimmert. Wenn wir uns dagegen aus ihr zurückziehen, lassen sich die Planungen, in die wir verwickelt sind, auf ihren Realitätsgehalt überprüfen — vielleicht »zerschlagen« sie sich dann und entpuppen sich als das Gegenteil dessen, was wir eigentlich wollten.

Wir akzeptieren gerne die Tugend der Beharrlichkeit — doch leider hat dadurch, daß wir ihr zu große Aufmerksamkeit schenkten, unsere Urteilsfähigkeit gelitten sowie auch unsere Fähigkeit, klar zu erkennen, was wirklich notwendig ist.

EINIGE SITUATIONEN läßt man lieber hinter sich; in einigen ist es wichtig, durchzuhalten, in anderen müssen wir einfach abwarten und schauen. Das Kunststück besteht darin, genau zu erkennen, welche dieser Vorgehensweisen jeweils die richtige ist.

24. März

Dankbarkeit

Du liebst wie ein Feigling. Nur ja nichts unternehmen. Nur herumstehen und darauf hoffen, daß sich alles von selbst ergibt. Du bist undankbar und unwissend wie ein Schwein unter einer Eiche. Du frißt und grunzt, die Ohren hängen dir über die Augen, und du schaust niemals auch nur auf, um zu sehen, woher die Eicheln überhaupt kommen.

Zora Neale Hurston

Wie oft gehen wir doch wie Schweine durchs Leben. Wir wühlen herum und mampfen die Leckerbissen, die wir finden, ohne je zur Kenntnis zu nehmen, woher sie eigentlich kommen bzw. daß wir sie als Geschenke empfangen.

Die Kräfte, die das Universum beherrschen, sind uns gegenüber so großzügig, daß wir zu vieles als selbstverständlich erachten. Wir »lieben wie Feiglinge«. Wir erwarten von jedem in unserer Nähe, daß er Risiken auf sich nimmt, während wir einfach *nehmen.* Wir werden derart hochmütig, daß wir uns selbst davon überzeugen, alles, was wir besitzen, sei ein Geschenk von uns und an uns. Wir halten nicht inne, um zu erkennen, daß wir diese köstlichen Eicheln nicht verspeisen könnten, wäre da nicht ein himmlischer Eichenbaum, der sie abwirft.

HEUTE habe ich die Möglichkeit, innezuhalten, aufzuschauen und dankbar zu sein für die vielen Geschenke, die mir gehören.

GESCHÄFTIGKEIT

Es war überhaupt nicht nötig, irgendeine Hausarbeit zu machen. Nach den ersten vier Jahren wird der Schmutz nicht mehr schlimmer. Quentin Crisp

Diesen Ausspruch von Quentin Crisp liebe ich wirklich. Er veranlaßte mich, innezuhalten und darüber nachzudenken, ob an ihm etwas Wahres sein könnte. Habe ich je den Mut und die innere Sicherheit gehabt, meine Arbeit im Haus vier Jahre lang ganz zu vernachlässigen und herauszufinden, ob es für den sich ansammelnden Schmutz eine »natürliche Obergrenze« gibt? Die Antwort ist: Nein, und ich bin mir auch gar nicht sicher, ob ich es überhaupt wollte.

Und dennoch: Wie viele der ständig sich wiederholenden Hausarbeiten mache ich nur deshalb, weil ich mich einfach in Trab halten muß, und nicht, weil sie wirklich erledigt werden müssen?

Eines der Hauptmerkmale des arbeitssüchtigen Menschen besteht darin, daß er die Dinge aufschiebt. Oft ist unsere Geschäftigkeit nur eine subtile Form von Verzögerung: Sie hält uns ab von dem, was wir *wirklich* zu tun haben.

ICH BIN DANKBAR für die Dinge, die ich höre und erfahre und die mir Gelegenheit geben, meine Wahrnehmung — und sei es noch so geringfügig — zu verändern.

26. März

MUT/ANGST

Mut ist nichts anderes als Angst, die ihr Gebet gesprochen hat. Dorothy Bernard

Ich frage mich, ob es möglich ist, wirklich mutig zu sein, ohne mit den geistigen Kräften im Innern verbunden zu sein? Wir wissen sehr wohl, wie man sich tollkühn benimmt. Wir wissen, wie man Risiken eingeht. Wir wissen sogar, wie man sein Leben aufs Spiel setzt.

Aber wissen wir auch, wie wir durch die züngelnden Flammen unserer Angst springen, in die Tiefen unseres Geistes hinabsteigen und die mutige Haltung finden können, die dort auf uns wartet? Haben wir den Mut, das Leben in seiner ganzen Alltäglichkeit anzunehmen? Können wir einen Fehler zugeben, ohne uns dem Luxus der Selbstgeißelung hinzugeben? Haben wir den Mut, den geliebten Menschen ehrlich zu bekennen, wer wir wirklich sind? Haben wir den Mut, ein verdorbenes Stück Fleisch dem Metzger zurückzubringen, oder murren wir nur vor uns hin?

Wenn wir unseren Ängsten begegnen und zulassen, daß wir die Verbindung zu der Kraft in uns und jenseits von uns erkennen — dann lernen wir, mutig zu sein.

MEINE MUTIGE HALTUNG ist genauso alltäglich wie meine Spiritualität.

Entmutigung

Und nichts als staubige Blumen, das Klappern der Räuchergefäße — und Schienen, die von irgendwo nach nirgendwo führen. Anna Achmatowa

Welch großartiger Ausdruck, um den Zustand völliger Mutlosigkeit zu umschreiben! ... *Schienen, die von irgendwo nach nirgendwo führen.* — Wir alle haben uns so sehr darum bemüht, das Richtige zu tun. Wir haben die richtigen Schulen besucht, die Regeln befolgt, viele Stunden gearbeitet, uns immer beeilt ... und wofür? *Schienen, die von irgendwo (mit staubigen Blumen entlang des Weges) nach* ... oder vielleicht sogar Schienen, die von nirgendwo nach nirgendwo führen?

Entspannen Sie sich. Es ist ganz natürlich, daß wir uns ab und zu entmutigt fühlen. Der Heilungsprozeß gleicht in seinem Verlauf eher einer Spirale als einer Linie. Unsere Kämpfe bieten uns Gelegenheit, mit den vielen Facetten unserer Krankheit näher vertraut zu werden.

DER HEILUNGSPROZESS muß nicht den Verlauf einer geraden Linie haben. Solange ich auf dem richtigen Weg bin, komme ich auch irgendwo an.

28. März

Verzweiflung
Dritter Schritt

Wenn Gott eine Fliege an der Wand ist, dann gib mir eine Fliegenklatsche, liebe Tante. Gaby Brimmer

Sogar Jesus fühlte sich von Gott im Stich gelassen. Wir können uns gut mit ihm identifizieren. Wir waren wütend auf Gott, und wir haben den Glauben an ihn verloren, weil wir uns von ihm verlassen fühlten. Dieser Gott, dem wir vertrauen wollen, weigert sich einfach, unser Leben für uns zu leben. Wir wollen es ihm vollständig anvertrauen und uns zurücklehnen und entspannen — und der alte weiße Herr macht da nicht mit.

Wo ist die Fliegenklatsche? Wenn meine höhere Macht nicht tut, was ich will, dann zum Teufel damit!

O.K.! Wir finden Gefallen an dieser Sache, nicht wahr? Ist das nicht lustig? Ein Kampf gegen Gott — das müßte uns eine ganze Zeitlang beschäftigen.

WENN ICH MICH von meiner höheren Macht verlassen fühle, bin *ich* diejenige, die weggegangen ist.

Leidenschaft

Die Seele hat die Pflicht, ihren eigenen Sehnsüchten treu zu sein. Sie muß sich ihrer größten Leidenschaft völlig hingeben.
Rebecca West

Viele durchaus kompetente und kluge Frauen tun sich schwer damit, zwischen Leidenschaft und Arbeitssucht zu unterscheiden. Wenn wir hören, daß man sich offenkundig Sorgen macht über die tödlichen Auswirkungen, die das zwanghafte Arbeiten haben kann, stellen wir uns fast immer die Frage — bzw. rechtfertigen uns vor uns selbst, indem wir sagen: »Aber was ist, wenn ich leidenschaftlich gerne arbeite? Meinen sie, daß man arbeitssüchtig ist, wenn man mit Leidenschaft bei der Sache ist? Ich will meine Arbeit nicht aufgeben.«

Viele von jenen Menschen, die wir uns für eine erfolgreiche Karriere als Vorbild nehmen, waren bereit, sich von ihrer Arbeit geradezu verschlingen zu lassen. Diese Tatsache verwirrt uns.

Wenn wir wirklich leidenschaftlich gerne arbeiten und das tun, was für uns wichtig ist, muß das nicht heißen, daß wir uns in diesem Prozeß völlig zerstören. Erst wenn die Passion sich in eine Obsession verkehrt, wird sie destruktiv.

MEINE LEIDENSCHAFT gibt mir Kraft. Meine Sucht verzehrt mich. Das ist der große Unterschied.

Selbstwerdung

Ein Tongefäß, das in der Sonne steht, wird immer ein Tongefäß bleiben. Es muß durch die glühende Hitze des Brennofens gehen, um zu Porzellan zu werden.

Mildred Witte Stouven

Im Grunde ist es kein Fehler, ein Tongefäß zu sein. Nur: Wir alle haben die Möglichkeit, zu Porzellan zu werden. Und es geht auch nicht nur einfach darum, ob wir der Hitze ausgesetzt und gebrannt werden oder nicht. Einige von uns explodieren im Brennofen. Einige brechen schon auseinander, bevor sie überhaupt hineinkommen, und einige zeigen häßliche Sprünge, die den praktischen Wert ernsthaft beeinträchtigen.

Und doch bestünde wohl die traurigste Reaktion darin, daß wir den Prozeß des Brennens durchlaufen haben und uns dann weigern, zu Porzellan zu werden. Jeder von uns hat einen Brennofen: das Leben selbst. Aber nicht jeder begreift die Lektionen des Feuers.

ES IST unser Glaube, der die Hingabe an den Brennvorgang erleichtert.

Schmerz/Leiden

Blumen wachsen aus dunklen Augenblicken hervor.
Corita Kent

Schmerz ist im Leben nicht zu vermeiden. Aber sobald wir allmählich im Innern gesunden, sind wir fähig zu erkennen, daß viel von dem Leid, das wir durchmachen, in direkter Beziehung steht zu unserer Halsstarrigkeit und der Illusion, wir hätten alle Dinge in der Hand. Je mehr wir an Problemen, Überzeugungen oder Erfahrungen festhalten, denen wir seit langer Zeit schon entwachsen sind, desto härter müssen wir »vor den Kopf gestoßen werden«, um die Lektion zu begreifen. Entgegen oftmals bekundeter religiöser Überzeugung muß man sagen: Leiden adelt nicht. Häufig ist es ganz einfach sinnlos und wird verursacht nur durch unseren Starrsinn und unser Bedürfnis, über alles zu bestimmen.

Wenn wir an unserem Leiden hängen, nehmen wir oft jene Blumen nicht wahr, »die aus dunklen Augenblicken hervorwachsen«.

MEIN LEIDEN sagt mir etwas über meine Krankheit. Mein Schmerz sagt mir etwas über mein Leben.

1. April

Geschenke

Der April
Kommt wie ein Idiot, lallend und Blumen streuend.
Edna St. Vincent Millay

Eines der Geschenke des Lebens ist der Wechsel des Wetters und der Jahreszeiten. Sobald wir einige unserer Illusionen hinsichtlich des eigenen Kontrollverhaltens aufgegeben haben, erkennen wir, daß jede Wetterveränderung, jede Jahreszeit viele Gaben für uns bereithält, wenn wir nur Anteil nehmen und mit ihnen in Einklang leben. Sträuben wir uns aber gegen das Wetter und die Jahreszeiten und kämpfen dagegen an, vergeuden wir die Kraft, die wir benutzen könnten, um uns an ihnen zu erfreuen.

Der April scheint manchmal zu kommen »wie ein Idiot« … ein verspielter, kraftvoller, vor Leben sprühender Idiot, der Unordnung bringt … Unordnung und Blumen. Der Sommer dann schenkt uns längere Tage, an denen wir Vergnügen haben können und auch einmal faul sein dürfen, wenn wir seine Offerten anzunehmen wissen. Der Herbst hält allmählich Einzug, und der Winter bewirkt in uns ein Gefühl der Wärme, des Behagens … Wir erhalten viele Geschenke, wenn wir im Rhythmus der Jahreszeiten leben.

WENN ICH die Jahreszeiten als Geschenke der Natur entgegennehme, ist das so, als würde ich farbenfrohe kleine Päckchen öffnen, die von Bändern und Schleifen leicht zusammengehalten werden.

Ein erfülltes Leben führen

Hab keine Angst davor, daß dein Leben endet, sondern davor, daß es niemals richtig beginnt. Grace Hansen

Indem wir unsere Aufmerksamkeit auf den Tod richten, darauf, daß wir jederzeit sterben können, entfliehen wir nur allzuoft unserer wahren Angst: nämlich unser eigenes Leben zu leben.

Wir haben uns auf eine Lebensweise eingerichtet, die im Grunde ein langsamer Tod ist. Unsere ständige Arbeit, unsere Betriebsamkeit, unsere Sorge um andere, unsere Hetze: All dies enthebt uns der Verantwortung, *wirklich* lebendig zu sein, und bringt uns allmählich um — noch dazu auf eine Art und Weise, die allgemein akzeptiert wird. Was könnte man mehr verlangen von einer Sucht?

Warum haben wir solche Angst, unser Leben in die Hand zu nehmen? Wie sähe unser Leben aus, wenn wir uns entscheiden würden, dafür einzutreten und es zu gestalten? Weshalb erschreckt es uns so, unsere Gefühle zu erahnen und jeden Augenblick bewußt wahrzunehmen?

MEIN INNERER ENTWICKLUNGSPROZESS gibt mir nie mehr zu tun auf, als ich bewältigen kann. Ich mag dazu keine Lust haben — und doch *kann* ich all dies bewältigen. Nur dann, wenn ich mich *weigere,* mein Leben in die Hand zu nehmen, wendet es sich gegen mich.

3. April

Verwirrtes Denken
Zweiter Schritt

Jede Sucht ist ein Sturz in die Bewußtlosigkeit.
Marion Woodman

Einige von uns wollen verdrängen, welche Auswirkungen die fortschreitende Sucht auf das eigene Denken hat. Zwar erkennen wir leicht, wie es von Alkohol und Drogen in Mitleidenschaft gezogen wird. Wir sind sogar bereit zu akzeptieren, daß Nikotin, Koffein und Zucker einen Einfluß darauf haben, wie wir denken. Aber Überanstrengung, Hetze, zwanghafte Sorge um andere — können diese Verhaltensweisen wirklich unser Denken beeinträchtigen? Jawohl, sie können, und sie tun es auch.

In Gesprächsgruppen, die mit den Zwölf Schritten arbeiten, hören wir oft den Ausdruck »stinkiges Denken«, der die geistige Haltung des Süchtigen umschreibt. Damit ist gemeint: Wir verlieren unsere Urteilsfähigkeit, werden »bewußtlos«, und unsere Vorstellungen tragen extrem zwanghafte und sogar wahnhafte Züge. Wir tun wieder und wieder das gleiche, selbst wenn es immer mißlingt und nie zu etwas führt. Das ist in der Tat *Wahnsinn.* Jede, ich wiederhole: jede Sucht kann in solchem Wahn, in Bewußtlosigkeit und fehlendem Urteilsvermögen enden.

WIE KANN ich meinen Zustand bessern, wenn ich verwirrt, bewußtlos und wahnhaft reagiere? Die Antwort lautet: *Ich kann da gar nichts tun.* Deshalb sollte ich bereit sein einzusehen, daß ich eine Macht brauche, die mich übersteigt und meine Gesundheit wiederherstellen kann.

INTEGRITÄT/ERFOLG
VIERTER SCHRITT

Innere Integrität ist in den Sommermonaten des Erfolgs eine so leicht verderbliche Ware. Vanessa Redgrave

Ich muß mich fragen: Habe ich meine innere Integrität um des Erfolges willen verraten? Gab es Zeiten, in denen ich bereit war, mich blind zu stellen oder den Weg des geringsten Widerstandes zu gehen, um Konflikte zu vermeiden oder Anerkennung zu erlangen?

Jeden Tag bieten sich unzählige »Gelegenheiten«, die eigene Integrität für irgendwelche Fragen und Probleme zu opfern — ob sie nun von größter Wichtigkeit sind oder ganz einfach geringfügig erscheinen. Jedenfalls gibt es ohne Integrität keine Möglichkeit, daß wir uns wohl fühlen mit uns selbst. Äußerer Erfolg und Verlust innerer Integrität müssen nicht Hand in Hand gehen. In Wirklichkeit nämlich erfordert wahrer Erfolg ein großes Maß an Integrität.

Diese »kleinen« Zwischenfälle, bei denen wir an Integrität einbüßen, zerfressen uns wie Termiten. Wie wichtig ist es doch, einmal innezuhalten und die von uns getroffenen Entscheidungen näher zu betrachten! Und welch eine Erleichterung stellt sich ein, wenn wir wissen, daß die so wertvolle Integrität tief in uns vorhanden ist und daß wir sie jederzeit wiederfinden können.

WENN ICH mögliche Integritätsverluste überprüfe, kann ich mich dadurch wohler fühlen mit mir selbst.

5. April

Verbundenheit

Die Bewegungen und Muster und Verbindungen der Dinge wurden uns instinktiv offenbar. Robyn Davidson

Jeder von uns erfährt zuweilen jene magischen Augenblicke, da uns die Einheit und der innere Zusammenhang aller Dinge bewußt wird. Wenn das geschieht, erkennen wir »die Bewegungen und Muster und Verbindungen«. Ein Gefühl von Wärme durchdringt uns im Innersten, und wir tun einen erleichterten, tiefempfundenen Seufzer. Wir sind fähig, das Unerkennbare zu erkennen. Ja wir *kennen* plötzlich das Unerkennbare.

Wenn wir jedoch versuchen, diese Erfahrungen mit jemandem zu teilen, stellen wir fest, daß sie sich nicht ausdrücken lassen. Sobald wir sie mühsam beschreiben wollen, erscheinen uns die Wörter wie Wattebällchen, die größer und größer werden, sobald wir sie aus dem Mund herauszubringen versuchen. Oft geht dann im Sprechen über solch eine Erfahrung der Einklang mit ihr verloren.

ICH WILL diesen tiefen Pausen vertrauen. Und ich weiß, daß ich sie nicht erfahren kann, wenn ich sie nicht wirklich einmal einlege.

MISSERFOLG

Die Wolken ballten sich zusammen, standen still und schauten zu, wie sich der Fluß hastig seinen Weg durch den Wald bahnte, ungestüm zwischen die Schenkel der Hügel fuhr, ohne zu ahnen, wohin er unterwegs war — bis er dann, erschöpft, krank und voll Trauer, nur etwa sechzig Meilen vor dem Meer sich verlangsamte und haltmachte.
Toni Morrison

Meine Güte, kann diese Frau schreiben! Ich lese eine Passage wie die obige und will sie einfach wieder und wieder lesen. Das ist eine so wunderbare Beschreibung dessen, wie *wir* manchmal uns selbst behandeln, wie wir uns prügeln und vorwärtstreiben, um ein Ziel zu erreichen — und wie wir dann am Ende »krank und voll Trauer« sind, erschöpft, und nicht erkennen, daß wir es fast geschafft hätten. Wie dieser Fluß hetzen wir Hals über Kopf durch die Gegend — mitten hinein in die Mauern unseres Lebens.

KEINER VON UNS kann Mißerfolge vermeiden. Aber wir können in der Tat vermeiden, daß wir uns dabei selbst bestrafen.

7. April

Monotoner Verstand

Das Leben sollte ein Kampf der Sehnsucht um immer neue Abenteuer sein, dessen Adel die Seele befruchtet.
Rebecca West

Die ständige Überanstrengung hat unter anderem die Nebenwirkung, daß unser Verstand mit der Zeit ganz monoton wird. Wir verbringen so viel Zeit bei der Arbeit und mit arbeitsbezogenen Tätigkeiten, daß unsere Wahrnehmungen immer beschränkter und unsere klarsichtigen Augenblicke immer seltener werden. Wir haben einen Punkt erreicht, an dem wir über nichts anderes mehr als über unsere Arbeit sprechen können. Und um die Wahrheit zu sagen: Wir *wollen* über gar nichts anderes mehr sprechen als über unsere Arbeit.

Wir sind langweilig und uninteressant geworden. Vielleicht müssen wir sogar feststellen, daß wir uns mit uns selbst langweilen. Das passiert jenen unter uns, die die ganze Zeit zu Hause arbeiten — aber auch jenen, die an der Spitze eines Unternehmens stehen.

Wir haben den Regenbogen vom Himmel geholt und ihn so lange bearbeitet, bis daraus ein einfarbiger, uninteressanter Lichtstrahl geworden ist.

DIE TRÄNEN, die ich über mich selbst weine, sind vielleicht jene kleinen Prismen, die ich brauche, um den Regenbogen in mir wiederzuentdecken.

Freundschaft

Sie wurde für mich zu einer Insel des Lichts, der Freude und der Weisheit, auf der ich mit meinen Entdeckungen, Qualen und Hoffnungen jederzeit Zuflucht finden konnte und willkommen geheißen wurde. May Sarton

Manchmal vergessen wir die vielen Freunde, die wir in unserem Leben schon hatten. In unserem negativen Denken, das mit der Krankheit einhergeht, neigen wir dazu, uns nur auf das zu konzentrieren, was *nicht* da ist. Aber heute wollen wir einmal an die Freunde erinnern, die sehr wohl für uns da waren.

In meiner Vergangenheit gab es die kleine alte Dame mit dem wunderbaren Blumengarten, die nicht zuließ, daß meine Eltern mir den Hintern versohlten, als ich versuchte, einige Blumen zu pflücken, und sie unvorsichtig mit der Wurzel herausriß. »Sie hat nur ihre Schönheit bewundert«, sagte sie, als meine Mutter mich zwang, zu der Dame hinüberzugehen und mich zu entschuldigen. Und da war der Freund in der Grundschule, der vortrat und die Schuld mit auf sich nahm, als ich die einzige war, die man erwischt hatte. Es gab Freunde, die unsere ersten zögerlichen Beziehungen und sexuellen Erkundungen mitbekamen und nie etwas davon herumerzählten. Und es gab Freunde, mit denen wir studierten, uns herumtrieben und größer wurden — und die immer zu uns standen. Und schließlich gab es Erwachsene, die uns als Vorbilder und Ratgeber dienten — und keine Urteile über uns fällten. Ja: wir hatten Freunde.

WIE EIN WARMES BAD eine Liebkosung für den Körper ist, so ist die Erinnerung an die Freunde, die ich in meinem Leben hatte, eine Liebkosung für Herz und Verstand.

9. April

GLAUBE/HÖHERE MACHT
ZWEITER SCHRITT

Das Gebet, das Sünder innerlich erneuert und Kranke heilt, ist Ausdruck des absoluten Glaubens, daß Gott alles vermag. Mary Baker Eddy

Der Zweite Schritt des Zwölf-Schritte-Programms stellt fest: »Wir kamen zu dem Glauben, daß eine Macht, größer als wir selbst, unsere geistige Gesundheit wiederherstellen kann.« Das ist ein schwieriger und anstrengender Schritt!

Als wir die Erfolgsleiter hochkletterten, fanden wir heraus, daß es zu den tückischen Erfordernissen dieses Aufstiegs gehört, einen ganz bestimmten Zynismus zu entwickeln, der genauso raffiniert wie treffend sein muß. Wir wollten nicht länger naiv und arglos erscheinen bzw. sein, und glaubten, die einzig andere Möglichkeit sei dann die, zynisch und quasi »wissenschaftlich exakt« zu werden.

Gott sei Dank können allein wir entscheiden, sowohl unsere harmlose Einfältigkeit wie auch unsere spöttische Blasiertheit hinter uns zu lassen. Wir können ruhig daran glauben, daß alles möglich ist ... nicht kontrollierbar — sondern *möglich*.

ZU MEINEM »WAHNSINN« gehört es auch, nicht zu sehen, daß mein Leben wahnsinnig geworden ist, und nicht daran zu glauben, daß ich meine geistige Gesundheit wiedererlangen kann.

Pflicht

Ah, die Pflicht ist ein eisiger Schatten. Augusta Evans

Zahlreich sind die Verbrechen, die im Namen der Pflicht begangen wurden. Im Namen der Pflicht vernachlässigen Minister ihre Kinder; bringen Menschen sich gegenseitig um; geben wir uns selbst und unsere Träume auf. Indem wir uns überarbeiten, fördern wir unsere Sucht und rechtfertigen dann unser Verhalten so, daß wir alles aus Pflichtgefühl der Familie gegenüber getan hätten. Wir malträtieren unseren Körper, weil die Pflicht es verlangt. Und so wird die Pflicht zur Entschuldigung für vieles, was wir unter dem Einfluß der Sucht tun.

Da wir süchtig sind, benutzen wir alles mögliche als Droge. Wir nehmen die edelste Vorstellung, die man sich denken kann, und verwandeln sie in einen Alptraum, nur um unsere Obsessionen fortzusetzen. Dabei gehen wir raffiniert vor — genauso wie die Krankheit selbst.

Wenn wir die Pflicht dafür mißbrauchen, uns selbst zu schädigen, dann ist sie tatsächlich zu einem »eisigen Schatten« geworden.

ICH WILL NICHT aus einem Pflichtgefühl heraus geliebt werden. Wollen Sie das?

11. April

Geschäftigkeit/Hetze/Zerstreutheit
Erster Schritt

> *Wahre* Arbeitssucht *zeigt sich darin, daß man noch in Unterwäsche mit dem Putzen anfängt.* Coleen

Wir Arbeitssüchtigen sehen so viele unerledigte Aufgaben, so viele Dinge, die noch zu tun sind, daß wir uns leicht verzetteln. Es fällt uns zum Beispiel nicht immer leicht, uns morgens anzuziehen. Wir duschen, und plötzlich finden wir etwas, das getan werden muß. Wir streifen die Unterwäsche über, und wieder finden wir etwas, das getan werden muß. Für uns ist es schwer, bei dem zu bleiben, was gerade ansteht.

Natürlich können wir auf unserem Weg zum morgendlichen Kaffee in der Küche einige Papiere vom Boden aufheben. Auf dem Weg zurück ins Badezimmer können wir die Kissen auf der Couch ausschütteln. Und wenn wir die Wäsche jetzt in die Maschine tun, kann sie schon laufen, während wir kurz staubsaugen.

Ist es auch nur im geringsten verwunderlich, daß wir uns insgeheim als unfähig betrachten? Selbst wenn wir eine Menge kleiner Aufgaben erledigen, sind wir im Grunde so zerstreut, daß wir von der einen zur nächsten springen und nie wirklich das Gefühl von Vollendung haben. In einem solchen Augenblick ist es dann hilfreich, sich ins Gedächtnis zurückzurufen, daß unsere Krankheit nichts anderes ist als übertriebene Geschäftigkeit und Zerstreutheit. Erst wenn wir erkennen, daß diese Verhaltensweisen unsere Krankheit mit bedingen, öffnen wir uns den Möglichkeiten der Heilung.

ICH BIN MACHTLOS gegenüber diesen Verhaltensweisen, und das Eingeständnis meiner Ohnmacht ist der erste Schritt auf dem Weg zur Gesundheit.

Wochenenden/Freizeit

Sonntage sind schrecklich, weil an diesem Tag klar wird, daß niemand für die Welt Verantwortung trägt. Diese Erkenntnis bewirkt, daß man ziellos umherwandert, sich mit unerfüllten Erwartungen und vagen Sehnsüchten herumschlägt.

Norma Jean Harris (Sheila Ballantyne)

Für Frauen, die sich ständig überarbeiten, sind die Wochenenden eine schreckliche Zeit. Wir vermissen unsere klar strukturierte Arbeitswoche. Wir mögen es nicht, daß da kein Terminkalender vor uns liegt, und kommen uns ohne feste Tätigkeit ganz verloren vor.

Um solche Gefühle zu vermeiden, haben wir gewisse Strategien entwickelt, die uns absichern. Wir nehmen Arbeit mit nach Hause. Wir planen unsere Aufgaben und Aktivitäten für das Wochenende so, daß wir beinahe dasselbe sichere Gefühl haben können wie bei der Arbeit. Und wenn wir in Panik geraten, fahren wir schnell ins Büro, um »einiges in Ordnung zu bringen« oder um »etwas zu holen«.

WOVOR haben wir eigentlich Angst? Vor uns selbst?

13. April

ADRENALIN/GESCHÄFTIGKEIT

Die den Sturm kennen, werden krank von der Ruhe.
Dorothy Parker

Ah, dieser Adrenalinstoß! Wie sehr wir ihn lieben! Wir haben uns so daran gewöhnt, irgendwelche Krisen zu bewältigen, daß wir nervös werden, sobald Ruhe einkehrt.

Viele Frauen, die gerade von der Arbeitssucht und dem ständigen Bedürfnis, zuviel zu machen, geheilt wurden, erkennen allmählich, daß sie abhängig geworden waren von ihrem Adrenalinstoß. Durch die innere Aufregung, die mit einem neuen Projekt verknüpft war, oder durch einen nahe bevorstehenden Termin, dem alle Aufmerksamkeit galt, wurden wir ganz »high«. Am besten konnten wir unter Druck arbeiten (zumindest glaubten wir das). Wir wurden gereizt und nervös, wenn unser Leben allzu ruhig verlief. Wir waren angewiesen auf emotionale Erregung. Wir brauchten unseren »Stoff«.

Zum Glück sahen wir nach und nach ein, daß diese Adrenalinstöße unseren Körper strapazierten und uns innerlich auslaugten. Die Sucht nach Adrenalin war für unseren Körper genauso schädlich wie Drogen oder Alkohol. Und so erwies sich die Heilung von der Adrenalin-Abhängigkeit als ein mühsamer und schmerzlicher Prozeß. Und dennoch: Wir haben Hoffnung auf ein neues Leben, und wir haben die Möglichkeit, dieses in einem gesunden Körper zu verbringen.

ICH HABE HERAUSGEFUNDEN, daß das, was ich bisher gewöhnlich als »Trägheit« bezeichnet habe, einfach Zufriedenheit sein mag. Es ist großartig, sich zufrieden zu fühlen.

Bilanz ziehen/Dankbarkeit
Vierter Schritt

Langfristige Veränderungen machen es erforderlich, daß wir unser Leben ehrlich ins Auge fassen und erkennen, daß es schön ist, gebraucht zu werden — aber nicht auf Kosten unserer Gesundheit, unseres Glücks und unserer geistigen Gesundheit. Ellen Sue Stern

Keine Sucht kann »auf die schnelle« kuriert werden — und wenn wir unserer Arbeit, unserer Hetze, unserer Geschäftigkeit und Sorge um andere verfallen sind, so ist das ebenfalls eine Sucht. Das »stinkige Denken« des Süchtigen äußert sich vor allem darin, daß er unbedingt sofort »high« werden will und meint, damit habe sich seine Lage grundlegend geändert. *Aber das ist unmöglich.* Schon der Wunsch nach schneller Abhilfe ist eine Ausgeburt der Sucht.

Das Zwölf-Schritte-Programm funktioniert, und wir haben tatsächlich die Möglichkeit, ein innerlich gelassenes, glückliches und produktives Leben zu führen. Aber die Genesung braucht Zeit. Es liegen viele Hügel und Täler auf unserem Weg; aber wenn wir weiterhin die Gruppentreffen besuchen, unsere Vertauensperson in Suchtfragen anrufen und am Programm arbeiten, stellen wir fest, daß wir sehr wohl mit einer Macht, die größer ist als wir, in Verbindung stehen und daß unser Leben gesünder wird.

ICH KANN MICH so glücklich schätzen, daß ich durch ein funktionierendes Programm und eine Gruppe von Menschen unterstützt werde, die diese Reise mit mir zusammen unternehmen.

15. April

BEJAHENDE HALTUNG/EHRLICHKEIT

Mit ihm als Erzeuger, mit ihr als der Mutter —
Was sollte ich sein, als was ich doch bin?

Edna St. Vincent Millay

Einige von uns können nicht genau unterscheiden zwischen Selbsterniedrigung, bei der wir uns weigern, unsere inneren Gaben und Talente anzunehmen, und Selbstbejahung.

In der Tat schwanken wir oft zwischen der Vorstellung, nichtswürdig zu sein, und einer völlig arroganten Haltung. Interessanterweise ist das Gefühl, ein jämmerliches Leben zu führen, eng verbunden mit dem Gefühl, einmalig und wunderbar zu sein: Beide beruhen auf Illusionen. Im einen wie im anderen Fall wollen wir uns nicht so sehen, wie wir wirklich sind.

Erst wenn wir fähig sind zu sagen: »Darüber weiß ich nichts« oder: »Auf diesem Gebiet kenne ich mich wirklich aus, auf jenem einigermaßen«, sind wir auf dem besten Weg, uns selbst anzunehmen. Wenn wir unsere Mängel erkennen, können wir sie auch akzeptieren. Wenn wir unsere Stärken akzeptieren, verspüren wir mit Recht ein erhebendes Gefühl. Dabei ist Ehrlichkeit uns selbst gegenüber das A und O.

HEUTE habe ich die Möglichkeit, weder meine Unzulänglichkeiten noch meine Fähigkeiten über Gebühr hervorzuheben. Ich kann einfach ich selbst sein.

Unabhängigkeit

Jede Form von Abhängigkeit führt oft dazu, daß die eigenen Rechte verletzt werden. Patricia Meyer Spacks

Wir Frauen, die wir ständig zuviel machen, haben schreckliche Angst davor, abhängig zu sein. Wir verstehen das obige Zitat sehr gut. Leider hat unsere Angst vor Abhängigkeit oft ein Verhalten zur Folge, das zwar nach Unabhängigkeit aussieht, aber im Grunde nichts anderes offenbart als eine andere Form von Abhängigkeit. Wir fürchten uns derart vor dem Abhängigsein, daß wir zu niemandem mehr Vertrauen haben können — das heißt, wir sind noch immer von Bedürfnissen beherrscht, die der Abhängigkeit entstammen. Wann immer wir uns im Kreis irgendeiner Art von Abhängigkeit bewegen — ganz gleich, ob es um einseitige oder gegenseitige Abhängigkeit oder gar um Unabhängigkeit geht —, sind wir wahrscheinlich in Schwierigkeiten.

Eine andere Möglichkeit besteht darin, daß wir uns selbst nicht hinsichtlich irgendeiner Abhängigkeit definieren. Wir können lernen, uns ganz mit eigenen Augen zu sehen. Wir können lernen, nicht mehr von anderen zu verlangen, daß sie unsere Persönlichkeit für uns formen. Erst wenn wir dies geschafft haben, vermögen wir wirklich frei zu sein und uns selbst in jede Beziehung einzubringen — gleichsam als Geschenk.

UNABHÄNGIGKEIT oder Abhängigkeit — beides kann ein Käfig sein.

17. April

Heilung

Der neue Raum ... ist für jene, die ihn noch nicht betreten haben, auch nicht wirklich sichtbar. Mary Daly

Besonders Frauen, die sich ständig überanstrengen, können sich nur schwer mit dem Gedanken anfreunden, bereitwillig noch unbekanntes Gebiet zu betreten. Wie andere Süchtige möchten wir alles unter Kontrolle halten und noch nicht einmal auf Reisen gehen, ohne eine genaue Straßenkarte zur Hand zu haben. Leider läuft jedoch die innere Gesundung nicht nach diesem Schema ab. Der Heilungsprozeß ist ein Sprung ins Ungewisse.

Da wir meistens in nicht intakten Familien aufwuchsen, arbeiten wir unter suchterzeugenden Voraussetzungen und leben in einer Gesellschaft, die Süchte hervorbringt; wir haben kein auf Erfahrung beruhendes Wissen darüber, wie man sich in Einklang bringt mit den inneren Prozessen, wie man »nüchtern« bleibt bzw. aus einer tiefen Klarheit heraus das Leben gestaltet. Und doch machen viele diesen Sprung ins Ungewisse und tun damit den ersten Schritt auf dem Weg der Heilung. Denn wir wissen ja, daß es etwas Besseres geben muß. Wir haben eine schwache Erinnerung an etwas. Wir können uns zwar nicht entsinnen, was es genau ist, und doch wissen wir, daß es da ist. Eines der wirklichen Wunder unserer Zeit zeigt sich darin, daß so viele mit dem Heilungsprozeß beginnen, ohne eine klare Vorstellung davon zu haben, worin dieser eigentlich besteht.

ICH HABE auf ein Wunder gehofft — und ich selbst kann dieses Wunder sein.

DAS LEBEN ZU WÜRDIGEN WISSEN

... und war dankbar gegenüber all jenen weisen Stimmen, die mir auf meinem Weg zugeflüstert haben.
Dhyani Ywahoo

Eine dankbare und anerkennende Haltung spielt in unserem Leben eine wichtige Rolle. Es gibt so viele Frauen, die uns an ihrer Weisheit und ihrem Wissen teilhaben ließen. Weisheit ist uns also zum Teil von anderen vermittelt worden, zum Teil haben wir sie uns selbst angeeignet — und im ganzen war sie immer tiefgreifend und erhaben zugleich.

Erinnern Sie sich an die Nachbarin, die uns beibrachte, wie man Pflanzen sorgsam hegt und pflegt? Erinnern Sie sich an Ihre Mutter, die Ihnen einige hilfreiche Hinweise gab, wie man vor den eigenen Kindern auch einmal Ruhe hat? Erinnern Sie sich an die kleine alte Frau in Ihrer Kirche, die ganz friedlich und selbstverständlich nach jenen Grundsätzen zu leben schien, die uns über ein spirituelles Dasein gelehrt wurden? Erinnern Sie sich jenes Buches, das Ihnen gerade da in die Hände fiel, als Sie es unbedingt brauchten? Es gab weise Stimmen überall: in unserer Nähe, in unserem Leben.

VIELLEICHT »ist es Zeit für einen Anfall von Dankbarkeit«, wie eine meiner klugen Freundinnen sich auszudrücken pflegt.

19. April

Hasten und hetzen

Manchmal wünschte ich, ich hätte Saugnäpfe an den Füßen, damit ich auf dem Boden bleibe. Pam

Manchmal fühlen wir uns wirklich hilflos gegenüber dem Bedürfnis, herumzuhasten und ständig etwas zu tun, und wünschen nur, es gäbe eine Methode, durch die wir uns zum Stillstand bringen könnten. Unser Leben scheint uns in der Tat so sehr zu überfordern, daß wir es nicht mehr in den Griff bekommen.

Wir sind verblüfft, wie erleichtert wir uns fühlen, sobald wir zugeben können, daß wir diesem wahnhaften Verhalten machtlos gegenüberstehen und daß unser Leben nicht in der Weise »funktioniert«, wie wir es gerne hätten.

Wir sind starke Frauen, und wir sind *trotzdem* ohnmächtig gegenüber unserem eigenen, krankhaften Leben.

Aber welch starker Trost wird uns zuteil, wenn wir wissen, daß eine Macht, die größer ist als wir, unsere geistige Gesundheit wiederherzustellen vermag. Welche Erleichterung bemächtigt sich unser, sobald wir wissen, daß das Eingeständnis, ein geistig ungesundes Leben zu führen, unmittelbar das Tor öffnet in einen Zustand geistiger Gesundheit.

Was für eine Erleichterung ist es doch, einen tiefen Seufzer zu tun und zu wissen, daß wir den Weg in Richtung Gesundheit vor uns haben — sobald wir unser Leben und unseren Willen jener Macht anvertrauen, die uns übersteigt.

SAUGNÄPFE würden wahrscheinlich sowieso nicht viel nützen — aber die andere Alternative, nämlich das eigene Leben der höheren Macht anzuvertrauen, scheint sehr reale Möglichkeiten zu eröffnen.

Realität/Innere Inventur

Du mußt dich bekennen zu dem, was in deinem Leben passiert ist, um dich selbst zu finden. Wenn du alles, was du durchlebt und getan hast, tatsächlich besitzt — was einige Zeit dauern kann —, dann strotzt du nur so vor Wirklichkeit. Flonda Scott Maxwell

Damit wir »vor Wirklichkeit strotzen« können, müssen wir die Verdrängungen hinsichtlich unserer selbst und unseres Lebens Schicht um Schicht durchbrechen. An einem bestimmten Punkt unseres Lebens müssen wir innehalten und eine umfassende Inventur vornehmen: also festhalten, wer wir sind und was wir bisher gemacht haben. Diese unerschrocken und gründlich durchgeführte Bestandsaufnahme konzentriert sich nicht nur auf jene Dinge, die wir falsch gemacht haben, und solche, die wir lieber anders gemacht hätten — sondern auch auf unsere Stärken und auf all das, was wir richtig gemacht haben.

Viele von uns vergessen, daß diese Bilanz in bezug auf die eigene Person auch beinhaltet, daß wir niederschreiben, welche guten Seiten wir haben und was wir an uns durchaus schätzen und mögen. Schließlich werden durch eine ehrliche Haltung nicht nur die Fehler offenbar, sondern auch die guten, starken, kreativen, liebevollen, sanften und mitfühlenden Aspekte unserer Persönlichkeit.

SOBALD WIR INNEHALTEN und uns wirklich all dessen bemächtigen, was wir durchlebt und getan haben, sind wir auf dem Weg zu unserer wahren Identität.

21. April

SELBSTBEWUSSTHEIT

> *Solange die noch ausstehende Lebensgeschichte unserer selbst nicht erzählt ist, kann nichts anderes uns genügen: Still und heimlich werden wir uns weiterhin nach ihr sehnen.*
> Laura Riding

Die wichtigste Reise, die wir je unternehmen, ist wahrscheinlich die Reise nach innen. Wie könnten wir, wenn wir nicht wissen, wer wir sind, etwas von uns zum Ausdruck bringen?

Jede von uns ist eine einzigartige Kombination aus ererbten Anlagen und durchlebten Erfahrungen. Keine andere hat dasselbe anzubieten wie wir. Und doch: Wenn wir nicht eine starke Bewußtheit in bezug auf uns selbst besitzen, um unsere Einzigartigkeit zu erkennen und damit auch zu festigen, werden wir nie unseren Teil beisteuern.

Eine der verheerendsten Wirkungen unserer Krankheit besteht darin, daß sie uns nie wirklich Zeit läßt, diese Selbstbewußtheit zu entwickeln; und wenn wir dann noch Zeit haben, sind wir vielleicht schon zu erschöpft, um uns wegen solcher Dinge noch Gedanken zu machen.

ICH MUSS meine Lebensgeschichte kennen … und zwar die ganze.

Selbstachtung

Wenn die Selbstachtung in der Psyche der Frau den ihr gebührenden Platz einnimmt, wird diese nicht zulassen, daß irgend jemand sie irgendwie manipuliert.

Indira Mahindra

Es ist nicht immer leicht, eine Frau zu sein — aber genau damit müssen wir uns beschäftigen, daran müssen wir arbeiten: jetzt, in diesem Augenblick. Es gibt so viele Seiten an uns, die unseren Respekt verdient haben. Wir sind unglaublich tüchtig in dem, was wir tun. Wir sind sowohl flexibel als auch stark — zur gleichen Zeit, wenn es sein muß. Wir haben gute Ideen, die kreativ und praxisbezogen sind, und wir können ihnen angemessen Ausdruck verleihen. Wir besitzen die Fähigkeit, verschiedene Aufgaben gleichzeitig zu bewältigen und uns dabei auch jeder einzeln zu widmen. Wir sind Organisatorinnen, schaffende und tatkräftige Menschen — und wir haben einen ausgeprägten Sinn für das, was *ist.* Der Beitrag, den wir zu leisten vermögen, ist beträchtlich; dazu gehört, daß wir einen spezifischen Blick auf das Leben haben, der sich von dem der Männer grundlegend unterscheidet. Wir werden weiterhin den Platz einnehmen, der uns gebührt: Wir selbst und die anderen müssen diese Tatsache akzeptieren.

MEINE SELBSTACHTUNG ist nicht nur für mich von essentieller Bedeutung — sondern auch für alle anderen.

23. April

Schuldgefühle

Eine unwürdige Arbeit ist wahnsinnig zuverlässig. Dafür, daß du sie tust, kannst du dir dann eine unzumutbare »Entschädigung« abholen ... das Pfund Fleisch für die Frauen.
Colette Dowling

Oft sind wir Experten in Sachen Schuldgefühle. Zweifellos haben wir sie von irgendwelchen »Lehrmeistern« eingetrichtert bekommen. Unbedenklich und mit großer Verbissenheit packen wir die uns zugeteilten Aufgaben an — ohne ein Murren, ohne einen Vorwurf.

Wir sind jedoch »bewaffnet« mit unseren Seufzern, unseren zusammengebissenen Zähnen, unserem mitleiderregenden Blick, der um Anerkennung buhlt, und unseren hängenden Schultern. Unsere Lieblingsphrase lautet: »Ist in Ordnung« — aber das meinen wir nicht wirklich. Eine unserer größten Fähigkeiten ist das Leiden — und wir leiden wirklich sehr gut. Wir bekommen unser Pfund Fleisch — und verlieren dabei unsere Seele.

SAGEN SIE: **Lohnt sich das wirklich? Oder sind Sie bereit, das Spiel mit den Schuldgefühlen zu beenden? Es wird allmählich ungeheuer langweilig.**

Ohne Aufgaben sein

Heraus aus dem stürmischen Tun:
Nach jeder Tat kannst du ruhn.

Julia Louise Woodruff

Wenn sie eine Aufgabe beendet haben, stoßen die meisten Frauen einen Seufzer der Erleichterung aus, klopfen sich ein wenig auf die Schulter und gönnen sich eine wohlverdiente Pause. Nicht jedoch jene Frauen, die ständig zuviel arbeiten. Der innere Frieden, der mit jeder vollbrachten Tat einkehrt, zählt für sie nicht. Sie verfügen über keine Erfahrung, die mit einer solchen Vorstellung irgendwie vereinbar wäre.

Zum Glück ändert sich unser Standpunkt, sobald wir einmal empfänglich werden für die Einsicht, daß wir nicht nur darüber *reden,* ständig zuviel zu tun, sondern daß dem tatsächlich auch so *ist.*

Wir lernen allmählich, daß mit Beendigung der einen Tätigkeit die nächste nicht sofort beginnen muß. Wir erkennen, daß wir nach der Vollendung einer wichtigen Aufgabe sehr wohl das Recht haben, diese zu würdigen und vielleicht erst einmal traurig zu sein, daß das Ganze vorbei ist. Ein solches Verhalten ist durchaus natürlich. Eine Sache, die unsere besten Kräfte beansprucht hat, ist zum Abschluß gekommen. Wir werden sie vermissen.

WENN WIR einmal ohne neue Aufgaben sind, heißt das nicht, daß wir nichts wert sind.

25. April

Glaube

Die Gotteserfahrung ist uns — zumindest der Möglichkeit nach — angeboren. Alice Walker

Wir rufen einen Gott an, der »da draußen« ist — aber unsere Stimme hallt wieder zurück und erscheint uns so leer wie jene Raumschiffe, die nach einer Fahrt durchs Weltall keinen Treibstoff mehr haben und ins Meer stürzen. Wir fragen bei irgendwelchen Autoritäten an, in welcher Weise wir Gott erfahren können, und müssen erkennen, daß sie nur ihre Gottesdienste abhalten, deren Rituale sich verselbständigt haben, und dabei im Grunde doch wenig über Gott zu wissen scheinen. Keiner der alten Propheten, der sich in der Wüste verirrt hat, würde sich isolierter fühlen als wir, wenn wir im Dickicht unserer Städte und all der vielen Organisationen herumirren. Wie könnte irgendein Gott diesen ganzen Stahl und Beton durchdringen?

Und dennoch: Sobald wir einmal innehalten, haben wir eine schwache Ahnung, was damit gemeint sein könnte: daß zumindest die *Möglichkeit,* Gott zu erfahren, uns angeboren ist. Wir müssen nach dieser Möglichkeit nicht suchen. Sie ist schon in uns vorhanden.

DIE MÖGLICHKEIT, eine Macht zu erfahren, die größer ist als ich, hat immer schon bestanden: Sie hat sozusagen an meiner inneren Tür »angeklopft«.

Geschäftigkeit

Die Jahreszeit ist so wechselhaft, unbeständig und nervenaufreibend wie ich selbst an diesen Tagen, die mit zu vielen Erfordernissen und Verpflichtungen angefüllt sind.
May Sarton

Wenn wir nicht erkennen, daß wir allzu geschäftig geworden sind und uns zu sehr überfordern, empfinden wir uns auch als »wechselhaft, unbeständig und nervenaufreibend«. Dadurch, daß uns die eigenen Bedürfnisse nicht zu Bewußtsein kommen und wir also nicht fähig sind, sie zu befriedigen, wird eine Situation geschaffen, in der uns nur eine Zuflucht bleibt: nämlich derart unausstehlich und gemein zu werden, daß die anderen uns gerne allein lassen. Dann brauchen wir keine Verantwortung dafür zu übernehmen, daß wir uns rechtzeitig eingestehen, wir benötigen Zeit für uns selbst, und auch nicht dafür, daß wir sie uns einfach nehmen. Es liegt auf der Hand, daß durch diese Methode, Zeit fürs Alleinsein zu gewinnen, gewöhnlich Zäune errichtet werden, die man immer wieder reparieren muß.

Es gibt andere Möglichkeiten, das zu bekommen, was nötig ist. Wir können uns selbst klarmachen, daß wir Zeit zum Alleinsein benötigen, und dann die Dinge so einrichten, daß wir sie auch tatsächlich haben.

WENN ICH MIR nötigenfalls die Zeit nehme, die ich für mich selbst brauche, kann damit viel weniger Aufregung verbunden sein, als wenn ich deswegen eine Krise heraufbeschwöre; auf jeden Fall ist dann das Durcheinander geringer.

27. April

Wahlmöglichkeiten
Sich gefangen fühlen

Ich fand heraus, daß ich immer die Wahl habe — auch wenn sie manchmal nur darin besteht, die Dinge anders zu sehen. Judith M. Knowlton

Eines der schlimmsten Merkmale des Suchtverhaltens zeigt sich darin, daß unsere Wahrnehmungen, unser Urteilsvermögen und unser Denken derart verzerrt werden, daß wir allmählich glauben, überhaupt keine Wahl mehr zu haben und vollkommen gefangen zu sein. Wir haben die irrige Vorstellung, uns stünden nur noch zwei Möglichkeiten offen — meistens geht es darum, ob wir bleiben oder gehen sollen —, und keine der beiden sieht vielversprechend aus.

Aber wir haben andere Alternativen. Wir können wählen — selbst wenn wir im Moment nur die Wahl haben, uns klarzumachen, daß wir nicht weiterkommen, und diesen Zustand des »Festsitzens« zu akzeptieren. Bekennen wir uns wirklich dazu, verändert sich unsere Situation auf verblüffende Weise. Denn oft sind es gar nicht die Umstände, die uns festhalten, sondern unsere *Einstellungen,* die wir ihnen gegenüber haben.

ES GEHÖRT zum Menschsein dazu, daß wir wählen können. Wenn ich das Gefühl habe, über keine Alternativen zu verfügen, ist dafür wahrscheinlich meine Krankheit verantwortlich.

SCHÖNHEIT

Oh, es war ein herrlicher Morgen! Ich glaube, so ein Frühlingsmorgen ist das beste Wetter, das Gott uns bieten kann. Auf jeden Fall verhilft es einem dazu, an Ihn zu glauben.
Dodie Smith

Wie lange ist es her, daß wir uns vorbehaltlos an einem wunderbaren Tag *erfreut* haben? Wie lange ist es her, daß wir einen Tag wirklich unvoreingenommen als wunderschön *wahrgenommen* haben?

Jene unter uns, die in großen Städten leben und arbeiten, haben sich alle möglichen Hindernisse in den Weg gelegt, die es ihnen noch schwerer machen, überhaupt zu bemerken, welches Wetter draußen herrscht.

Frauen, die ständig zuviel arbeiten, mag der wunderbare Tag nur deshalb bemerkenswert sein, weil er nicht jene Umstände und Mühen macht, die sonst durch Regen oder Schnee verursacht werden. Und dann wird der wunderbare Tag gleich dafür benutzt, noch mehr zu arbeiten, noch mehr zu leisten.

Aber es gibt andere Möglichkeiten.

ICH SEHNE MICH nach jenem bewußten Augenblick, in dem ich sagen kann: »Oh, es war ein herrlicher Morgen!«

29. April

Angst/Manipulation

Alle Frauen kämpfen im Dschungel des Alltags. Frauen achten ständig auf Gesichter, Stimmen, Gesten, Stimmungen. Sie sind diejenigen, die mit Hilfe ihrer Schlauheit überleben müssen. Marge Piercy

Die meisten Frauen sind vollendete Wissenschaftlerinnen und Forscherinnen. Wir haben die Fähigkeit entwickelt, Daten zu sammeln, die die meisten Forscher in den Schatten stellen würden. Ständig prüfen wir Gesichter, Körperhaltungen und Situationen daraufhin, ob sie Hinweise enthalten, was noch akzeptabel ist und was wir uns erlauben können. Leider sind wir nur allzuoft zu Menschen geworden, die »mit Hilfe ihrer Schlauheit überleben«. Diese »Hyper-Wachsamkeit« resultiert aus unserer Angst, alles, was wir auch tun, sei ungenügend — ja *wir selbst* seien ungenügend, wie sehr wir uns auch anstrengen. Wir müssen schlau und manchmal sogar listig sein, um zu überleben — zumindest sind wir zu dieser Überzeugung gelangt. Einige haben gesagt, die Revolution der Frau sei die einzige Revolution, bei welcher sich der feindliche Vorposten im eigenen Kopf (in unserem nämlich) befinde.

ICH GENÜGE DURCHAUS. Alle müssen ganz einfach das akzeptieren, was ich zu geben habe.

Isolation

Unsere Gesellschaft befindet sich vor allem deshalb in einer so heillosen Unordnung, weil wir alle voneinander isoliert sind.
Maggie Kuhn

Die Isolation ist eines der charakteristischen Kennzeichen von Suchtverhalten. Und die Isolation ist eines der charakteristischen Kennzeichen von Frauen, die ständig zuviel tun.

Wir mögen den ganzen Tag lang von Menschen umgeben sein — aber unsere unbeirrbare Hingabe an die Arbeit sondert uns von ihnen ab. Wir mögen es nicht, wenn Freunde uns dabei unterbrechen. Wir wollen lieber unsere Sache fertigbringen. Wir werden wütend, wenn die Dinge nicht nach Plan laufen — und so scheuen sich die anderen, uns nahezukommen.

Wir sind durch unsere Arbeit, unsere Geschäftigkeit und Hetze genauso von der Welt getrennt wie eine Alkoholikerin durch ihr Trinken. Wir haben vergessen, wie man die Hand nach anderen Menschen ausstreckt — und selbst wenn wir es noch wissen, haben wir keine Zeit dafür. Wir denken, wir würden uns besser fühlen, wenn wir nur mehr Zeit hätten, uns auf die Arbeit zu konzentrieren — aber statt dessen fühlen wir uns erschöpft und leer. Die Isolation raubt uns alle Kraft.

ICH MUSS unterscheiden lernen zwischen Isolation und Alleinsein.

1. Mai

Heute

Alltag, laß mich bewußt wahrnehmen, wie kostbar du bist. Laß mich von dir lernen, dich lieben, dich segnen, bevor du zu Ende gehst. Mach, daß ich dich nicht vorübergehen lasse, während ich nach einem außergewöhnlichen und perfekten Morgen suche. Laß mich dich festhalten, solange ich es darf, denn das wird vielleicht nicht immer so sein. Eines Tages werde ich meine Nägel in die Erde graben oder meinen Kopf im Kissen begraben oder mich aufs äußerste anspannen oder meine Hände zum Himmel heben — und mehr als alles andere in der Welt deine Rückkehr wünschen. Mary Jean Iron

Dieser Augenblick ereignet sich hier und jetzt. Er ist das, was uns zur Verfügung steht. Aber wie oft schon haben wir den kostbaren Schatz des Heute verschleudert und von den Reichtümern der Zukunft geträumt — nur um dann den Verlust dieses Tages zu beklagen?

Heute können wir in den Augen eines Kindes die freudige Erregung angesichts einer neuen Entdeckung wahrnehmen. Heute können wir einem alten Freund zuhören, bevor wir uns der nächsten Aufgabe zuwenden. Haben wir den heutigen Tag versäumt, weil wir ihn nicht bewußt erlebt haben? Werden wir ihm später nachtrauern, Tränen vergießen und seine Rückkehr wünschen? Wieviel besser ist es doch, diesen Tag heute schon auszukosten.

EIN GANZ normaler Tag — welch ein Geschenk!

Mut

Vergessen Sie nicht: Ginger Rogers machte alles genauso wie Fred Astaire — aber rückwärts und mit hohen Absätzen.
Faith Whittlesey

Das stimmt! Ginger Rogers war unglaublich gut — und wir sind es auch. Frauen müssen ihren ganzen Mut zusammennehmen, um wirklich anzuerkennen, wie gut sie ihre Sache machen. Denn in unserer Kultur sind Frauen das Opfer einer sehr seltsamen Erwartungshaltung: Sie müssen sowohl kompetent als auch passiv sein. Dies hat oft eine Art von Unterwürfigkeit zur Folge, die einer Verleugnung unseres Wissens und Könnens gleichkommt.

Zudem scheinen Frauen, die ständig zuviel tun, zu schwanken zwischen einer übertriebenen Darstellung ihrer Kompetenz und dem Gefühl, nichtswürdig und völlig unfähig zu sein. Dieses Hinundherpendeln zwischen den Extremen ist ebenfalls Ausdruck unseres Suchtverhaltens.

Wahrer Mut erweist sich dadurch, daß wir realistisch sind und uns selbst klarmachen: In vielen Dingen steht unsere Tüchtigkeit ganz außer Frage.

ES IST kein Fluch, wenn wir unsere Sache gut machen, sondern ein Geschenk, das von uns selbst kommt *und* von einer Macht, die größer ist als wir.

3. Mai

Verzweiflung

Das war eine Zeit, in der nur die Toten lächeln konnten.
Anna Achmatowa

Wir haben Zeiten wie diese kennengelernt. Denn tatsächlich mußten wir in genau jenem Moment klar und offen zugeben, daß dieses ständige Zuvieltun weder von uns gewollt noch verursacht war, sondern daß dieses Tun *uns* im Griff hatte, als wir unseren inneren Tiefpunkt erreicht hatten. Bevor wir uns vollständig dazu bekannten, machtlos zu sein gegenüber unserem übermäßigen Arbeiten, hatten wir jede Hoffnung verloren und fürchteten, keine Veränderung sei mehr möglich.

Und doch *haben* wir uns geändert. Wir stürzten in tiefste Verzweiflung und haben sie durchgestanden. Wir sind hinabgestiegen in den Abgrund und sind zu dem Schluß gekommen, daß auch Gott nichts ist als Leere.

Wir erinnern uns an jenen Zustand — und sind zugleich dankbar dafür; denn gerade weil wir in der Krankheit nicht mehr weiterwußten, wurde der Weg geebnet für unsere innere Gesundung — und diese ist etwas Wunderbares!

NIE DACHTE ICH, daß ich einmal dankbar sein würde für diese Krankheit — denn sie hat mir die Möglichkeit eröffnet, ein neues und heiles Leben zu führen.

In der Gegenwart leben

Das Gestern ist ein ungültiger Scheck,
Das Morgen ein Schuldschein,
Das Heute aber bares Geld:
Also gib es auf kluge Weise aus.

Anonym

Welche eine Herausforderung ist es doch, in der Gegenwart zu leben! Oft aber haben wir nichts anderes im Sinn, als den gegenwärtigen Augenblick durch Zukunftssorgen oder durch Reuegefühle wegen der Vergangenheit zunichte zu machen. Ironischerweise können wir aber im Grunde nichts anderes tun, als im Heute zu leben.

Das bedeutet, daß wir wach und aufnahmefähig sind — daß wir wahrnehmen, wann wir müde sind, wann wir ins Badezimmer gehen, wann wir uns ausruhen müssen.

In der Gegenwart leben bedeutet aber auch, daß wir einen Spaziergang um des Spaziergangs willen machen — und nicht nur, um irgendwohin zu gelangen. Es bedeutet, daß wir beobachten und zu schätzen wissen, was gerade geschieht. Es bedeutet, daß wir unser Leben in die Hand nehmen — und nicht nur darüber nachdenken.

WENN ICH MEIN LEBEN in die Hand nehme, werde ich nicht vor einem Trümmerhaufen stehen.

5. Mai

SICH ÜBERFORDERT FÜHLEN

Und ich versuche, mir jenen Zeitpunkt ins Gedächtnis zurückzurufen, da ich aufhörte, alles nur zu empfangen, und zur Gebenden wurde. Denn in dieser Kultur ziehen sie dir erst dann den Boden unter den Füßen weg, wird das Leben erst dann ganz schön hart, wenn du anderen etwas gibst. Norma Jean Harris (Sheila Ballantyne)

Die Menschen, die sich zwanghaft um Gott und die Welt kümmern, wissen nie genau, wann alles anfing. Wir wurden dazu erzogen zu glauben, daß die anderen, wenn wir für sie gesorgt, ihnen immer zugehört und sie verstanden haben, auch für uns da seien. Wir waren der festen Überzeugung, daß Beziehungen auf der Grundlage gegenseitiger Fürsorge eingegangen werden: Wenn wir diese dem Partner angedeihen lassen, wird er uns gewiß ebenso behandeln. Deshalb war es ein schwerer Schock, als wir nicht nur feststellen mußten, daß eine solche Auffassung nicht von allen geteilt wird, sondern daß die Menschen, je mehr wir ihnen geben, auch um so mehr von uns verlangen.

Und so fühlen wir uns ausgehöhlt, ärgerlich, ausgebeutet und überfordert. Unter diesen Umständen sind das wohl ganz normale Reaktionen. Gott sei Dank aber brauchen wir an diesem Punkt nicht stehenzubleiben. Indem wir uns ganz einfach unsere eigenen Gefühle klarmachen, können wir die eigenen Grundannahmen hinsichtlich unserer Rolle als »Fürsorgerin« besser überprüfen.

LIEBE ist nicht gleichbedeutend mit Fürsorge. Man kann Liebe nicht kaufen ... sie ist ein Geschenk.

Dankbarkeit

Sprich ein Gebet, in dem du dich selbst als ein Medium des Lichts anerkennst, für all das Gute dankst, das du an diesem Tag erfahren hast, und deine Absicht bekräftigst, mit all deinen Verwandten in Harmonie zu leben.

Dhyani Ywahoo

Sobald wir innerlich gesünder werden und klarer zu sehen beginnen, werden wir oft von dem Gefühl der Dankbarkeit übermannt. Wir erkennen allmählich, daß es durchaus im Bereich des Möglichen liegt, uns nicht mit unserer Krankheit gleichzusetzen. Wir haben eine Krankheit, die darin besteht, daß wir zuviel arbeiten, überhaupt ständig zuviel machen — aber unsere *Persönlichkeit* ist ganz etwas anderes.

Wir fangen an zu sehen, daß wir tatsächlich Momente innerer Klarheit haben, und wir mögen den Menschen, den wir dabei erleben. Wir nehmen das Gute wahr, das wir jeden Tag tun und das wir jeden Tag empfangen. Wir empfinden manchmal eine solch tiefe, herzliche Dankbarkeit und Liebe gegenüber uns selbst, unserer Familie, unseren Freunden und der Welt, die uns umgibt. Wir haben sogar eine erste Ahnung davon, was es bedeuten würde, mit all den Menschen um uns in Einklang zu leben. Wir sind wirklich auf dem Weg der Heilung.

ICH KANN AUFRICHTIG dankbar sein für all die guten Dinge, die es in meinem Leben gibt. Ich kann dafür danken, daß ich ich bin.

7. Mai

Gefühle

Was du verstandesmäßig weißt, wird dir in Krisenmomenten nicht viel helfen ... Selbstvertrauen kommt durch ein ausgeprägtes Körperbewußtsein: daß du weißt, was du im Augenblick fühlst. Marion Woodman

Wir leben in einer Zivilisation, die logische, rationale, lineare Denkprozesse gleichsam vergöttert und zugleich die Gefühlswelt verachtet und ignoriert. Gefühle gelten als unbeherrschbar, gefährlich und überflüssig.

Und doch sind es die Gefühle, die uns zu Menschen machen. Sie warnen uns vor einer Gefahr. Verlieren wir die Verbindung zu ihnen, kann es sein, daß wir Gefahrensignale übersehen.

Es sind vor allem unsere Gefühle, weniger unsere Gedanken, die uns zu erkennen geben, ob jemand uns anlügt. Wenn wir angelogen werden, spüren wir das mitten in der Magengrube. Wir brauchen also unsere Gefühle: Sie helfen uns, in der Welt zurechtzukommen.

MEINE GEFÜHLE sind ein Geschenk. Ich kann mich glücklich schätzen, daß ich über solch eine Gefühlsskala verfüge.

Den Augenblick bewusst erleben

Immer grüßte sie uns freundlich und schien dadurch sofort die chaotische Atmosphäre, die der morgendliche Unfrieden ausgelöst hatte, in so etwas wie eine Ordnung zu bringen, in einen gleichmäßigen Ablauf, der genauso effizient wie friedlich war, so daß man das Gefühl hatte, das Leben sei überschaubar und auf geheimnisvolle Weise organisiert. Meridel LeSueur

Puh! Ist es nicht erleichternd zu wissen, daß es Menschen gibt auf der Welt, die in jedem Augenblick so präsent sind, daß sie Ruhe und Frieden verbreiten, sobald sie in eine chaotische Atmosphäre kommen? Diese Ruhe hat ihren Ursprung weder in einem kontrollierenden noch in einem manipulierenden Verhalten. Sie entsteht ganz einfach durch vollkommene Präsenz.

Nur ein Mensch, der die Gegenwart bewußt erlebt, trägt in sich jenes Gefühl tiefer Gelassenheit. Sobald wir an den Zwölf Schritten arbeiten, erfahren auch wir allmählich diesen inneren Zustand, der schwerelos und heiter ist.

EINE ORDNUNG, die durch Kontrolle erzeugt wird, ist voller Spannung. Eine Ordnung, die durch Unnachgiebigkeit erzeugt wird, ist voller Zwietracht. Nur eine Ordnung, die durch Gelassenheit erzeugt wird, ist friedlich.

9. Mai

Geschäftigkeit/Einsamkeit

Wenn du derart eifrig und geschäftig bist, kannst du wirklich vereinsamen. Isabel Lennart

Arbeitssüchtige sind einsame Menschen. Unsere Arbeit ist wie ein eifersüchtiger Liebhaber. Er verlangt immer mehr von uns. Wir müssen erkennen, wie wir uns zunehmend von jenen Menschen isolieren, die wichtig für uns sind. Wir planen die Mittagessen, durch die wir unseren sozialen Kontakt mit Freunden aufrechterhalten wollen, schon zwei Wochen im voraus — und müssen sie dann absagen oder verschieben, weil »etwas dazwischengekommen ist«. Wir werden ganz »kribbelig«, wenn wir bei der Arbeit unterbrochen werden; wir sind gereizt, wenn jemand kurz vorbeikommt, um mit uns zu sprechen: weil wir zur Arbeit zurückkehren wollen. Oft wissen wir nicht einmal, daß wir einsam sind, weil wir nicht lange genug innehalten, um uns selbst klarzumachen, was wir eigentlich fühlen.

ES IST GUT, produktiv zu sein — aber Geschäftigkeit ist kein Ersatz für enge Freundschaft.

INTIMITÄT

So folgte auf die zu schnell hergestellte Intimität nur allzuoft die Ernüchterung. May Sarton

Wir leben in einem Zeitalter der Fertiggerichte, der rasanten Erfolge, der sofortigen Intimität. Wir erwarten, einen anderen Menschen kennenzulernen und gleich zu wissen, daß »wir« füreinander geschaffen sind. Schließlich haben wir in unserem geschäftigen Leben nicht die Zeit, um jemandem ewig lange den Hof zu machen.

Diese »Sofort-Intimität« ist eines der Kennzeichen von Abhängigkeitsbeziehungen. Deshalb nehmen Frauen, die innerlich gesund werden wollen, auf der Stelle Reißaus, sobald sie spüren, daß diese Art von Intimität sich anbahnt: Sie haben aus Erfahrung gelernt. Beziehungen, die »im Schnellverfahren« eingegangen werden, bewähren sich meistens nicht.

Intimität braucht Zeit. Sie ergibt sich nach und nach. Sie muß gefördert, geschätzt, gehegt werden — und man muß ihr Raum lassen, damit sie sich festigen kann. Wenn wir versuchen, sie zu manipulieren, zerstören wir sie. Im Grunde stellen wir oft nur deshalb so rasch Intimität her, um zu vermeiden, daß es zu wahrer Intimität kommen könnte.

INTIMITÄT braucht Zeit. Wenn ich keine Zeit habe, werde ich wohl auch keinen intimen Umgang pflegen können.

11. Mai

Qualen

Jede Frau wird dazu gezwungen zu glauben, sie müsse ihr Kreuz alleine tragen, wenn sie nicht fähig ist, der perfekte Klon des männlichen Supermanns oder die perfekte Reproduktion des weiblichen Ideals zu sein.

Betty Friedan

Kein Wunder, daß wir manchmal von Kummer und Sorge erfüllt sind. Es gibt einfach zuviel zu tun. Zu viele Forderungen werden an uns gestellt. Man verlangt von uns, zu viele Gesichter zu zeigen — wovon einige tatsächlich zu uns gehören, andere wiederum nicht. Auf solche Gegebenheiten mit Verzweiflung zu reagieren ist wahrscheinlich ganz normal.

Glücklicherweise ist es so, daß wir diesen Seelenqualen nicht schlagartig ein Ende bereiten müssen. Es ist wichtig, sie zu empfinden, sie durchzumachen und dann weiter voranzuschreiten. Erst dadurch, daß wir unsere Gefühle abblocken und uns weigern, sie zuzugeben, bleiben wir stecken. Manchmal konfrontiert uns das Leben mit Schraubstöcken, spannt uns in sie ein und dreht zu. Und gerade dann stellen wir fest, daß wir uns aus der Umklammerung lösen und weiter unseren Weg gehen können, sobald wir zulassen, den Schmerz und die Qual deutlich zu empfinden.

EIN SCHRAUBSTOCK ist ein bißchen so etwas wie ein Korsett: Aus beiden können wir uns befreien.

Liebe

Ich wünschte, ich hätte mehr Menschen kennengelernt. Ich hätte sie alle geliebt. Und wenn ich mehr gekannt hätte, hätte ich noch mehr geliebt. Toni Morrison

Die Fähigkeit zur Liebe ist grenzenlos, bei jedem von uns. Doch manchmal kommen wir ihretwegen ganz durcheinander und glauben, wir hätten nur ein bestimmtes Maß an Liebe zu geben. Wir denken, die Liebe sei eine Art Spiel oder Wettbewerb, bei dem der Gewinn für den einen zwangsläufig zu einem entsprechenden Verlust für den anderen führt. Wir glauben, nur ein bestimmtes Maß an Liebe zu besitzen — so daß wir also, wenn wir etwas davon hergeben, selbst um genau soviel weniger haben. Wir fangen an, unsere Liebe aufzuteilen — genauso wie das Geld, mit dem wir am Ende des Monats die Rechnungen bezahlen. Wir kommen all unseren »Liebes-Verpflichtungen« nach und versuchen, ein bißchen Liebe zur Seite zu tun und zu sparen — für den Notfall.

Kontrollierte Liebe ist keine Liebe. Liebe aus Pflicht ist keine Liebe. Wahre Liebe für andere entströmt jener tiefen Liebe, die wir für uns selbst empfinden. Es ist nicht möglich, einen Menschen zu lieben, wenn wir uns selbst weder kennen noch lieben.

Wenn wir uns wirklich selbst lieben, kennt die Liebe, die wir geben können, keine Grenzen. Doch immer gilt: Liebe läßt sich nicht künstlich erzeugen, nur weil wir etwas dafür bekommen sollten oder müssen oder wollen. Die Liebe ist eine Kraft, die wir mit anderen teilen können, weil wir selbst sie *haben.*

WENN ICH die Menschen liebe, die ich kenne, kann ich die Menschen kennenlernen, die ich liebe.

13. Mai

Elterliche Erziehung

In all den Jahren, da ich allein lebte, wurde ich weder auf sie noch auf die Lebensweise, die mit ihnen verbunden ist, vorbereitet. Bevor sie geboren wurden, stellte ich mir im Traum vor, sie wären so still wie Puppen und würden niemals mehr von mir verlangen, als ich ihnen geben könnte. Norma Jean Harris (Sheila Ballantyne)

Welch ein Schock! Unsere Kinder passen sich nicht immer der Vorstellung an, die wir uns von ihnen machen. Nicht immer sorgen sie dafür, daß wir eine »perfekte kleine Familie« sind. Und sie fügen sich nicht immer vorbehaltlos in die Projekte und Pläne ein, die wir für sie konzipiert haben. Das Schlimmste aber ist, daß sie sich einfach nicht in der Weise entwickeln, wie wir es gerne hätten, und nicht in jenem Zustand verharren, den wir uns erhoffen.

Wenn wir ein Kind zur Welt bringen, setzen wir damit einen Prozeß in Gang, der in der einen oder anderen Form unser ganzes Leben lang weitergeht. Aber irgendwie scheinen wir den Gedanken außer acht gelassen zu haben, daß die Erziehung ein intimer, wechselseitiger Prozeß ist, der kein Ende nimmt.

WENN WIR den Versuch beenden, unsere Kinder gemäß der Vorstellung zu formen, wie sie sein *sollten,* können wir sie allmählich so sehen, wie sie wirklich *sind!*

Verantwortung/Schuldgefühle

Wenn du glaubst, du seist für alles, was schiefgeht, verantwortlich, wirst du diesen Zustand so lange ertragen müssen, bis du ihn dir klarmachst und änderst.

Susan Forward

Wir Frauen, die wir uns ständig überstrapazieren, sind *verantwortlich*. Das ist eine unserer größten Tugenden — zumindest sind wir dieser Überzeugung. Wir sind bereit, für alles zur Rechenschaft gezogen zu werden und für alles die Schuld zu übernehmen. Wenn irgend etwas bei der Arbeit passiert — es muß *unser* Fehler gewesen sein. Wenn unsere Beziehung scheitert — *wir* müssen etwas falsch gemacht haben. Wenn unsere Kinder Schwierigkeiten haben — *wir* tragen dafür die Verantwortung. Diese Schuldgefühle sind für uns so etwas wie alte, bekannte Freunde. Wir können uns nicht vorstellen, dieses oder jenes *nicht* verursacht zu haben ...

Solche Selbstbezichtigungen sind eine Form von Selbstsucht. Bei jedem Unglück spielen *wir* die Hauptrolle. Natürlich kann aber auch genau das Gegenteil geschehen: nämlich daß wir uns völlig schuldlos und immer als Opfer fühlen. Wir fallen von einem Extrem ins andere.

Wie sieht doch alles ganz anders aus, wenn wir in einen Zustand innerer Empfänglichkeit kommen, in einer Art Allgegenwart leben, in der wir nicht mehr Rechenschaft ablegen und Schuld auf uns nehmen, sondern vor allem eine Fähigkeit besitzen müssen: bewußt zu reagieren auf das, was in der Welt geschieht.

MEINE FÄHIGKEIT, auf alles bewußt zu reagieren, wird durch das ständige Gefühl von Verantwortung und Schuld äußerst eingeschränkt.

15. Mai

WUT

Ich bin eine Frau im besten Alter, die über bestimmte Fähigkeiten und Talente verfügt: Und gerade diese werden stark eingeschränkt von Autoritäten, die ich kaum je zu Gesicht bekomme. Adrienne Rich

Es ist an der Zeit! Wir Frauen wurden in unseren Tätigkeiten, unseren Aussagen, unseren Gedanken und unseren Gefühlen beschnitten. Einige von uns wollen das nicht zugeben. Und dennoch wissen wir tief innen: Viele Kräfte sind am Werk, die unser Leben einschränken und gegen die wir nur sehr wenig ausrichten können. Jemand muß schon völlig gefühllos und bewußtlos sein, um nicht die schwelende Wut oder gar den Zorn wahrzunehmen, die uns manchmal im Innern heimsuchen.

Es scheint, als hätten wir in unserer Eigenschaft als Frau nur zwei Möglichkeiten gehabt: entweder den Autoritäten zuzustimmen und sie damit zu unterstützen — oder sie zu bekämpfen und sie damit ebenso zu unterstützen. In beiden Fällen sind wir die Verlierer.

Zum Glück gibt es eine dritte Alternative. Wir können ganz einfach wir selbst sein. Wir können sehen, was wichtig für uns ist, und es auch tun. Aber vielleicht müssen wir erst unsere Wut erfahren und überwinden, um dann diesen dritten Weg zu beschreiten.

WENN WIR unsere Wut respektieren und mit ihr fertig werden, entdecken wir Türen, die wir vorher nicht wahrgenommen haben.

Um Hilfe bitten

Um Rat bitten wir dann, wenn wir die Antwort schon wissen, aber sie lieber nicht wüßten. Erica Jong

Genau! Meistens fragen wir um Rat, weil uns die Antwort im Grunde schon bewußt ist: Aber wir vertrauen diesem inneren Wissen nicht. Soll lieber jemand anderes die damit verbundenen Konsequenzen tragen!

Wenn es um fremden Rat geht, haben wir oft auch die Neigung, ihn irgend jemandem geradezu abzutrotzen. Erhalten wir ihn dann, wird der Druck von uns genommen; selbst wenn wir wissen, daß er uns nichts nützt und wir ihn insgeheim zurückweisen.

Im Gegensatz dazu ist es ganz etwas anderes, wenn wir um Hilfe bitten. Den Frauen, die sich ständig aufarbeiten, fällt dies besonders schwer. Meistens können wir alles selbst machen — egal, um was es auch geht — und fühlen uns auch wohler dabei. Wir können Befehle geben und den anderen sagen, was zu tun ist. Wir können organisieren und beaufsichtigen. Wir haben uns viele Methoden angeeignet, wie wir Hilfe bekommen, ohne darum bitten und ohne zugeben zu müssen, daß wir sie brauchen. Aber ist es nicht sehr viel ehrlicher, um Hilfe ausdrücklich zu bitten, wenn wir sie nötig haben?

WENN WIR UM HILFE BITTEN, heißt das nicht, daß wir schwach oder unfähig sind. Gewöhnlich deutet das nur auf ein höheres Maß an Ehrlichkeit und Intelligenz.

17. Mai

BEWUSSTHEIT

Es kam mir so vor, als sei ich in dichten Nebel gehüllt. Ich wußte, daß ich verzweifelt nach etwas sehr Wichtigem suchte, dessen Verlust eine große Gefahr für mein Leben darstellte, aber ich konnte nichts Klares erkennen.

Judy Ness

Wir halten uns so sehr in Trab und überarbeiten uns derart, daß wir keine Zeit haben zu erkennen: Wir befinden uns gleichsam in einem Nebel und suchen nach etwas sehr Wichtigem.

Wir erwarten, daß die Arbeit, das Geld, das wir verdienen, oder vielleicht auch die Familie uns Erfüllung schenkt — aber all diese »Lösungen« scheitern kläglich.

Selbst auf der Welle des Erfolgs wird uns das Gefühl von Einsamkeit und innerer Leere bewußt, sobald wir einmal eine etwas längere Pause machen. Wir haben bisher nicht erkannt, daß nichts Äußeres uns wirklich erfüllen kann und daß die Person, die wir wirklich finden möchten, niemand anderes ist als wir selbst. Unser Leben ist in Gefahr, wenn wir uns selbst nicht haben, wenn wir nicht in Berührung sind mit unserer inneren Welt. Entfernen wir uns von dieser, so sind wir anfälliger für äußere Einflüsse und nehmen nicht mehr bewußt wahr, was wir tatsächlich brauchen.

Wie aufregend es ist, allmählich zu sehen, wie sich der Nebel hebt, und zu wissen, daß das, wonach wir so verzweifelt gesucht haben, die ganze Zeit schon da war: in uns selbst.

WAS ICH SUCHE, ist nicht »da draußen«. Es ist in mir. *Ich* bin es.

Einen Tag nach dem anderen/Vertrauen
Kontrollverhalten

> *Am Leben sein bedeutet gewissermaßen: sich nicht sicher zu sein, nicht zu wissen, was als nächstes zu tun ist oder wie es zu geschehen hat. In dem Augenblick, da du es weißt, beginnst du ein wenig zu sterben. Die Künstler sind sich ihres Wissens nie ganz sicher. Wir ahnen, vermuten. Wir können uns irren, aber wir tun einen Sprung nach dem anderen ins Ungewisse.* Agnes de Mille

Wie arrogant *und* ignorant wir doch sind, wenn wir glauben, alles zu können: nur nicht jeweils einen Tag nach dem anderen zu leben! Die Illusion, alles im Griff zu haben, führt uns derart in die Irre, daß wir tatsächlich überzeugt sind, über die Zukunft bestimmen, alle Ereignisse nach Belieben steuern und unser Leben vollständig kontrollieren zu können. Wenn wir so denken und handeln, hören wir auf zu leben.

Das Leben in seiner ganzen Fülle erfahren bedeutet: festen Glaubens sein und danach leben. Wir tun das Unsere, so gut wir eben können, entwerfen Pläne — und dann lassen wir los. Das Leben auskosten heißt dann: Ins Ungewisse springen und — schon bevor wir sicheren Boden unter die Füße bekommen — noch einmal springen. Wenn wir glauben, wir hätten die Dinge unter Kontrolle, »beginnen wir ein wenig zu sterben«.

EIN STARKER GLAUBE ist notwendig, um jeweils einen Tag nach dem anderen zu leben; andere Alternativen sehen nicht besonders verlockend aus.

19. Mai

Sich wertlos fühlen/Wahlmöglichkeiten

Die wichtigste Lektion, die meine Mutter mir mitgegeben hat, lautet: Wenn du nichts tust, bist du nichts wert.
Ferrand

Die Sucht, ständig zu arbeiten, taucht nicht plötzlich in der Mitte des Lebens auf. Die Samen wurden oft schon in der Kindheit gestreut, und so tun wir nichts anderes, als nach jenen Maßstäben und Erwartungen zu leben, die unsere Eltern uns eingeimpft haben.

Wie viele unter den Eltern waren nicht davon überzeugt, daß die Muße eine Sache des Teufels sei und daß man überhaupt nicht absehen könne, wohin es mit uns kommt, wenn wir nicht ständig in Trab gehalten werden? Und wie viele von uns haben wirklich Angst davor, eine gewisse Zeitlang einfach nichts zu tun und die Ruhe zu genießen — selbst wenn nichts auf dem Plan steht?

Der Bürgermeister einer größeren Stadt verkündete öffentlich: Wenn er bei einem Blick in den Terminkalender feststelle, daß am Dienstagabend nichts anstehe, müsse er sofort annehmen, daß seine Mitarbeiter nicht »auf Draht« gewesen seien. Zugleich erklärte er aber auch, daß die Arbeitssucht seine Ehe und seine Gesundheit ruiniert habe.

IST ES NICHT aufregend zu wissen, daß wir den Botschaften, die uns in der Kindheit mitgegeben wurden, nicht unbedingt nachleben müssen? Als Erwachsene haben wir die Wahl.

Den Augenblick bewusst erleben

Wenn keine großen Durchgänge vorhanden sind, offenbart sich innere Größe durch ein Schlupfloch in der Mauer.
Mary Wilkins Freeman

Gelegenheiten ergeben sich nicht immer zu dem Zeitpunkt oder in der Form, wie wir es uns erhofft haben. Oft erscheinen sie gar nicht wie grelle Lichtblitze, sondern eher wie ruhige und leise Stimmen, die uns in einem unerwarteten Moment ins Ohr flüstern.

Unser Vermögen zu innerer Größe ist eng verbunden mit der Fähigkeit, den Augenblick bewußt zu erleben. Die sinnliche Wahrnehmung mag eine der wichtigsten Gaben sein, die wir besitzen. Wenn wir so präsent sind, daß wir einer unscheinbaren und noch etwas undeutlichen Gelegenheit Beachtung schenken, haben wir vielleicht auf unserem Lebensweg eine wichtige Wende vollzogen.

DURCH EINE weit geöffnete Tür kann jeder gehen. Ich hoffe, daß ich die innere Größe besitze, den unscheinbaren Mauerschlitz zu erkennen.

21. Mai

KONFLIKTE

Besser, du bist Löwe für einen Tag als Schaf fürs ganze Leben. Elizabeth Henry

Wir können Konflikten nicht aus dem Weg gehen. Wir fühlen uns beispielsweise im Zwiespalt wegen einer bestimmten Wahl, die getroffen werden muß; dann findet der Konflikt in unserem Innern statt. Oder wir haben eine genaue Vorstellung davon, wie eine geschäftliche Entscheidung ausfallen muß; dann geraten wir in Kontroversen mit unseren Arbeitskollegen.

Einige von uns glauben, es gäbe im Konfliktfall nur zwei Möglichkeiten: Entweder müssen wir brüllen wie ein Löwe und unseren Willen den anderen aufzwingen — oder aber zurückweichen wie ein Schaf und aufgeben (und vielleicht doch »hinten herum« unseren Willen durchsetzen). Keine dieser beiden Alternativen hat viel für sich.

Gott sei Dank haben wir eine weitere Möglichkeit. Wir können herausfinden, was in unserem Innern vorgeht. Wir können hören, was andere sagen. Wir können mit uns selbst ins reine kommen und sehen, was es für uns zu lernen gibt.

KONFLIKTE sind unvermeidbar. Der Kampf ist auch eine Möglichkeit.

Innere Verbundenheit/Verwirrung Einsamkeit

Frauen, die sich selber geringschätzen, machen allen Frauen das Leben schwer. Nellie McClung

Als Frauen sind wir auf besondere Weise miteinander verbunden. Wir wurden dazu erzogen, gegenüber anderen Frauen ein Konkurrenzverhalten zu entwickeln und sie als Feindinnen und Mitbewerberinnen zu betrachten. Wir wurden auch dazu erzogen, das Weibliche als etwas Minderwertiges anzusehen, und man sagte uns, wir müßten uns, wenn wir vorankommen wollten, mit Männern identifizieren und entweder so werden wie sie oder so sein, wie sie uns gerne hätten. All das ist für uns sehr verwirrend gewesen. Und häufig haben wir uns deshalb auch allein und isoliert gefühlt.

Zu erkennen, daß wir Frauen sind, und nach dem zu suchen, was uns mit anderen Frauen innerlich verbindet, war ein entscheidender Schritt in unserem Heilungsprozeß. Wir finden uns widergespiegelt in den Lebensgeschichten der anderen — und unsere Einsamkeit verwandelt sich in Gemeinsamkeit.

ICH BIN NICHT ALLEIN. Andere Frauen nehmen Anteil an meinen Erfahrungen. Gesund werden und sich mit anderen innerlich verbunden fühlen, ist ein und dasselbe.

23. Mai

KONTROLLVERHALTEN / ARROGANZ

Die starke Neigung, anderen vorzuschreiben, was richtig ist, ist selbst ein Leiden. Marianne Moore

Frauen, die ständig zuviel machen, denken oft, es sei ihre Aufgabe, den anderen vorzuschreiben, was richtig ist. Nachdem wir Informationen gesammelt und uns Wissen angeeignet haben, sind wir zu der Überzeugung gelangt, daß wir nun doch wirklich wüßten, was für andere das Beste ist. Da wir uns also genau auskennen, fällt es uns auch nicht schwer, diese wichtige Nachricht jedem, der sie hören will — und selbst dann, wenn er sie nicht hören will —, mitzuteilen. Einige von uns werden sogar dafür *bezahlt,* daß sie wissen, was für andere am besten ist, daß sie andere auf den angeblich richtigen Weg schicken.

Wenn das so schwarz auf weiß dasteht, klingt es nicht besonders angenehm, stimmt's?

VIELLEICHT WÄRE HEUTE ein guter Tag, meine arrogante Haltung einmal näher zu betrachten. Auch wohlwollende Arroganz bleibt eine Form von Arroganz.

Hoffnungen und Träume

Solange wir glauben, Einbäume seien unsere einzige Chance, seien das einzig Reale und Mögliche, werden wir niemals das große Schiff sehen, werden wir niemals spüren, wie der Wind bläst. Sonia Johnson

Frauen, die sich immerzu aufarbeiten, haben zunehmend Angst vor ihren Träumen. Wir wissen, was wir unbedingt haben wollen — Macht, Geld, Sicherheit, eine Liebesbeziehung —, aber wir haben vergessen zu träumen.

Träume müssen nicht jeder realen Grundlage entbehren. Wenn wir träumen, dehnen wir die Wirklichkeit über die Grenzen des Heute aus. Das heißt: Der Traum ist auch nicht gebunden an das bloß Machbare. Im Träumen kann unsere Seele sich *unendlich* sicher fühlen; nicht aber unsere Illusion, wir hätten alle Dinge in der Hand — sie ist in Gefahr.

Wenn wir uns der eigenen Hoffnungen und Träume berauben, verurteilen wir uns selbst dazu, die Augen ständig nur auf den Boden zu heften und uns jeden Schritt dreimal zu überlegen. Und so sehen wir nicht das Bild, das die sich auftürmenden Wolken offenbaren, nicht den doppelten Regenbogen, der sich am Himmel abzeichnet.

WENN MAN HOFFT **und träumt, heißt das nicht, daß man das reale Leben ignoriert. Vielmehr schmückt man es mit den Farben des Regenbogens.**

25. Mai

Heilungsprozess

Das menschliche Herz bleibt nicht allzu lange jenen Orten fern, wo es am tiefsten verletzt wurde. Nur wenige sind von der Rückreise entbunden, die zu den Schmerzen und Qualen der Vergangenheit führt. Lillian Smith

Die Verletzungen und Schmerzen, die wir in der Kindheit erleiden mußten, lösen sich nicht auf wundersame Weise in Luft auf, wenn wir älter werden. Sie rumoren weiter in uns, und wenn wir dann einmal ein bestimmtes Maß an Stärke, Reife, Einsicht und Bewußtheit erreicht haben, um mit ihnen umzugehen, kommen sie an die Oberfläche, und wir müssen uns mit ihnen auseinandersetzen. Unser Inneres reagiert liebevoll, wenn es uns auf diese Weise mit uns selbst konfrontiert. Denn so erhalten wir Gelegenheit, die Wunden zu heilen, die unbedingt geheilt werden müssen — und tun es dann, wenn wir stark genug sind, damit fertig zu werden.

In der Kindheit machen wir häufig Dinge durch, die wir später einfach nicht bewältigen können, wenn da nicht zugleich viel Unterstützung und Hilfe von außen kommt. Oft aber bleibt diese aus. Und so unterdrücken wir unsere Gefühle und warten erst einmal ab. Erst wenn wir erneut bereit sind, kommen sie wieder hoch. Dadurch haben wir die Chance, diese alten Schmerzen und Ängste dann durchzuarbeiten, wenn wir die zur Lösung der Aufgabe notwendigen Mittel parat haben.

WENN ICH INNERLICH DAFÜR BEREIT BIN, wird mir die Möglichkeit gegeben, mit genau jenem Wissen, das ich für die Heilung brauche, die Reise zu den alten Verletzungen anzutreten. Hernach kann ich dann auf meinem ursprünglichen Weg fortschreiten.

Ein erfülltes Leben führen

Das eigene Leben wirklich ergreifen ... das ganze Leben ... und sich ausdehnen in den Kosmos, der eins ist mit unserer Seele ... Sonia Johnson

Jeder von uns ist ein Kosmos für sich. Wenn wir ein erfülltes Leben führen, sind wir ganz wir selbst und doch eins mit dem Universum. Wir sind ganz und heil innerhalb unserer Grenzen — und sind zugleich verbunden mit allen Dingen.

Zum Glück wird von uns nicht verlangt, anderer Menschen Leben zu führen. Wir müssen nur unser eigenes leben, und damit haben wir schon ganz schön zu tun.

Wenn wir das Leben in seinem ganzen Reichtum erfassen, lernen wir die Bandbreite unserer Erfahrungen kennen. Wir sehen, was wir sehen; fühlen, was wir fühlen; und wissen, was wir wissen. Wir nehmen jede Gelegenheit wahr, um aus unserer inneren Mitte heraus zu leben.

EIN ERFÜLLTES LEBEN zu führen, ist zum Glück keine *Aufgabe,* sondern eine *Chance.*

27. Mai

Bewusstsein für den Lebensprozess

Er lehrte mich, wie ich innerlich im Fluß bleibe, wie ich immer den richtigen Moment wähle und mich an der Gegenwart erfreue. Robyn Davidson

Manchmal treten Lehrer in unser Leben, die wir uns so kaum hätten vorstellen können. Robyn Davidson spricht hier von einem alten Eingeborenen, der mit ihr eine Zeitlang auf Reisen ging. Obwohl beider Kulturen äußerst verschieden waren, lehrte er sie einige elementare Weisheiten — und es stellte sich heraus, daß es für uns in unserer Kultur durchaus wichtig ist, diese zu erfahren und anzuerkennen.

Wir alle müssen wissen, wie wir und die Dinge um uns herum im Fluß bleiben. Nichts wird sofort erledigt, selbst wenn wir dies manchmal unbedingt wollen. Die Ereignisse in unserem Leben und in unserer Arbeit nehmen keinen linearen Verlauf.

Auch das *Timing* ist wichtig. Wenn ein Bericht noch nicht verfaßt ist, können wir ihn auch nicht herausgeben. Wenn unser Chef einen schlechten Tag hat, ist es keine gute Idee, ein interpersonales Problem zur Sprache zu bringen, das sich gerade in der letzten Woche ergeben hat. Wir können die Reaktionen anderer Menschen nicht dadurch kontrollieren, daß wir den »richtigen Moment« abpassen — aber wir können immer die Zeit wählen, die uns am besten paßt. Und immer steht es uns frei, innezuhalten und Freude zu haben an der Gegenwart.

WENN ICH IN meiner Gegenwart bleibe, habe ich die Möglichkeit, den inneren Fluß meines Lebens kennenzulernen.

GESCHÄFTIGKEIT/ERSCHÖPFUNG/SCHLAF

Ich bin so aufgedreht, daß ich nachts nicht schlafen kann. Ich kann mich einfach nicht entspannen. Wenn es gutgeht, komme ich auf fünf Stunden Schlaf pro Nacht.

Barbie

Wenn wir uns ständig aufarbeiten, hat das unter anderem auch diese Nebenwirkung: Wir sind derart nervös und aufgeregt, daß wir nicht die Ruhe und den Schlaf finden, die wir so dringend brauchen. Wir sind ständig auf dem Sprung. Selbst wenn wir uns vor Müdigkeit und Erschöpfung kaum noch auf den Beinen halten können, sind wir nicht imstande, uns zu entspannen und zuzulassen, daß der Körper durch tiefen Schlaf in den Genuß einer wohltuenden Erholung kommt. Und auch wenn wir bewußt versuchen, einmal wirklich loszulassen: Es bereitet uns Qualen, und wir müssen feststellen, daß wir nicht dazu in der Lage sind.

Damit aber fehlen uns die für die Gesundheit so wichtigen Alpha-Phasen im Schlafrhythmus. Wir sind derart überreizt, daß unsere Nerven zerschlissen sind wie alte Socken, die von keiner sorgsamen Hand geflickt wurden. Wir haben uns jener unterbewußten Erfahrung beraubt, die angegriffenen und zerrissenen Fäden unserer Seele wieder miteinander zu verbinden und so auch die tiefen Wunden zu schließen, die nach all den täglichen, in der Maske der Höflichkeit ausgetragenen Gefechten zurückgeblieben sind.

Wir brauchen unsere Ruhe dringend.

DER SCHLAF ist eines jener Geschenke im Leben, die uns regenerieren. Ich vermisse ihn erst dann, wenn er mir fehlt.

29. Mai

Sich abhetzen/Ausser sich geraten
Sich wertlos fühlen

Ich lebe nach dem Muster: Schneller, schneller, schneller! ... bis zum Kollaps. Rosie

Wenn wir süchtig sind nach Arbeit, Geschäftigkeit und Hetze und ständig andere Menschen umsorgen, können wir uns erst Ruhe gönnen, nachdem wir kollabiert sind.

Man hat gesagt: Arbeitssucht ist die Sucht für diejenigen, die sich wertlos fühlen. Wir fühlen uns derart dazu getrieben, uns zu beweisen und eine bestimmte Position zu erreichen, daß wir — egal, wieviel wir tun — glauben, nie wirklich genug zu tun. Und wenn wir doch einmal genug getan haben, reicht das vielleicht gerade dafür aus, unsere Existenz zu rechtfertigen. Wir haben große Schwierigkeiten zu akzeptieren, daß es schon sehr viel sein kann, überhaupt zu leben.

Wir alle brauchen eine Zeit des Alleinseins — aber diejenigen unter uns, die sich ständig überarbeiten, können es nur dann verantworten, sie auch in Anspruch zu nehmen, wenn sie nahe am Zusammenbruch sind.

Wenn wir uns abhetzen und dann einen Kollaps erleiden, laugt das nicht nur uns selbst aus: Alle anderen in unserer Nähe werden dadurch ebenfalls überstrapaziert und an den Rand der Verzweiflung getrieben.

ERST HERUMHETZEN und dann zusammenklappen ist ein grausames und unmenschliches Verhalten. Wenn ich so mit mir selbst umgehe, ist das grausam und unmenschlich.

Schamgefühle

Niemand kann dir das Gefühl geben, du seist minderwertig, wenn du es nicht willst. Eleanor Roosevelt

Scham ist eine angeeignete Reaktion. Heute interessiert man sich sehr für den Zusammenhang zwischen Schamgefühlen und Suchtverhalten — bzw. dafür, welche Rolle sie bei der Heilung von der Sucht spielen. Denn sobald wir uns schämen, entfernen wir uns von uns selbst und handeln wie jemand, der unter Drogen oder Alkoholeinfluß steht. Wir können nichts mehr klar aufnehmen — und können nichts mehr Klares von uns geben.

Es ist wichtig, sich daran zu erinnern, daß das Empfinden der Scham uns beigebracht wurde und daß es, wie alles Gelernte, auch wieder abgelegt werden kann. Als wir jünger waren, wurde unser Schamgefühl benutzt, um uns unter Kontrolle zu halten, und jetzt benutzen wir das der anderen, um sie zu kontrollieren. Wenn wir uns beschämt fühlen, kann keine neue Information zu uns durchdringen; wir können Informationen nicht richtig verarbeiten und können demnach nicht richtig kommunizieren. Wir befinden uns mitten in unserer Suchtkrankheit.

ES IST WICHTIG, daß wir sehen, welche Rolle die Scham in unserem Leben bisher gespielt hat. Und genauso wichtig ist es, nicht in ihr zu verharren.

31. Mai

BEJAHENDE HALTUNG

Aus dem Bewußtsein unserer tatsächlichen Lebensbedingungen müssen wir die Kraft und die Gründe für unser Leben beziehen. Simone de Beauvoir

Welch wunderbarer Ausdruck für die tiefgründige Einsicht, daß wir unser Leben bejahen müssen! Manchmal hetzen wir derart geschäftig umher, daß wir uns nicht die Zeit nehmen, einfach zu akzeptieren, wer wir sind und was wir haben. Paradoxerweise geht unser Leben nur dann voran, wenn wir voll und ganz dahinterstehen.

Unser Leben hat sehr wohl einen Sinn ... und zwar genau so, wie es ist. Es sind unsere Illusionen, die uns das Gefühl von Sinnlosigkeit geben — nicht die realen Gegebenheiten. Wenn ich diese annehme, bekenne ich mich zu meiner Stärke und weiß, warum ich lebe.

MEIN LEBEN ist das, was es ist. Es mag sich ändern — aber im Augenblick ist es so, wie es sein soll.

Freiheit

Wir besitzen unsere Freiheit noch nicht lange genug, um genau zu wissen, wie wir mit ihr umgehen sollen.
Phyllis McGinley

In unserem Kampf um Emanzipation probierten wir verschiedene Formen von Freiheit aus. Wir dachten zunächst, Freiheit dadurch gewinnen zu können, daß wir zu Frauen wurden, wie Männer sie sich wünschen. Dann dachten wir: Wenn wir *genauso* wie Männer sein könnten, müßten wir frei sein. Und schließlich dachten wir, wir wären frei, wenn wir Männer so behandeln würden, wie sie uns behandelt haben.

Wir dachten, wir wären frei, wenn uns Berufe offenstünden, in denen sich unsere Lebensspanne durch Krankheiten verkürzt, die durch andauernden Streß verursacht werden. Wir dachten, wir wären frei, wenn wir uns im Beruf eine Position erobern würden und nun endlich an Machtspielen teilnehmen dürften, an denen uns im Grunde nichts liegt. Wir dachten, wir wären frei, wenn wir Geld, Macht und Einfluß besäßen.

ES BRAUCHT SEINE ZEIT, um in den Zustand der Freiheit »hineinzuwachsen«. Und wir haben Zeit.

2. Juni

GESCHÄFTIGKEIT/HAUSARBEIT

Es gibt Tage, an denen die Hausarbeit unsere einzige Betätigung zu sein scheint. Adrienne Rich

Es gehört zu den »tröstlichen« Eigenschaften der Hausarbeit, daß sie immer auf uns wartet. Wenn wir das Gefühl haben, uns fehle etwas, um unseren Drang nach Geschäftigkeit zu befriedigen: Wir können uns jederzeit auf die Hausarbeit stürzen. Aber für einige von uns ist das ziemlich deprimierend. Es zeigt sich auch hier, daß der arbeitssüchtige Mensch mit einem Alkoholiker verglichen werden kann, der lieber einen guten Scotch hätte, sich zur Not aber mit einem Bier zufriedengeben muß.

Es fällt uns schwer zuzugeben, wie abhängig wir davon geworden sind, uns ständig in Trab zu halten. Unsere Geschäftigkeit versetzt uns in den gleichen Betäubungszustand, der bei anderen durch Drogen hervorgerufen wird. Einige von uns jagen ihrem Adrenalinstoß genauso hinterher wie ein Drogensüchtiger seinem Stoff. Seien wir ehrlich: Im Grunde sitzen wir fest.

WIE ERLEICHTERND es doch ist zuzugeben, daß ich süchtig bin nach ständiger Betätigung. Denn dann weiß ich auch, daß ich von dieser Sucht geheilt werden kann!

Erschöpfung

Wir haben einer neuen Generation das Leben geschenkt, aber unter den Älteren ist niemand, der sie zur Kenntnis nimmt. Wir sind nichts als die Vergangenheit unserer Kinder; das hat uns vorzeitig alt gemacht.

Norma Jean Harris (Sheila Ballantyne)

Frühere Generationen verfügten über den Luxus, in einer Großfamilie zu leben, die Beistand und Unterstützung gewährte. Die Großeltern waren in der Nähe und sahen ihren Lebenssinn oft darin, Geschichten aus ihrer Jugend und der ganzen damaligen Zeit zu berichten. Wenn die Kinder lauschend dasaßen, empfanden ihre Eltern jene herzliche Atmosphäre, in der Anerkennung und Vertrautheit gediehen, und lachten stillvergnügt in sich hinein, während die alten Erzählungen immer wieder zum besten gegeben wurden.

Heute aber leben viele von uns isoliert von ihrer Familie — oder haben nicht die Zeit, die Verwandten aufzusuchen. Für unsere Kinder sind *wir* jetzt die Großfamilie. Wir müssen ihnen die Vergangenheit begreiflich machen, die Gegenwart nahebringen und sie in die Zukunft geleiten. Das ist eine große und anstrengende Aufgabe. Deshalb sind wir auch oft so erschöpft.

AUF HAWAII zum Beispiel nehmen sich die Menschen immer Zeit, um einander Geschichten zu erzählen. Wir können etwas von ihnen lernen.

4. Juni

Ziele

Wir wurden erzogen in der Vorstellung: Was man sät, das erntet man auch. Und so verwarfen wir den Gedanken, daß das Tun an sich schon die Belohnung ist.

Janet Harris

Wir leben in einer zielorientierten Gesellschaft. Oft bemühen wir uns derart darum, den Gipfel des Berges zu erklimmen, daß wir dabei ganz die mit Flechten überzogenen Steine übersehen, die Hochgebirgsflora — und sogar die Menschen, die uns auf dem Weg begegnen. Wir sind dem »Orgasmus-Kult« unterworfen. Das Vorspiel dient nur als Mittel zum Zweck. Und doch ist es für viele Frauen zumindest genauso wichtig, berührt und im Arm gehalten zu werden, zu sprechen und zu streicheln, ja überhaupt Intimität zu erfahren. Orgasmen und Ziele können Spaß machen — aber nicht dann, wenn dadurch alles andere, was ihnen vorangeht, zunichte gemacht wird.

Es kann nützlich und wichtig sein, Ziele zu setzen, wenn wir zugleich bereit sind, sie aufzugeben, sobald sie sich als bedeutungslos erweisen — und wenn wir uns ins Gedächtnis zurückrufen, daß der Weg selbst auch ein Ziel sein kann.

WENN ICH NUR DEN BERGGIPFEL im Auge habe, achte ich vielleicht nicht auf die Fossilien am Hang, die mich über das Wesen der Zeit unterrichten und mir meinen Ort im Universum zeigen.

In verantwortlicher Position sein

Nimm nie etwas zurück, gib nie Erklärungen ab und entschuldige dich nie … Zieh deine Sache durch und laß sie stöhnen und aufheulen. Nellie McClery

Man kann auf diese Bemerkung ganz unterschiedlich reagieren. Einerseits klingt sie wie ein Ratschlag: Benimm dich wie ein Tyrann und mach alles nieder, was sich dir in den Weg stellt. Ich würde das nicht empfehlen.

Andererseits ist es ja so: Man kann derart viel Zeit damit verlieren, Dinge zu erklären, zu widerrufen und zu entschuldigen, daß in der Zwischenzeit sozusagen das Haus abbrennt. Manchmal muß einfach etwas befohlen werden, damit es überhaupt weitergeht.

Und auf einer dritten Ebene stellt sich die Sache so dar: Wenn wir genau wissen, welche Richtung eingeschlagen werden muß, welche Aufgabe zu bewältigen ist, überkommt uns manchmal auch ein gewisses Gefühl innerer Gelassenheit, sobald wir wirklich bereit sind, »sie stöhnen und aufheulen« zu lassen.

WIE WUNDERBAR ist es doch, daß jedes Thema, jedes Problem so viele verschiedene Wahrheitsebenen hat. Dadurch wird das Leben alles andere als langweilig.

6. Juni

Glaube
Elfter Schritt

Ich wette mit dir, wenn du auf deine müden Knie sinkst und Gott wegen etwas belästigst, zieht Er sich in seine Privatgemächer zurück und schlägt die Tür zu. So denkt Er über dich und deine Gebete.

Zora Neale Hurston

Viele von uns, die wir ständig zuviel arbeiten, haben seit langem schon den »Gott« unserer Kindheit aufgegeben, aber nichts gefunden, was »Ihn« ersetzen könnte. Sobald wir »Ihn« um etwas baten, wußten wir, daß »Er« sich in seine »Privatgemächer« zurückziehen und die Tür zuschlagen würde. Dieses Geräusch, als die Tür ins Schloß fiel, hallte ständig wider in unserem einsamen Innern. Wir waren nun auf uns selbst gestellt. Wir mußten alles alleine machen.

Aber wie widersprüchlich verhielten wir uns doch. Denn wenn der Gott unserer Kindheit nicht vorhanden und tätig gewesen wäre, müßte uns heute jede Form von Spiritualität fremd sein. Im Grunde haben wir nur die Verbindung zu unserem geistigen Selbst verloren. Wir brauchen Zeit für das Gebet, die Meditation, die stille Reflexion, die mit uns selbst in Einklang steht. Wenn wir uns diese Zeit nehmen, stellen wir fest, daß es etwas geben muß jenseits unserer selbst.

ES FÄLLT MIR nicht immer leicht, den Glauben zu finden. Vor allem behindert mich dabei mein Verstand.

Die gute Sache/Liebe

Jene, die sich in den Dienst einer guten Sache stellen, lieben diese nicht um ihrer selbst willen. Sie lieben das Leben, das bewältigt werden muß, um ihr zu Diensten zu sein ... Davon ausgenommen sind nur die reinsten Seelen, aber die sind selten. Simone Weil

Einer Sache zu dienen bedeutet: sich als Person *einzubringen.* Wenn wir uns aber selbst *aufopfern,* sei es für die Familie, die Arbeit, die Kirche oder eine gute Sache, höhlen wir uns immer weiter aus — und sind dann nichts als eine leere Hülse.

Wir haben die uns beigebrachten religiösen Überzeugungen derart durcheinandergeworfen und glauben nun, wir hätten keine Persönlichkeit mehr, kein Ich, wenn wir ganz einfach reinen Herzens sind. Aber wir sollten wissen: Die meisten spirituellen Richtungen und Schulen treten dafür ein, daß es notwendig ist, das eigene Ich zu transzendieren und das süchtige Ich loszulassen. Erst dann können wir unser Einssein mit allen Dingen erkennen. Wenn wir eine gute Sache schätzen und uns für sie einsetzen, bringen wir das Beste ein, das wir besitzen.

WENN ICH LERNE, **Zugang zu finden zu meinem wahren Selbst und eins zu sein mit allen Dingen, kann ich auch Liebe schenken.**

8. Juni

Kreativität

Wenn die innere Strömung, der freie Gedankenfluß gehemmt wird, entsteht ein Durcheinander, das genauso eindickt wie der Schlamm in einem verstopften Wasserlauf.
May Sarton

Das Durcheinander scheint in unserem Leben seinen festen Platz zu haben. Unser Haus ist in einem chaotischen Zustand, unser Schreibtisch ist voller Kram, unser Verstand ist wirr, und unser Leben ist konfus. Das ist der Fluch, mit dem Frauen leben müssen, wenn sie ständig unter Druck sind.

Wir werden niemals unsere schöpferische Kraft finden, solange wir nicht den Wirrwarr in unserem Leben verringern. Wenn wir gesund sein wollen, müssen unsere Gedanken frei fließen können.

Wir sind so stark und mächtig, so anziehend und intelligent. Die Welt braucht das, was wir anzubieten haben.

IM HEILUNGSPROZESS baggern wir gleichsam einen verschlammten Fluß aus.

Konkurrenzverhalten/Vergleiche

Wer sich in dieser Welt Vorteile verschafft, dem werden sie auch zuteil. George Eliot

Leider wurde uns beigebracht, daß man, um vorwärtszukommen, Vergleiche anstellen, konkurrieren und die anderen übervorteilen muß. Überall um uns herum finden wir diese Verhaltensweisen bestätigt.

Wenn wir jedoch von unserer Sucht geheilt werden, stellt sich allmählich heraus, daß wir, wenn wir uns vergleichen und in Konkurrenz treten mit anderen, ganz auf äußere Umstände fixiert sind. Ziehen wir Vergleiche, so werden wir neidisch, haben ein schlechtes Gefühl in bezug auf uns selbst, ärgern uns und können uns selbst am Ende nicht besonders gut ausstehen. Wenn wir mit anderen konkurrieren, behandeln wir sie als Objekt, werden zunehmend rücksichtsloser und rechtfertigen dieses zerstörerische Verhalten auch noch. Wenn wir andere mißbrauchen, verlieren wir die Möglichkeit, Beziehungen mit ihnen einzugehen. Wir werden zu Menschen, die sich selbst hassen — und schließlich sind wir die Verlierer.

Jede dieser hier genannten Verhaltensweisen gefährdet unsere innere Gelassenheit und unseren Heilungsprozeß.

WIR SIND WEITERHIN DABEI zu lernen, was es heißt, die innere Klarheit bereitwillig an die erste Stelle zu setzen. Das ist nicht immer leicht — aber unser Leben hängt davon ab.

10. Juni

Innere Befriedigung

> *Ungeachtet der äußeren Ereignislosigkeit meines Lebens habe ich mir selbst doch immer Bedeutung beigemessen und einen tieferen Sinn gesehen in all den Möglichkeiten, die sich mir eröffneten, als ich meinen geraden und engen Pfad entlangstolperte und zu Füßen meines Gottes betete. Was kann sich eine menschliche Seele noch mehr wünschen?*
> Alice Jones

Wenn wir mit unserem Leben innerlich zufrieden sind, ist das so, als würden wir mit warmem Öl gesalbt. Es stimmt uns friedlich, wenn wir lesen, daß jemand mit seinem Leben in Einklang ist. Oft jedoch setzen wir diese Ausgeglichenheit und Zufriedenheit mit Stagnation gleich. Aber das trifft in keiner Weise zu! Innerlich zufrieden sein mit dem eigenen Leben heißt: die Realität akzeptieren, wie sie ist; sich weiterhin vorbereiten auf das, was sein kann; und sich von dem Gedanken lösen, daß etwas anderes unbedingt hätte sein müssen.

Die tiefe Befriedigung ist ein aktiver Zustand der Ruhe, ein belebter Ort inneren Friedens. Innere Befriedigung erleichtert das Leben in einer Weise, wie sie von überarbeiteten und abgehetzten Frauen nur selten erfahren wird. Sie ist nichts anderes als jener Seufzer der Erleichterung, den die Seele von sich gibt.

WENN ICH BILANZ ZIEHE, nehme ich oft nur das wahr, was noch nicht getan ist. Aber ich muß auch in Betracht ziehen, was ich habe, was ich gemacht habe und was ich im Moment gerade mache.

Schönheit

Kleidung und Schmuck sind immer nur eine Widerspiegelung des Herzens. Coco Chanel

Alle schenken der Art und Weise, wie Frauen sich kleiden, so viel Beachtung. Dann heißt es: »Wir sollten dreiteilige Kostüme tragen, aussehen wie die Männer und uns so anziehen, daß wir Erfolg haben.« Oder: »Wenn Frauen vergewaltigt werden, haben sie es durch ihre äußere Aufmachung selbst herausgefordert.« Oder: »Männer mögen Frauen, die sich weiblich kleiden. Sie fühlen sich dann so männlich.«

Ist es da verwunderlich, daß wir manchmal überhaupt nicht wissen, was wir anziehen sollen und was für uns das Richtige ist?

Aber was wäre, wenn wir uns ganz einfach in der Weise kleideten, wie es unserem inneren Bedürfnis entspricht? Was, wenn wir unser schönes Aussehen vor allem daran messen würden, ob das Kleidungsstück sich am Körper wohltuend anfühlt und darüber hinaus unseren Charakter widerspiegelt? Was, wenn wir bestimmte Farben deshalb trügen, weil wir sie gerne mögen, und nicht, weil sie »unsere Farben« sind oder uns schlank machen?

Solche Überlegungen eröffnen die unterschiedlichsten Möglichkeiten, nicht wahr?

WENN ICH MICH so kleidete, wie ich es innerlich empfinde: Was würde ich dann anziehen?

12. Juni

Selbstbewusstheit

Die Männer betrachten sich im Spiegel. Die Frauen suchen sich darin. Elissa Melamed

»Spieglein, Spieglein an der Wand ...« — wie weit ist es nur mit mir gekommen? Ich habe das Gefühl, als wäre es erst gestern gewesen, daß ich mich im Spiegel betrachtete und darin eine Frau sah, die ich wiedererkannte. Aber dann? Diese kleinen Stücke meines Lebens, meiner selbst, die ich nach und nach hergab — sie schienen jeweils gar nicht weiter ins Gewicht zu fallen. Wo sind sie jetzt? Was ist aus mir geworden?

So viele von uns machen die Erfahrung, daß sie sich selbst abhanden kommen, daß sie sich vor ihren eigenen Augen in Luft auflösen. Das war nicht unsere Absicht. Aber es ist anscheinend im Laufe der Jahre so weit gekommen.

Dennoch bleibt eines festzuhalten: Wenn da noch jemand ist, der in den Spiegel schaut, sind wir noch nicht ganz von der Bildfläche verschwunden.

ICH MUSS genau hinsehen. Der Spiegel könnte auch mein Freund sein. Er könnte mir helfen, mich zu mir selbst zurückzuführen.

Ein erfülltes Leben führen/Wissbegier

Das Leben ist dazu da, gelebt zu werden, und die Neugier muß wach bleiben. Man darf nie, aus welchen Gründen auch immer, dem Leben den Rücken zuwenden.

Eleanor Roosevelt

Wenn ich zurückschaue auf die wirklich wichtigen Lehrer in meinem Leben, so zeichnen sie sich stets durch ihre besondere Neugier aus. Oft aber denken wir, diese sei nur den kleinen Kindern eigen und dann allein der Jugend vorbehalten.

Dennoch bin ich sicher, daß wir, wenn wir einmal all die uns bekannten Menschen Revue passieren lassen, uns derer am lebhaftesten erinnern, die ihr ganzes Leben hindurch »unheilbar« wach und wißbegierig geblieben sind.

Es besteht eine enge Verbindung zwischen Lebendigkeit und Wißbegier. Letztere scheint in der Erbmasse der menschlichen Spezies verankert zu sein. Und selbst wenn es manchmal so aussieht, als sei er eine Zeitlang eingeschlafen: Mein Drang nach Erkenntnis, nach Leben, ist unauslöschbar.

MÖGE ICH NIE »geheilt« werden von jener Neugier, die aus meinem tiefsten Innern kommt!

14. Juni

Bewusstsein für den Lebensprozess
Weisheit

> *Die Ereignisse in unserem Leben geschehen in zeitlicher Reihenfolge, aber durch die Bedeutung, die sie für uns haben, ordnen sie sich in einer ganz bestimmten Weise an — und bilden so einen fortlaufenden Zusammenhang, der uns die Augen öffnet.* Eudora Welty

Wäre es nicht langweilig, wenn unser Leben vollkommen geradlinig verlaufen würde? Wie fad wäre es doch, wenn wir jede Erfahrung, jede seelische Erschütterung schon ganz und gar durchgearbeitet hätten, gleich nachdem sie geschehen ist!

Und trotzdem reagieren wir gereizt, wenn die alten Gerippe, die wir längst unter der Erde glaubten, wieder mit den Knochen klappern. Wie lästig, wenn gewisse Vorfälle, die sich im Alter von fünf Jahren ereigneten, plötzlich mit fünfunddreißig ihre Nachwirkungen zeitigen! Wie beunruhigend, wenn Erinnerungen, die wir uns lange nicht bewußt machten, uns nun zu verstehen geben, daß es an der Zeit ist, sie durchzuarbeiten!

Glauben wir daran, daß unser Inneres genau weiß, wann wir bereit sind, mit den alten Problemen fertig zu werden? Vertrauen wir darauf, daß allein die Tatsache ihres Erscheinens ein Hinweis ist, wie sehr wir uns entwickelt haben und wie stark wir sind?

ES GIBT EINE INSTANZ in mir, die mehr weiß als ich. Wenn ich ihr vertraue, kann das nur einen heilsamen Effekt haben.

Verwirrung/Negative Einstellung

Ich weiß nur, was ich nicht *will. Und selbst das nur ziemlich ungenau.*

Norma Jean Harris (Sheila Ballantyne)

Ich habe schon so viele Frauen sagen hören: »Ich führe eine gute Ehe. Mein Mann schlägt mich nicht, er ist kein Spieler und macht nicht mit anderen Frauen herum.« Oder sie sagen: »Nun, meine Arbeit ist nicht langweilig; sie hält mich in Trab, und ich komme finanziell über die Runden.« Irgendwie verkommt dabei das Gute zur bloßen Abwesenheit des Schrecklichen. Wenn etwas in unserem Leben nicht allzu negativ verläuft, dann ist das auch schon alles, womit man sinnvollerweise rechnen kann.

Deshalb kommen wir ganz durcheinander, wenn es um mehr geht: unsere wahren Wünsche — das, was wirklich gut für uns ist. Wir haben uns so daran gewöhnt, all die Dinge zu tun, die von uns erwartet werden, daß uns die Fähigkeit abhanden gekommen ist, genau zu bestimmen, was wir eigentlich wollen.

WENN ICH NICHT weiß, was ich tatsächlich möchte und was mir guttut, gibt es für mich auch keine Möglichkeit, ein aufrichtiger Mensch zu werden.

16. Juni

Kontrollverhalten

Der Krieg ist die konsequente Weiterentwicklung von Fehleinschätzungen. Barbara Tuchman

Wir sind so sehr in der Illusion befangen, alles im Griff zu haben, daß wir kaum einmal Abstand gewinnen und sehen, wie beherrschend und zerstörerisch diese eigentlich ist. Viele Dinge, die sich auf internationaler Ebene zwischen den Staaten abspielen, basieren auf der irrigen Vorstellung, der eine habe Macht über den anderen. Wenn wir glauben, alles kontrollieren zu können oder alles unter Kontrolle zu haben, werden wir über unsere Fehlkalkulationen am Ende entsetzt sein. Denn auf der zwischenmenschlichen Ebene können diese genauso verheerende Auswirkungen haben wie zwischen Staaten.

Nicht die Vorsilbe *Fehl-* in dem Wort »Fehlkalkulation« zeigt die Schwierigkeiten an, um die es hier geht, sondern die Kalkulation selbst ist das Problem. Wenn wir aufgrund der festen Überzeugung handeln, wir sollten imstande sein, *alles* zu verstehen: dann könnten wir auch alles beeinflussen und steuern, sind wir tatsächlich in großen Schwierigkeiten.

KRIEGE sind immer unheilvoll — ob sie nun in mir stattfinden, zwischen Menschen oder zwischen Staaten.

Selbstbewusstheit

Ich will herausfinden, wer ich selber bin, und mich nicht mehr von jedem x-beliebigen Menschen definieren lassen.
Judith

Als Frau wurden wir dazu angehalten, unsere Identität aufgrund äußerer Umstände zu definieren. Wir wurden dazu erzogen, die *Tochter* von jemandem zu sein, die *Ehefrau* oder *Partnerin* von wieder jemand anderem und dann die *Mutter* von unseren Kindern. Wir waren so, wie die anderen uns sahen. Und selbst wenn wir im Beruf erfolgreich sind, müssen wir feststellen, daß wir nach außen schauen, um die Persönlichkeit und die Bestätigung zu finden, die wir suchen. Diese Gewohnheit ist tief in unserem Innern verwurzelt, mögen wir auch noch so stark und geistig unabhängig wirken.

Für unsere innere Heilung ist es auch wichtig, daß wir herausfinden, wer wir *wirklich* sind — also nicht, wie wir nach Meinung der anderen sein sollten oder wie wir nach eigener Meinung zu sein hätten oder wie wir uns vorstellen könnten zu sein.

Wer ist die Frau, die ich als »Ich« bezeichne? Sie besitzt alle Möglichkeiten, einer der interessantesten Menschen zu sein, denen ich je begegnet bin. Und dennoch kenne ich sie kaum.

HEUTE habe ich die Möglichkeit, jene Reise nach innen anzutreten oder fortzusetzen, die das ganze Leben über andauern kann.

18. Juni

In der Gegenwart leben

Ich habe die Lösung gefunden: Sobald unsere Welt nur von der Gegenwart bestimmt wird und keine Schatten von gestern oder Wolken von morgen mehr kennt, werden aus unseren Worten wirkungsvolle Taten.

Goldie Ivener

Stellen Sie sich vor, jeden Tag ganz neu zu beginnen, ohne »Schatten von gestern oder Wolken von morgen«. Eher negativ und zynisch gestimmt, hören wir uns so eine Idee an und entgegnen spöttisch: »Unmöglich!« Es sei unmöglich, die Vergangenheit loszulassen und sich keine Sorgen zu machen wegen der Zukunft. Und doch haben alle großen spirituellen Lehrer auf diesem Planeten in der einen oder anderen Weise genau dies gelehrt: Es ist möglich. Und im Grunde bestand ihr größtes Geschenk an uns vor allem darin, zu zeigen, wie man in der Gegenwart lebt, wie man den Augenblick ganz einfach im Zustand völliger Bewußtheit, totaler Präsenz, erfährt.

Wie oft aber versäumen wir unser Leben, indem wir uns auf Vergangenes versteifen oder sehnsüchtig das Künftige erwarten. Wir nehmen heute nicht den Blick in den Augen unserer Kinder wahr, weil wir darüber nachdenken, wie wir sie morgen am besten zum Zahnarzt bringen. Wir gehen nicht weiter jener Idee nach, die uns eben gerade gekommen ist, weil uns quält, was wir gestern in der Konferenz von uns gegeben haben. Stopp! Entspannen Sie sich! Seien Sie hier, im Jetzt!

DIE GEGENWART ist alles, was ich habe; wenn ich mich aus ihr entferne, mache ich sie zunichte.

Selbstbejahung

Mach nie etwas nur deshalb, weil es als rechtschaffen oder lobenswert oder edel gilt. Mach nie etwas nur deshalb, weil es gut und richtig zu sein scheint. Mach nur, was du machen mußt und auf keinen Fall anders machen kannst.
Ursula K. Le Guin

Wir haben uns so daran gewöhnt, das zu tun, was andere von uns verlangen, was angemessen ist oder was uns Lob einbringen wird, daß der obige Ausspruch, der uns dazu auffordert, nur das zu tun, was wir tun *müssen* und nicht anders tun können, unrealistisch erscheint. Wir denken: Diese Frau hat gut reden, sie ist Schriftstellerin — sie teilt sich ihre Zeit frei ein.

Trotzdem: Welche Wahrheit steckt für uns in diesen Worten? Gewiß können wir zugeben, daß wir viele Dinge aus falschen Motiven getan haben, und oft empfinden wir tief innen den bitteren Schmerz, der durch unsere sogenannte Rechtschaffenheit, unsere »Großmut« oder unser Streben nach Anerkennung verursacht wurde. Wenn wir etwas nur deshalb machen, weil es irgendwie »gut« zu sein scheint, vergeuden wir häufig die Zeit aller Beteiligten — uns selbst mit eingeschlossen.

Welche Erleichterung ist es doch, endlich einmal daran zu glauben, daß wir allen Ansprüchen genügen — so, wie wir sind; und daß die unvergleichliche Art, wie wir eine bestimmte Aufgabe erfüllen, genau den Erfordernissen entspricht.

ICH WILL mir diese Gedanken noch einmal richtig durch den Kopf gehen lassen. Denn wer sonst könnte meinen eigenen Beitrag leisten!

20. Juni

Erwartungen

Das Leben ist in keinster Weise dazu verpflichtet, unseren Erwartungen gerecht zu werden. Margaret Mitchell

Erwartungen bringen uns wirklich um! Sie beschwören Enttäuschungen geradezu herauf. Durch unsere Erwartungshaltung sind wir oftmals völlig blind gegenüber dem, was in einer bestimmten Situation tatsächlich abläuft. Weil wir krampfhaft daran festhalten, was unserer Meinung nach geschehen *sollte,* was wir gerne *hätten,* sehen wir nicht, was vor unseren Augen *geschieht.*

Manch eine mögliche Beziehung ist daran gescheitert, daß wir zu sehr entschlossen waren, sie quasi herbeizuzwingen.

Wenn wir ständig etwas erwarten, bleiben wir in unseren Illusionen befangen. Wir bauen Erwartungen gegenüber einem anderen Menschen auf, projizieren sie auf ihn und reagieren dann so, als entsprächen sie den realen Gegebenheiten. Erwartungen sind demnach eng verbunden mit jenen Illusionen, die wir uns hinsichtlich der eigenen Kontrollmöglichkeiten machen.

WENN WIR uns an die eigenen Erwartungen klammern, nehmen wir meistens nicht wahr, was unmittelbar geschieht ... das Leben, so wie es ist.

Schönheit/Vergleiche

Ich bin so, wie mein Schöpfer mich erschaffen hat, und da Er mit seinem Werk zufrieden ist, bin ich es auch.
Minnie Smith

Wie schön und einfach ist es doch, sich selbst so anzunehmen, wie man ist. Besonders Frauen aber fällt es schwer, die ganze Schönheit dessen wahrzunehmen, was in ihnen ist und was sie auf einzigartige Weise verkörpern. Immerzu vergleichen wir uns mit anderen — egal, über welche Fähigkeiten wir verfügen, was wir besitzen, wer wir sind: Es scheint nie wirklich zu genügen. Wir sind stets zu groß oder zu klein, zu dick oder zu dünn, zu intelligent oder nicht intelligent genug, zu aggressiv oder zu gehemmt. Wann immer wir Vergleiche anstellen, ziehen wir den kürzeren.

Das Problem liegt zum großen Teil darin, daß wir uns überhaupt mit anderen vergleichen. Denn wenn wir das tun, agieren wir im Grunde nur unsere Sucht aus. In diesem Vorgang trennen wir uns ab von uns selbst und verlieren uns.

Aber es gibt andere Möglichkeiten.

STELLEN SIE SICH einen Tag vor — zum Beispiel den *heutigen* —, an dem Sie ganz einfach zufrieden sind mit der Frau, die Sie sind.

22. Juni

Bewusstsein für den Lebensprozess

Das Leben ereignet sich immer schubweise, bringt tiefe und andauernde Einsamkeit, dann wieder lange Zeiten, in denen man kaum zum Atmen kommt. May Sarton

Solche Zeiten, in denen wir kaum einmal Atem holen können, sind uns, die wir süchtig sind nach Arbeit, Streß und Hetze, viel vertrauter und angenehmer als andere. Wir wissen, wie wir unter Druck und trotz enger Termine, die uns ständig bedrängen, unsere Aufgaben erfüllen. Das sind die Zeiten, da wir aufblühen.

Leider macht uns dann jene Phase nach der Beendigung eines Projekts, in der wir zur Ruhe kommen und vielleicht auch allein sein könnten, ganz panisch. Ohne ein neues Vorhaben oder einen Abgabetermin werden wir in Angst und Schrecken versetzt. Zum Glück müssen wir nur selten diesen inneren Aufruhr bewältigen, weil wir unser Leben schon so arrangiert haben, daß wir kaum verschnaufen können.

Wenn wir uns einmal Zeit nehmen, aufmerksam zu beobachten, so werden wir feststellen, daß dieses Auf und Ab im Leben aus gutem Grund geschieht. Wir brauchen jene kleinen Unterbrechungen, um einmal tief durchzuatmen. Unser Körper muß sich erholen von den dauernden Adrenalinstößen, sonst ruiniert er sich.

Sobald wir uns selbst wirklich gesünder werden lassen, erfahren und schätzen wir allmählich ganz bewußt jene »Schübe« in unserem Leben und heißen sie willkommen als Ausdruck unendlicher Weisheit.

DAS MEER wird seiner Gezeiten nie überdrüssig. Daraus kann ich etwas lernen.

Bewusstheit

Im heutigen Amerika entdecken die Menschen wieder, wie man aus dem eigenen Brunnen trinkt.

Lynn R. Laurence

Unsere Krankheit besteht auch darin, daß wir nach außen orientiert sind und jemanden suchen, der unser Leben für uns »richtet«. Manchmal glauben wir sogar, Gott oder eine Macht, die größer ist als wir, werde alles in Ordnung bringen — so daß wir uns nur zurückzulehnen brauchen und alles geschehen lassen können. Aber dem ist nicht so.

Wenn wir erkennen, daß die Kraft, die wir außerhalb unserer selbst glaubten, im Grunde *in* uns ist — dann fangen wir an, gesund zu werden. Wenn wir auf dem Weg der inneren Heilung sind, machen wir die Erfahrung, daß alle Dinge eins sind und wir die Fähigkeit besitzen, in dieser Einheit unseren Platz einzunehmen.

Im gesamtgesellschaftlichen Rahmen war jene Phase der »Fremdbestimmung«, der bloßen Orientierung an den Zielen und Idealen der anderen, sicherlich destruktiv. Der Übergang zum stärker betonten Ich, zu Narzißmus und Selbstsucht, hat ebenfalls nicht sehr viel gebracht. Erst wenn wir erkennen, daß wir eins sind mit allem, und erst wenn wir unseren Ort in diesem universalen Kontinuum akzeptieren, finden wir zu uns selbst und sind doch zugleich jenseits unserer selbst.

MEIN DURST kann nur gelöscht werden mit dem Wasser meines eigenen Brunnens und im Bewußtsein, daß dieser mir und zugleich allen gehört.

24. Juni

Mut

Das ist die Hohe Schule des Muts: die Dinge so zu sehen, wie sie sind, und dennoch daran festzuhalten, daß nicht jene siegen, die alles Schlimme vermeiden, sondern diejenigen, die in lebendiger und bewußter Weise jeden Tropfen des Guten auskosten. Victoria Lincoln

Wie treffend gesagt! Mut erweist sich nicht nur dadurch, daß man die Dinge so sieht, wie sie sind — was schon auch sehr wichtig ist —, sondern vor allem dadurch, daß man die Realität akzeptiert mit der schon fast genialen Gabe, immer mehr und immer tiefer zu erkennen und dabei all das Gute auszukosten, das einem widerfährt.

Ich erinnere mich, daß ich in höheren Studiensemestern den Spitznamen »Pollyanna« (nach Eleanor H. Porters Romanheldin) bekam, weil ich in allen, auch den unangenehmen Dingen etwas Interessantes und Aufregendes entdecken konnte. Diese zermürbenden Referate und anscheinend sadistischen Prüfungen mochte ich natürlich auch nicht immer, doch wenn ich ehrlich war, mußte ich mir jedesmal eingestehen, daß ich am Ende etwas gelernt hatte.

Wegen des Spitznamens und der subtilen Beurteilung, die damit verknüpft war, begann ich mir Fragen zu stellen. Nach einigem Nachdenken wurde mir klar, daß »Pollyanna« eine war, die das Negative verneinte und nur das Positive sah. Das aber tat ich nicht. Ich sah das Negative sehr wohl und akzeptierte es auch — und erfreute mich zugleich an allem Positiven, das sich ergab. Folglich waren diese letzten Hochschulsemester kein Problem für mich. Auch die Arbeit ist mir nie besonders schwergefallen.

EIN LÄCHELN, ein kurzes Nicken im Aufzug, ein paar Minuten Ruhe — damit kosten wir das Gute aus.

Sich wertlos fühlen

Ich tauschte mein negatives Denken einfach gegen meine Arbeitssucht aus. Auf diese Weise fahre ich damit fort, mich selbst schlecht zu behandeln. Judy

Das Gefühl, nichts wert zu sein, zeigt sich in vielerlei Gestalt — vor allem darin, daß man sich selbst übermäßig beansprucht und schlecht behandelt. Viele Frauen erkennen allmählich, daß ihre Sucht nach Selbstmißhandlung ihrem ganzen sonstigen Suchtverhalten zugrunde liegt.

Wir treiben Mißbrauch mit uns selbst, wenn wir zuviel arbeiten. Wir schaden uns, wenn wir ständig herumhetzen und keine Zeit haben für das eigene Leben. Wir vernachlässigen uns, wenn wir uns derart um andere kümmern, daß uns die eigenen Bedürfnisse gar nicht mehr bewußt sind. Und wir bringen uns langsam um, wenn wir so nach außen orientiert sind, daß uns das Gefühl für uns selbst und die eigene innere Welt abhanden kommt.

Wenn wir uns in dieser Weise verhalten, werden wir zwangsläufig auch anderen Menschen Schaden zufügen. Beide Formen von Mißhandlung sind äußerst destruktiv.

OBWOHL ich mich an diese Art von Selbstmißhandlung schon gewöhnt habe, glaube ich im Grunde doch nicht, daß sie gut für mich ist. Ich will versuchen, mich dem zu öffnen, was mir wirklich guttut.

26. Juni

Ein erfülltes Leben führen

Wenn ich von Erotik spreche, dann verstehe ich darunter jene Steigerung der weiblichen Lebenskraft, jene mächtige schöpferische Energie, die wir nun für unsere Sprache, unsere Geschichte, unseren Tanz, unsere Liebe, unsere Arbeit und für unser Leben überhaupt reklamieren: um sie in all diesen Bereichen zu erfahren und umzusetzen.

Audre Lorde

Welch wunderbare Gelegenheit bietet doch der heutige Tag, einmal zu feiern, daß wir Frauen sind! Wenn wir uns selbst feiern, heißt das nicht, daß wir die Männer schlechtmachen oder nicht mögen. Wir würdigen ganz einfach uns selbst und den einzigartigen Beitrag, den Frauen schon geleistet haben und den sie weiterhin in vielerlei Weise leisten.

Jede von uns verfügt über ganz außergewöhnliche Gaben. Niemand anders besitzt genau die Kombination von Fähigkeiten, die wir anzubieten haben. Sie gehören zu uns — nicht *obwohl*, sondern *weil* wir Frauen sind. Wenn wir diese weiblichen Gaben nicht in ihrer ganzen Fülle mit anderen teilen, ist das eine Form von Geiz. Und niemand sollte geizig sein.

JA! Ich feiere mich selbst!

Handeln

Wenn du etwas gut gemacht haben willst, dann besorg dir dafür ein paar gestandene Weibsbilder. Bette Davis

Etwas wissen wir »gestandenen Weibsbilder« wirklich: nämlich wie man anpackt und »die Sache« zu Ende bringt. Wir Frauen sind so praktisch veranlagt. Wir besitzen die unglaubliche Fähigkeit, sofort zu sehen, was gemacht werden muß, die Ärmel hochzukrempeln und an die Arbeit zu gehen. Selten fühlen wir uns zu stolz, zu zimperlich oder gar zu elitär, um das Nötige zu tun.

Manchmal sehen wir gar nicht mehr, wie wichtig diese Eigenschaft, den Alltag auf so direkte Weise zu bewältigen, eigentlich ist. Wir sehnen uns nach der erhabenen Inspiration, nach der fundamentalen Erkenntnis oder dem entscheidenden inneren Durchbruch. Und doch sollten wir dabei nicht vergessen, daß unser aller Leben immer auch ganz gewöhnliche Aufgaben bereithält, die erfüllt werden müssen.

Sobald eine Sache alltäglich und normal ist, erkennen wir oft nicht mehr, wie bedeutsam sie im Grunde doch ist. Wir müssen uns daher vor Augen halten: Was wir machen, *ist* wichtig — denn wir leisten gute Arbeit. Dies zu ignorieren, ist eine Form von Unehrlichkeit. Und wir wollen nicht unehrlich sein — oder etwa doch?

ICH BIN ein »gestandenes Weibsbild«. Zumindest Bette Davis wüßte mich zu schätzen. Vielleicht kann ich mich selbst auch schätzen.

28. Juni

Innere Ganzheit

Ist dir nicht bewußt, daß das Meer die Heimat des Wassers ist? Wenn es nicht schon dort ist, fließt es irgendwo und sehnt sich zurück und wird eines Tages gewiß den Weg nach Hause nehmen. Zora Neale Hurston

Wir alle sind dem Wasser ähnlich. Wir befinden uns auf einer Reise, um zu uns selbst zurückzukehren. Einige dieser Reisen haben uns in weite Ferne geführt, und viele von unseren Tagen gingen dahin auf sandigen Flußufern, die immer wieder an unserer Kraft zehrten. Und doch fließen wir weiter — heftig und angeschwollen im Frühling unseres Lebens und oft langsam und still wie ein Rinnsal, sobald der Herbst unserer Jahre naht. »Heimkehr, Heimkehr« murmeln wir leise, wenn wir über Steine stürzen, die uns im Weg sind, und wissen doch immer: Auch wenn wir uns durch unbekannte und merkwürdige Länder bewegen, ist die Rückkehr unser Ziel.

DAS WASSER muß zurückkehren ins Meer, genauso wie ich zu mir selbst.

Selbstbestätigung/Stärke

Erachte dich selbst als eine hell leuchtende Kraft, die möglicherweise von Gott selbst angestrahlt wird und an die er und seine Boten unaufhörlich das Wort richten.

Brenda Ueland

Sobald wir mit uns selbst mehr in Berührung kommen und uns so akzeptieren, wie wir sind, werden wir allmählich auch mit dem Gedanken vertraut, daß wir tatsächlich eine »hell leuchtende Kraft« sein könnten. Wir fangen an, unsere Stärke zu fühlen, und wissen, daß damit nicht die Macht gemeint ist, die wir über andere ausüben, sondern jene ureigenste Energie, die im Innern glüht.

Sobald wir all den Unrat unseres wahnhaften Suchtverhaltens entfernen, kommt jenes spirituelle Wesen im Innern zum Vorschein, das nicht tot war, sondern nur im Tiefschlaf lag. Wir bekommen plötzlich ein Gefühl dafür, was es heißt, in Einklang mit dem Unendlichen zu sein, und das Leben erscheint leicht und fließend. Dieses Gefühl von äußerer und innerer Einheit ist nicht illusionär, sondern höchst real. Erst wenn wir uns bewußt machen, wer wir sind, und uns darin bestätigen, gelangen wir auch in den unendlichen Raum jenseits unserer selbst.

WENN WIR uns selbst bejahen, werden wir wir selbst.

30. Juni

Innere Heilung
Erster Schritt

Die Heilung ist ein Prozeß, kein einmaliges Ereignis.
Anne Wilson Schaef

Nun, da wir erkennen, daß das übermäßige Arbeiten, die ständige Sorge um andere, das Herumhetzen und die ununterbrochene Geschäftigkeit Symptome unserer Sucht sind und genauso eine Krankheit darstellen wie die Alkohol- oder Drogenabhängigkeit, wollen wir damit sofort aufhören. Leider ist es nicht ganz so einfach. Die Sucht bzw. das zwanghafte Verhalten ist ja gerade dadurch definiert, daß wir davon nicht loskommen und dagegen machtlos sind. Wir können nicht »einfach nein sagen«. Wir können nicht einfach innehalten in unserem Tun. Diese Krankheit hat sich festgesetzt in unseren Muskelzellen und unserem Knochenmark.

Wir müssen uns klarmachen, daß die Heilung ein langwieriger Prozeß ist. Wir haben einige Zeit gebraucht, um dahin zu geraten, wo wir jetzt sind, und so wird es einige Zeit dauern, bis wir wieder gesund werden. Unsere Krankheit zeigt sich auch darin, daß immer alles sofort geschehen soll. Wir müssen Geduld haben mit uns selbst und brauchen die Unterstützung der anderen, um in unserem Heilungsprozeß Fortschritte zu erzielen.

»ICH MUSS ihn (den Heilungsprozeß) selbst bewältigen« und: »Ich muß ihn nicht alleine bewältigen« sind Äußerungen, die man in Therapiegruppen oft zu hören bekommt.

Nettigkeit

Ich war nicht nett, ich war feige. Claudia

Wir Frauen wurden dazu erzogen, nett zu sein. Wir *tun* »nette« Dinge für andere, wir *sagen* »nette« Dinge, und wir *sind* ganz einfach »nett«. Viele von uns haben die Befürchtung, sie müßten boshaft und eklig werden, sobald sie einmal aufhören, nett zu sein. Als ihnen die eigene Nettigkeit auf die Nerven ging, haben sich viele von uns in Gehässigkeit geübt.

Diejenigen unter uns, die bemüht sind, ein klareres Verhältnis zu sich selbst und zu anderen zu finden, haben festgestellt, daß diese Form von Freundlichkeit eng verbunden ist mit der eigenen Unehrlichkeit. Wollen wir also ehrlicher sein, müssen wir unsere »nette Art« bereitwillig aufgeben. Und sobald wir das wirklich tun, stellen wir fest, daß wir auch ehrlicher werden. Diese Aufrichtigkeit gegenüber uns selbst und unserem Leben ist ein wesentlicher Schritt in Richtung innerer Gesundheit. Um diesen Prozeß weiter zu fördern, müssen wir zudem noch Schluß machen mit unserem ängstlichen und feigen Verhalten und uns selbstbewußt den äußeren Anforderungen stellen.

WENN WIR SAGEN, wir seien nett, um andere Menschen zu schützen, ist es oft so, daß wir im Grunde uns selbst schützen wollen.

2. Juli

Ein erfülltes Leben führen

Ich habe eine wichtige Entdeckung gemacht. Was ich liebe, gehört zu mir. Nicht die Stühle und Tische in meinem Haus, aber die Meisterwerke der Welt. Es geht nur darum, sie stark genug zu lieben.

Elizabeth Asquith Bibesco

Unsere Besitztümer bringen uns in Konflikt mit uns selbst. Wir haben das Gefühl, wir müßten Menschen, Häuser und andere Dinge »haben«. Wir versuchen, über unser Leben willkürlich zu verfügen, und glauben, daß dies auch möglich sei.

Wir sollten statt dessen lieber vom Schmetterling lernen, der sich auf unserer Hand niederläßt. Wenn wir ihn bewundern und beobachten, wie er sich auf ganz selbstverständliche Weise entscheidet, ein bißchen zu bleiben, werden wir beglückt durch seine Anmut und Schönheit. Wenn wir ihn festhalten wollen, töten wir ihn. Gerade indem wir nicht versuchen, ihn zu besitzen, wird uns alles zuteil.

Stellen Sie sich vor, was damit gemeint sein könnte, daß »uns sämtliche Schätze der Welt zur Verfügung stehen«. Wir besitzen sie eben nicht, sondern wissen sie zu würdigen und erfreuen uns an ihnen … um mit ihnen zu leben.

BIN ICH FÄHIG, so sehr zu lieben, daß ich auch das schätzen kann, was ich nicht besitze? Hoffentlich.

Humor

Du alte schwarze Haut kommst mir so vor, als wärst du mit deinen großen Brüsten, die auf jeder Seite rumflappen wie Bussardflügel, nichts als ein verschrumpeltes Paket aus Gummi. Zora Neale Hurston

Ich mag die Texte von Zora Neale Hurston sehr. Sie hat die Gabe, die Dinge genau auf den Punkt zu bringen, und zwar mit Humor und klarem Verstand. Wie oft haben wir nicht schon ganz ähnlich gedacht und uns die Freude an einem komischen Einfall oder einem lustigen Witz verwehrt? Wir machen aus dem Leben eine so *ernste* Angelegenheit und nehmen alles so furchtbar *wichtig,* daß wir nicht wagen, einmal richtig zu lachen; es könnte kränkend sein. *Wir* könnten jemanden kränken.

Um dies zu vermeiden, werden wir zu humorlosen Menschen und tun alles mögliche, um unser Leben ganz trocken zu gestalten. Wie langweilig.

ICH DENKE, es könnte nützlich sein, sich daran zu erinnern, daß unser Humor eine Welt lebendig macht, die durch unsere Gleichgültigkeit ganz grau geworden ist.

4. Juli

Selbstachtung

Die Leute nennen mich eine Feministin, sobald ich einmal Gefühle zum Ausdruck bringe, die mich von einem Fußabtreter oder einer Prostituierten unterscheiden.

Rebecca West

Wenn eine Frau glaubt, sie sei gleichberechtigt, wird sie als anmaßend betrachtet. Wenn wir für unser Wissen und unsere Überzeugungen eintreten, bezeichnet man uns als aggressiv und unweiblich. Wenn wir erklären: Frauen sind wunderbar und wir sind stolz darauf, eine Frau zu sein, bekommen wir gesagt, wir seien männerfeindlich.

Wenn wir unsere Wahrnehmungen und Auffassungen zum Ausdruck bringen, müssen wir hören, wir verstünden die Wirklichkeit nicht. Wenn wir unsere Wertvorstellungen entwickeln, gibt man uns zu verstehen, wir seien verrückt und würden einfach nicht begreifen, wie die Dinge in der Welt funktionieren.

Ist es da verwunderlich, daß wir manchmal Probleme haben mit unserer Selbstachtung?

DIE ANGRIFFE von außen werden auf ganz unterschiedliche Weise vorgetragen. Meiner Selbstachtung wird ständig zugesetzt; und doch gehört sie zu mir, wenn ich sie in ihrem Kern fassen kann.

ISOLATION

... und sie tauschte alle ihre Träume ein gegen die totale Abgeschiedenheit und Sicherheit ihrer Einfriedung.
Norma Jean Harris (Sheila Ballantyne)

Nur selten erkennen wir rechtzeitig, daß wir dabei sind, Mauern um uns zu errichten; wir merken es erst, wenn sie vollständig aufgebaut sind. Ihre trügerische Erscheinung führt uns in die Irre: Sie versprechen uns Sicherheit, Prestige, Macht, Einfluß, Geld und Anerkennung. Erst wenn sie dann in ihrer ganzen Ausdehnung erkennbar werden, sehen wir ein, daß wir uns völlig isoliert haben.

Wann hat dies alles begonnen? Wir warfen doch nur einen kurzen Blick auf unsere Arbeit und unser Leben, nur um dann, als wir wieder aufsahen, feststellen zu müssen, daß die Illusionen, die wir bezüglich unserer Sicherheit hegten, zu einer Art goldenem Käfig geworden waren. In solchen Gefängnissen kann man den eigenen Fantasiegebilden nachhängen, aber sie bieten kaum Platz für Träume, die einmal wahr werden sollen.

Wir haben unsere Prioritäten falsch beurteilt. Wir wollen gar nicht den Erfolg um jeden Preis, wenn er uns dann nur isoliert. Irgendwie dachten wir, »alles auf einmal haben zu können«, aber nun hat alles *uns* auf einmal fest im Griff.

ICH SELBST habe mich in diesen isolierten Zustand hineinmanövriert, und so kann nur ich selbst mich an andere wenden, um Hilfe zu erbitten.

6. Juli

Versöhnlichkeit/Wiedergutmachung

Ihre Arme und Brüste waren durchtränkt vom schönen Schmerz des Sich-selbst-Verzeihens. Meridel Le Sueur

Wenn ich mir selbst verzeihe und auch den Schmerz dabei empfinde, heißt das nichts anderes, als daß ich mich selbst akzeptiere. Jeder von uns ist auf versöhnliche Gesten angewiesen. Im Verlaufe unserer Krankheit haben wir den Menschen Verletzungen zugefügt, die uns am nächsten stehen. Dies ist einer der quälendsten Aspekte von Suchtkrankheiten: Wir bereiten denen Schmerz, die wir am meisten lieben. Und dadurch tun wir uns selbst sehr weh. Wenn wir also darangehen, den Schaden bei anderen wiedergutzumachen, so müssen wir damit zuallererst bei uns selbst anfangen und uns die Fehler verzeihen, die wir begangen haben. Erst dann sind wir wirklich bereit, bei anderen Wiedergutmachung zu leisten.

Der versöhnlichen Haltung uns selbst gegenüber haftet in der Tat etwas sehr Schönes an. Wir können dabei ganz einfach sein, direkt — und müssen gar nicht groß darauf aufmerksam machen.

ICH BRAUCHE eine versöhnliche Haltung. Ich brauche die versöhnliche Haltung mir selbst gegenüber.

Freunde

Vom ersten Augenblick an, da ich das kleine Mädchen traf, bis zu ihrem kürzlichen Tod — also etwas mehr als siebzig Jahr lang — waren wir beider Freundinnen.

Mary E. Ackley

»Wir beide waren Freundinnen« — welch einfache und doch überwältigende Erklärung. Wie viele unter uns können von sich wirklich behaupten, »eine Freundin« zu sein?

Eine der niederschmetternden Tatsachen eines Lebens voller Hetze und übermäßiger Arbeit ist die: Wir haben zunehmend weniger Zeit für Freundschaften.

Mit befreundeten Menschen muß man sich verabreden. Mit ihnen auszugehen, empfinden wir als Luxus oder gar als Last. Oder aber wir setzen einfach voraus, daß die Freundschaft besteht, und tun nie mehr etwas, um sie zu pflegen. Wir behandeln unsere Freunde genauso wie uns selbst — und das ist nicht sehr nett.

ES IST NICHT MÖGLICH, ohne unsere Freundinnen und Freunde ein reiches, erfülltes Leben zu führen. Ich selbst muß eine gute Freundin sein, um eine freundschaftliche Beziehung haben zu können.

8. Juli

Inneres Wachstum

Meine Lieblingsbeschäftigung besteht darin, dorthin zu gehen, wo ich noch nie war. Diane Arbus

Dorthin zu gehen, wo wir noch nie waren, ist immer aufregend — egal ob es dabei nun um äußere oder innere Orte geht. Diese positive Spannung ist möglicherweise von Beklommenheit und Angst begleitet. Und doch habe ich immer wieder festgestellt, daß wir irgendwo tief im Innern aufgewühlt sind, wenn sich die Gelegenheit ergibt, Neuland zu erforschen.

Nicht nur die Männer sind Entdecker. Wir Frauen sind es auch. Unsere Erkundungen mögen andersgeartet sein: Wir probieren einfach furchtbar gerne ein neues Rezept aus; wir finden großen Gefallen daran, eine neue Idee oder gar Weltanschauung auf ihren Wirklichkeitsgehalt zu überprüfen; wir besuchen sehr gerne fremde Orte, um von anderen Kulturen zu lernen. Wir besitzen das ganz besondere Geschick, in verborgene und unbekannte Bereiche vorzustoßen: bei uns und bei anderen. Trotz all unserer Ängste sind wir auf der Suche nach der tiefen Wahrheit im Innern.

ICH BEVORZUGE auf meinen Reisen eine Landkarte — aber ich bin nötigenfalls auch bereit, meinen Weg ohne sie zu machen.

Begeisterung

Man braucht etwas, an das man glauben, etwas, wofür man sich mit ganzem Herzen begeistern kann. Man muß das Gefühl haben, daß das eigene Leben einen Sinn hat, daß man gebraucht wird in dieser Welt.

Hannah Senesh

Vor einigen Jahren traf ich für mein Leben eine drastische Entscheidung. Ich entschloß mich, nur noch solche Arbeiten auszuführen, für die ich mich begeistern konnte. Damals war ich als Psychotherapeutin tätig, hielt Vorträge und leitete Workshops. Anfangs flößte mir diese Entscheidung Angst ein, denn ich war eine alleinerziehende Mutter und hatte viele finanzielle Verpflichtungen.

Ich entschloß mich, keine Patienten anzunehmen, für deren Lebensgeschichte ich nicht irgendeine Form von Enthusiasmus empfand. Nie übernahm ich einen Vortrag oder Workshop des Geldes wegen oder aus Prestigegründen oder um mir selbst genugzutun. Ich tat nur das, was für mich *richtig* zu sein schien. Ich beschäftigte mich nur mit solchen Dingen, bei denen ich instinktiv das Gefühl hatte, daß sie mit dem Sinn und Zweck meines Lebens in Beziehung standen.

Ich hatte die Befürchtung, als menschliches Wrack zu enden, als Stadtstreicherin, und am Hungertuch zu nagen — dennoch besaß ich nach dieser Entscheidung mehr Geld als je zuvor. Und noch immer lebe ich mein Leben aufgrund der damals getroffenen Wahl.

ICH WOLLTE damit nicht sagen, daß das bei jedem so funktioniert; bei mir jedenfalls hat es geklappt.

10. Juli

Erschöpfung

Du kamst daher wie eine ehrfurchtgebietende Armee, um den Menschen ein neues Leben zu bringen. Du hast ihnen ihr Leben, von dem du nicht das geringste wußtest, aus dem Leib gerissen — und sagtest ihnen, wie es aussehen müßte. Du nahmst ihre ganze Zeit in Anspruch, zerrtest an ihren Nerven und ergriffst Besitz von ihren Gedanken bis in den hintersten Winkel ihrer Seele — und sagtest ihnen, was sie zu tun hätten. Du kamst und untersagtest den Lebenden das Leben. Ayn Rand

Es hat den Anschein, als ob Ayn Rand hier über jenes suchterzeugende, reaktionär-männliche System spräche, in welchem wir leben — jenes System also, das den Frauen von Natur aus fremd ist, dessen Gesetze und Abläufe wir aber — wie wir glauben — lernen müssen, um partizipieren und damit überleben zu können. Aber dies ist nicht die Realität — sondern ein System, und als solches besitzt es nicht mehr Wahrheit als jedes x-beliebige andere. Leider jedoch wurde uns beigebracht, es *sei* die Realität, obwohl wir irgendwo wissen, daß das nicht stimmt. Und leider lebt dieses System gerade von jenen Suchtkrankheiten, die es erzeugt und benötigt, damit wir es überhaupt tolerieren können.

Glücklicherweise verfügen wir jedoch über andere Alternativen.

ICH HABE DIE VERSUCHE SATT, eine andere sein zu wollen als die, die ich bin.

ZIELE

> *Es ist gut, ein Ziel zu haben, auf das man sich zubewegt; aber schließlich und endlich ist es die Reise selbst, auf die es ankommt.* Ursula K. Le Guin

Wenn wir uns ins Bewußtsein zurückrufen, daß das Leben ein Prozeß ist, fällt es uns leichter, die eigenen Ziele in die richtige Perspektive zu rücken. Der Zweck dieser Zielsetzung besteht darin, daß wir uns fürs erste ein Grundmuster vorgeben, innerhalb dessen wir operieren können. Wenn wir dann aber glauben, diese Struktur sei völlig statisch und existiere unabhängig von uns selbst, verlieren wir den Kontakt zum Geschehen selbst, das uns dem Ziel näherbringen soll. Eben deshalb fühlen wir uns oft so deprimiert und enttäuscht, wenn wir es dann wirklich erreichen. Wir haben uns jene Freude versagt, die Reise selbst zu genießen — und wenn wir dann ankommen, wissen wir gar nicht, was wir in der Zwischenzeit eigentlich gemacht haben.

Wenn wir die Gegenwart bewußt wahrnehmen, können wir die Reise erleben und auf das, was unterwegs passiert, entsprechend reagieren. Wenn wir in dieser Weise vorgehen, erkennen wir, daß alle Ziele nur vorläufige Vorstellungen sind, die sich ändern, sobald wir ihnen näherkommen.

JEDER TAG ist eine Reise. Jeder Tag ist ein Prozeß.

12. Juli

SCHULDGEFÜHLE/ZEIT DES ALLEINSEINS

Ich wollte alleine hier herauf fahren, und mehrere Leute fragten mich, ob sie mich dabei begleiten könnten. Ich kann Ihnen gar nicht sagen, wie schwierig es war, ganz allein zu kommen. Mary

Oft fühlen wir uns schuldig, wenn wir etwas für uns alleine machen. Wir haben den Wunsch der anderen, ihre Gefühle wahrzunehmen und zu berücksichtigen, sie zu umsorgen und unsere eigene Person hintanzustellen, bereits soweit akzeptiert, daß wir uns oft schon unbehaglich fühlen, wenn wir überhaupt Bedürfnisse haben. Wie egoistisch erscheint unser Verhalten, wenn wir einem anderen den dringenden Wunsch abschlagen, ihn doch mitzunehmen, wo wir sowieso die Strecke fahren. Natürlich könnten wir ein bißchen entgegenkommend sein und die Mühe auf uns nehmen. Und selbst wenn wir der Bitte nicht nachkommen und also Zeit zum Alleinsein haben, werden wir dann von Schuldgefühlen derart übermannt, daß wir diese Zeit sowieso nicht genießen können? Was für eine ausweglose Situation!

Vielleicht können wir die Zeit, die wir für uns allein haben, einmal dazu nutzen, unsere Neigung zu Schuldgefühlen näher zu untersuchen und daraus zu lernen. Selbst dafür, den Schuldgefühlen auf den Grund zu gehen, brauchen wir eine ruhige und stille Zeit. Es könnte sein, daß wir diese Erforschung unserer selbst dringend nötig haben.

WENN ICH eine Bitte abschlage, um Zeit für mich zu haben, heißt das nicht, daß ich mich von diesem Menschen abwende, sondern daß ich *in mich gehe.*

Das eigene Leben in die Hand nehmen

Ich werde mir nicht selbst Beschränkungen auferlegen, nur weil einige Leute nicht akzeptieren können, daß ich fähig bin, auch etwas anderes zu machen.

Dolly Parton

Es ist ein großer Unterschied, ob wir versuchen, unser Leben zu kontrollieren, oder ob wir es in die Hand nehmen. Wenn wir uns für das erstere entscheiden, sind wir schon gescheitert, bevor wir überhaupt anfangen, und genauso endlosen wie unnötigen Leiden ausgesetzt.

Wenn wir den anderen Weg wählen, bekennen wir uns zum eigenen Leben, übernehmen *Verantwortung* dafür — was auch heißt, daß wir fähig sind, auf seine Erfordernisse bewußt zu *antworten* — und lassen dann wieder los. Wenn wir unser Leben in die Hand nehmen, setzen wir unsere fruchtlosen Bemühungen nicht damit fort, daß wir Eindruck »schinden« und so sein wollen, wie die anderen uns gerne hätten. Das bedeutet auch, daß wir ihre Einschätzung hinsichtlich unserer Fähigkeiten nicht akzeptieren und hier einfach einen Schlußstrich ziehen.

SOBALD ICH meine Kontrollbedürfnisse loslasse, bin ich mehr in der Lage, die Dinge in die Hand zu nehmen und jene Informationen zu empfangen, die von meiner höheren Macht kommen.

14. Juli

Aufgerieben werden

> *Bei der Arbeit denkst du an die Kinder, die du zu Hause zurückgelassen hast. Zu Hause denkst du an die Arbeit, die unerledigt liegengeblieben ist. Dieser Kampf tobt so in deinem Innern, daß es dir das Herz zerreißt.*
>
> Golda Meir

Daß sie aufgerieben werden, scheint für Frauen, die einen Haushalt führen und daneben einem Beruf nachgehen, eine feststehende Tatsache zu sein. Viele von uns haben versucht, eine »Superfrau« zu sein, und es auch beinahe geschafft. Aber selbst wenn es so aussieht, als würden wir es »hinkriegen« und in beiden Bereichen erfolgreich sein, ist uns bewußt, daß wir uns innerlich zerrissen und schuldig fühlen gegenüber der Familie. Häufig hat dies zur Folge, daß wir unsere Frustrationen an unseren Kindern auslassen, wodurch wir dann noch mehr Schuldgefühle bekommen. Wir fühlen uns wie die Saite einer Violine, die immer weiter gespannt wird und zu reißen droht.

Vielleicht ist es an der Zeit, daß wir uns mit den Menschen unserer Familie einmal an den Tisch setzen und ihnen sagen, in welchem Gefühlszustand wir sind. Wahrscheinlich ist es ihnen ein Bedürfnis, zu hören, daß wir wirklich bei ihnen sein *wollen* — aber daß wir nicht wissen, wie wir unser Leben ins Lot bringen. Vielleicht sind sie sogar erleichtert, wenn sie erfahren, daß unser Leben uns zu überfordern scheint (was außer uns bereits jeder erkannt hat!).

RIGOROSE EHRLICHKEIT hilft bei so vielen Dingen. Vielleicht sollte ich sie mir wirklich nicht nur aufsparen für besondere Gelegenheiten.

Kreativität
Elfter Schritt

Wenigstens waren zwei grundlegende Voraussetzungen erfüllt: Ruhe und eine gewisse Zeitlang keine Störungen von außen, so daß der Geist bei sich verweilen und seinen unterschiedlichen Bildern nachgehen konnte, jedem Ereignis, jeder Katastrophe oder Vorstellung, wie sie gerade auftauchten.

Norma Jean Harris (Sheila Ballantyne)

Das klingt so einfach: nur zwei grundlegende Voraussetzungen, damit die Kreativität zum Ausdruck kommen kann.

Ruhe — dieses Wort kommt uns vertraut vor. Wir können uns dunkel an Zeiten der Ruhe erinnern. Oder traten sie nur ein, wenn wir schliefen?

Und eine gewisse Zeit, die durch nichts anderes unterbrochen wird ... die wir nur für uns selbst haben — kein Tagesplan, kein enger Termin, keine anderen Menschen, die in unser Leben eingreifen wollen.

Wir sehnen uns nach einer ruhigen, ungestörten Zeit. Für unsere innere Heilung sind beide Gegebenheiten erforderlich. Und auch die Verbindung zu unserer höheren Macht ist nicht möglich ohne innere und äußere Stille.

KEIN ANDERER wird Vorkehrungen dafür treffen, daß ich eine ruhige Zeit verleben kann. Dafür muß ich schon selbst sorgen.

16. Juli

GLEICHGEWICHT

Schöpferische Geister waren schon immer dafür bekannt, daß sie jede Form von schlechter Erziehung gut überstehen.
Anna Freud

Auch wenn ihr Vater der Überzeugung war, daß unser Leben bereits innerhalb der ersten fünf Jahre determiniert wird, scheint Anna Freud über ihn hinausgegangen zu sein. Obwohl wir durch unsere Vergangenheit und unsere Erziehung stark beeinflußt und oft auch in Mitleidenschaft gezogen werden, trägt jeder in sich die Möglichkeit, diese Erfahrungen hinter sich zu lassen — und sie gleichsam zu transzendieren.

Wenn wir angestrengt versuchen, *nicht so* zu sein wie unsere Eltern, tappen wir leider in dieselbe Falle, wie wenn wir glauben, *genauso* sein zu müssen wie sie. So oder so werden wir von unserer Vergangenheit auf ein bestimmtes Verhalten festgelegt und von jenen Reaktionen beherrscht, die sich daraus ergeben. Einige von uns verbringen ihr ganzes Leben damit, unentschlossen von der einen ausweglosen Position in die andere überzuwechseln.

Wir haben gewiß eine andere Alternative. Sie besteht darin, daß wir unsere Vergangenheit akzeptieren und anerkennen und so sind, wie wir wirklich sind.

DIE DRITTE MÖGLICHKEIT besagt: Ich soll ich selbst sein. Darin liegt meine ganze schöpferische Kraft.

Kontrollverhalten

Da in unserem täglichen Leben allein der Wandel sicher ist und das Tempo dieses Wandels immer höher wird, als ginge es hier um eine Art »technologisches Bockspringen«, glauben die Menschen, daß sie durch ihre eigene Schnelligkeit und Eile damit Schritt halten können.

Gail Sheehy

Die Illusion, wir könnten über alles in unserem Leben bestimmen, schwindet nur sehr langsam. Je wechselhafter und unsicherer unser Leben ist, desto häufiger erliegen wir erneut jener Täuschung, die uns am liebsten ist: daß wir alles kontrollieren können, wenn wir nur alles in die Hand nehmen. Wir haben vergessen, daß es einen großen Unterschied macht, ob wir Kontrolle ausüben oder ob wir alles tun, um eine qualitativ gute Arbeit zu ermöglichen.

Robert Blake und Jane Mouton, beide von Beruf Unternehmensberater, haben das Konzept der sogenannten »Rückzugs-Strategie bei Managern« entwickelt. Ganz unabhängig davon, wieviel Managererfahrung die Betreffenden haben, wie intelligent sie sind oder welche Erziehung sie genossen haben — wenn sie unter Druck stehen, verlegen sie sich auf »Rückzieher«, und das sieht dann oft so aus, daß sie versuchen, die jeweilige Situation zu *kontrollieren.* Leider funktioniert dieses Kontrollverhalten jedoch niemals. Es ist noch nicht einmal irgendwie erträglich. Auch deshalb kommen wir uns oft als so große Versagerinnen vor.

EINE BESTIMMTE SITUATION der höheren Macht anzuvertrauen fällt mir nicht leicht, wenn ich unter Streß bin — obwohl ich es wahrscheinlich genau dann am dringendsten tun müßte.

MACHTLOSIGKEIT

Ich habe herausgefunden, daß ich meine Arbeitszeit auf fünfzehn Stunden die Woche reduzieren kann — und trotzdem bringe ich diese wie eine Arbeitssüchtige zu.
Michelle

Jene unter uns, die süchtig sind nach Arbeit, Hetze und Geschäftigkeit, können im Grunde nicht zugeben, daß sie ihrer Krankheit gegenüber machtlos sind. Nach und nach wird uns schmerzlich bewußt, daß wir einfach *nicht aufhören können*, selbst wenn wir es wollten. Sobald wir einmal nicht mit etwas beschäftigt sind, fühlen wir uns genauso unruhig wie wertlos. Wir haben unser Leben so angeordnet, daß die Arbeit im Mittelpunkt steht, und so gibt es für uns kein Innehalten. Aber zunehmend wird uns klar, daß unser geschäftiges Tun mit unserem eigentlichen Leben in Konflikt gerät. Es ist so weit gekommen, daß wir unser Leben nicht mehr bewältigen können. Wir haben einfach zu viel zu tun.

Uns fällt es deshalb so schwer, die eigene Ohnmacht einzugestehen, weil wir mehr zu leisten vermögen als andere und stolz darauf sind, die Dinge unter Kontrolle zu haben. Sobald uns jedoch bewußt wird, daß das eigene Kontrollverhalten außer Kontrolle geraten ist, sind wir vielleicht bereit, einen Weg zu beschreiten, durch den unser Leben geheilt wird.

ERST WENN ICH zugebe, gegenüber meinem ständigen Arbeiten und Herumhetzen machtlos zu sein, kann ich allmählich gesund werden.

Zeit des Alleinseins
Verantwortlich sein

Unter fünf ordentlichen und mit ihrem Leben gut zurechtkommenden Amerikanerinnen sind durchschnittlich immer zwei, die nie die Möglichkeit hatten, sich selbst zu entdecken. Vielleicht vor allem deshalb, weil sie nie mit sich allein waren. Marya Mannes

»Superfrauen« hört man immer wieder sagen: »Ich weiß, daß es wichtig ist, Zeit für sich selbst zu haben. Nur: ich habe diese Zeit leider nicht. Ich habe einfach zu viele Verpflichtungen.«

Immer wieder fragt man sich, warum Frauen, die doch anscheinend so stark sind und ihr Leben im Griff haben, derart hilflos werden, wenn sie festlegen sollen, wie sie mit ihrer Zeit umgehen. Unsere Hilflosigkeit scheint von der jeweiligen Situation abzuhängen; oft tritt sie erst dann zutage, wenn unsere innersten Bedürfnisse zu kurz kommen.

Uns gelingt vieles — aber am wenigsten gelingt es uns, Sorge zu tragen für uns selbst. Wir sind angewiesen darauf, daß man uns beibringt, wie man sich selbst hilft.

DIE ENTSCHEIDUNGEN in bezug darauf, wie ich mit meiner Zeit verfahre, sind *von mir* getroffen worden (selbst wenn es nicht so aussieht!).

20. Juli

Intimität/Entschuldigungen
Erster Schritt

Weil er sich absolut auf seine Arbeit konzentrieren mußte, hatte George Sarton einen extremen Widerstand entwickelt gegen alles, was sich als störend erweisen könnte — wie etwa die Gesundheit meiner Mutter bzw. ihre Leiden.
May Sarton

Wie leicht passiert es doch, daß wir durch unsere Arbeit äußerst selbstsüchtig werden und nicht einmal mehr die Bedürfnisse jener Menschen sehen, die uns am nächsten sind! Oft benutzen wir die Arbeit als Entschuldigung, um den intimen Umgang mit uns selbst und anderen zu vermeiden. Egal, um was es sich dabei handelt: Wenn das Ganze die Bezeichnung »Arbeit« verdient, ist es auch gutzuheißen und in jeder Weise zu entschuldigen.

Im Namen unserer Arbeit verlangen wir den Menschen, die wir lieben, oft große Opfer ab und werden dabei ganz gefühllos und gleichgültig gegen sie. Allein die Arbeit zählt. Frauen, die süchtig sind nach ihrer Hausarbeit, verhalten sich hier genauso dämonisch wie jene, die ihren Geschäften hinterherjagen. In beiden Fällen spricht einiges dafür, daß sie vor wahrer Intimität fliehen.

Der innere Heilungsprozeß gibt uns die Möglichkeit, uns selbst und anderen nah zu sein. Um jedoch die Freuden der Heilung erfahren zu können, müssen wir uns zuerst eingestehen, was wir da eigentlich tagtäglich tun.

INTIMER UMGANG mit anderen ist so, als würde unsere von der Arbeit ausgetrocknete Seele ein Glas frisches Wasser trinken. Schon ein kleiner Schluck kann Wüstenblumen hervortreiben.

Bewusstsein für den Lebensprozess/Angst

Einige Menschen sind derart erschrocken, wenn sie sich zum Schreiben hinsetzen und nichts kommt, keine besonders gute Idee, daß sie eine Menge starken Kaffee zu sich nehmen, schachtelweise Zigaretten rauchen, zu Drogen greifen oder viel Alkohol trinken, um sich voranzutreiben. Sie wissen nicht, daß Ideen erst allmählich kommen und daß dies um so langsamer geschieht, je klarer, ruhiger und nüchterner man innerlich ist. Aber um so besser sind dann auch die Ideen. Brenda Ueland

Unsere Sucht nach übermäßiger Arbeit hat unter anderem den Nebeneffekt, daß wir anfangen, Alkohol, Rauschgift und andere suchterzeugende Drogen zu nehmen, um »auf Touren« zu bleiben. Dadurch wird dann unsere Arbeitssucht mit einer ganzen Reihe anderer Süchte kombiniert und vermischt.

Ein weiterer Nebeneffekt unseres zwanghaften Tuns zeigt sich darin, daß wir immer mehr die Verbindung zu unserer Kreativität, unserer genauso natürlichen wie machtvollen Schöpferkraft, verlieren.

Brenda Ueland hat den Akzent auf das Schreiben und die dafür notwendigen Voraussetzungen gelegt, um uns zu uns selbst zurückzurufen. Aber was sie sagt, trifft nicht nur für Schriftsteller zu, sondern für uns alle. Kreativität und Produktivität werden in Mitleidenschaft gezogen, wenn wir suchterzeugende Substanzen benutzen, um sie herbeizuzwingen.

ICH MUSS GAR NICHT aktiv etwas *tun,* damit meine schöpferische Kraft zum Vorschein kommt. Viel eher muß ich wohl *aufhören,* bestimmte Dinge zu tun.

22. Juli

ERFOLG

Das Leben ist eine Abfolge von Augenblicken. Jeden bewußt zu erleben ist ein Erfolg. Corita Kent

Vielleicht besteht unser Problem nicht in der Vorstellung, die wir uns vom Erfolg machen, sondern in der Art und Weise, wie wir Erfolg *definieren.* Wenn wir dabei eine große Summe Geld im Auge haben, den beruflichen Aufstieg bis an die Spitze des Unternehmens, zwei teure Autos in der Garage und ein Haus vom Designer — dann kann der Erfolg eine ernste Gefahr für unsere Gesundheit darstellen.

Wenn wir hingegen Erfolg definieren als die Fähigkeit, jeden Augenblick in seinem ganzen Reichtum zu erleben und auszukosten, dann besitzen wir vielleicht auch Geld, Prestige und andere Dinge — aber diese Art von Erfolg wird sich wohl *nicht* verheerend auf unsere Gesundheit auswirken. Der Unterschied liegt in der Einstellung begründet sowie in der Überzeugung, die sich dahinter verbirgt.

In Wahrheit ist es oft leichter, die Statussymbole anzuhäufen, die man gemeinhin mit Erfolg verknüpft, als ein tatsächlich erfolgreiches Leben zu führen. Denn dieses verlangt unsere Präsenz: unsere Wachheit und Aufnahmefähigkeit in jedem Augenblick.

»ERFOLG« zu definieren ist verwirrend. Ist darunter das zu verstehen, was ich besitze, oder das, was von mir Besitz ergreift? Wahrscheinlich weder noch.

Bejahende Haltung/Selbstvertrauen

Ein überraschendes Ergebnis war, daß diese Frauen — obwohl ihr durchschnittlicher Intelligenzquotient bei 143 lag — kein Vertrauen in ihre Fähigkeiten hatten und die Auffassung vertraten, ihr intellektuelles Selbst sei ohne Bedeutung bzw. überhaupt nicht entwickelt.

Carol Tomlinson-Keasey

Man hat gesagt, die weibliche Emanzipationsbewegung sei die einzige revolutionäre Bewegung, bei welcher der feindliche Vorposten im eigenen Kopf (also in unserem) Stellung bezogen habe. (Im Grunde brauchen wir freilich gar nicht in Kategorien wie »Freund« und »Feind« zu denken.) Gerne stellen wir uns vor, daß Frauen ihre negative »Programmierung« überwunden haben und daß wir uns nun wirklich wohl fühlen mit uns selbst. Doch dann lesen wir eine Studie wie die von Carol Tomlinson-Keasey und empfinden eine tiefe Traurigkeit für jene Gruppe intelligenter Frauen, die weder an sich selbst noch an ihre Fähigkeiten glauben.

Uns ist bewußt, daß diese Frauen, die an sich selbst und ihrem Intellekt zweifeln, im Grunde genommen gar nicht so verschieden sind von uns selbst.

Wir mögen eine freundliche Miene aufsetzen und uns nichts anmerken lassen — und doch wissen wir, daß in uns immer noch jene quälenden Ängste verborgen sind, die uns zu verstehen geben: Du bist einfach nicht gut genug.

ICH BIN TRAURIG, wenn Frauen sich selbst nicht schätzen. Ich bin auch traurig, wenn ich mich nicht schätze. Und ich werde zulassen, daß ich diese Traurigkeit auch wirklich empfinde.

24. Juli

BEJAHENDE HALTUNG/DEMUT

Aber wenn du dich aufmachst und das Meer selbst fragst, was gibt es dann zur Antwort? Murmel, murmel, zisch, zisch. Es ist zu sehr damit beschäftigt, Meer zu sein, um irgend etwas über sich mitzuteilen. Ursula K. Le Guin

Für jeden, der je am Strand saß und die unauslöschbare Gewalt und Sanftheit des Meeres erfuhr, steht es ganz außer Frage, daß das Meer genau weiß: Es ist nichts anderes als es selbst — das Meer. Die Natur besitzt diese unglaubliche Fähigkeit, genau so zu sein, wie sie ist — ohne sich auch nur im geringsten zu verstellen … Und sie muß noch nicht einmal innehalten, um über diese Tatsache nachzudenken.

Wenn wir einmal unsere Tätigkeit unterbrechen und darüber nachdenken, wer wir sind, sind wir schon nicht mehr die, die wir sind. Wenn wir versuchen, wie jemand zu sein, der wir unserer Meinung nach sein sollten, sind wir nicht die, die wir sind. Wenn wir versuchen, so zu sein, wie es uns jemand vorschreibt, wie uns jemand haben möchte, sind wir nicht wir selbst. Um *ich selbst* zu sein, muß ich *sein.*

DIE NATUR erteilt uns große Lektionen in Demut. Um von ihr zu lernen, muß ich mich in ihr aufhalten.

Staunen

Ich nehme ein Sonnenbad und lausche den Stunden, spreche leise Wörter vor mich hin und zerfließe unter den Pinien, im harzigen Geruch der so nachhaltigen Mittagsstunden. Die Welt verliert sich in einem blauen Dunst am Horizont, und der Augenblick schläft in einer leichten, klar umgrenzten Sonne. Zelda Fitzgerald

Ich lese diese Passage und bin von Staunen erfüllt — Staunen über die schönen Wörter und Formulierungen. Ich lese sie erneut und erinnere mich jenes genauso wunderbaren wie spontanen Sonnenbads in einem Waldstück, das voller Lichtsprenkel war und wo die Sonne den starken Geruch von Moschus und Pinie, der meinen Körper durchdrang, auf der Haut weiter verstärkte ... Ich weiß noch, wie ich den Stunden lauschte, die um mich herum wie kleine Kugeln zerbarsten und dann allmählich sanft in ein Murmeln übergingen — als mein Körper sich entspannte, sich der Erde hingab, und eins wurde mit mir selbst. Die Welt schien in weiter Ferne zu sein — und es gab keinen Grund, sie weiter zu mir herzuholen.

DAS STAUNEN ist ein Geschenk des Lebens. Das Leben ist ein Geschenk des Staunens.

26. Juli

VERTRAUEN

Die Natur hat uns hervorgebracht mit dem Vermögen, Gott zu erkennen, zu erfahren. Alice Walker

Oft denken wir, wir müßten daran arbeiten, Gott zu erkennen, und bräuchten Experten, die uns beibringen, wie wir unsere höhere Macht geistig erfassen.

Welch eine wunderbare Überraschung ist es doch, wenn wir plötzlich herausfinden, daß das Vermögen, Gott zu erkennen und mit ihm verbunden zu sein, uns bereits innewohnt; wenn uns klar wird, daß wir, anstatt diese Beziehung mühsam aufzubauen, nur zugeben müssen, daß sie bereits hergestellt ist. Wir mögen uns ihrer nicht mehr bewußt sein — und doch ist diese Verbindung nie abgerissen. Es ist immer nur unser Bewußtsein, das ihr gegenüber nachläßt und unscharf wird.

ALLES, was ich brauche, um meine höhere Macht zu erfahren und zu erkennen, trage ich in mir. Alles, was ich tun muß, ist: mir selbst nicht mehr im Wege stehen.

Perfektionismus/Einsamkeit

»Sie gehört diesem Typ (amerikanischer Frauen) an, dem ich häufig begegne … Sie besucht Vorlesungen. Danach empfängt sie zu Hause Gäste … unglaublich, diese Energie«, fuhr er fort. »Sie sind absolut in der Lage, drei oder vier Kinder zu haben, einen Haushalt zu führen, sie kennen sich in den neuesten Kunst- und Literatur- und Musikströmungen aus — oberflächlich, versteht sich, aber mein Gott, es macht doch etwas her — und kümmern sich obendrein noch um ihren Job. Einige von ihnen verbrauchen zudem zwei, drei Ehemänner, einfach um zu vermeiden, daß das Leben stagniert.«

Dodie Smith

Es tut weh, sich selbst so genau beschrieben zu sehen. Wir haben gelernt, mit allem gut zurechtzukommen. Wir haben gelernt, alles hundertfünfzigprozentig zu machen. Was ist schon dabei, wenn wir uns mit keiner Sache richtig beschäftigen? Wie könnten wir das überhaupt? Wir haben einfach nicht die Zeit dafür.

Unsere größte Angst besteht darin, wir könnten nicht genug wissen oder als Mensch nicht genügen. Wir haben das Gefühl, unzulänglich zu sein, wenn wir nicht über fast jedes Thema etwas Kluges von uns geben oder nicht alles mögliche bewältigen können. Wir hätten gerne mehr intime Beziehungen, aber wir haben einfach keine Zeit — denn wir sind ja perfekte Frauen.

WIR SIND vollkommen — aber dieser Zustand ist uns selbst und anderen doch langweilig.

28. Juli

Realität/Verdrängung

Wir stopfen unseren Kopf mit Wörtern voll! Sie hypnotisieren und manipulieren uns und verfälschen die Wahrheit, selbst wenn wir diese direkt vor Augen haben. Und so habe ich gelernt, nur noch auf das zu achten, was tatsächlich geschieht, *um die eigentliche Realität zu entdecken.*
Judith M. Knowlton

Wenn wir unsere Fähigkeit aufgeben, die Realität klar zu erkennen, so ist das ein Kennzeichen von Suchtverhalten. Die weithin bekannte Psychotherapeutin Marion Woodman drückt diesen Sachverhalt folgendermaßen aus: »In der Sucht schafft man sich eine Fantasiewelt und versucht, darin zu leben.« So oft sind wir überanstrengten und abgehetzten Frauen im Grunde doch leichtgläubig und naiv. Wir *wollen* glauben, was die anderen uns sagen, und sehnen uns danach, nicht immer »auf Zack« sein zu müssen. Das hat zur Folge, daß wir uns oft ärgern und traurig sind, weil wir feststellen müssen, wie wir Illusionen nachhängen, anstatt mit realen Gegebenheiten umzugehen.

Dabei ist es gar nicht so, daß wir die Realität nicht *wahrnehmen* würden. Das tun wir schon. Wir wollen nur nicht unmittelbar mit ihr zu tun haben. Lieber beklagen wir uns und sind verletzt.

Wenn wir unsere rosa Brille einmal abnehmen, werden wir immer die Dinge so sehen, wie sie sind. Und auf lange Sicht ist es immer leichter, mit dem wahren Leben fertig zu werden als mit irgendwelchen Fantasievorstellungen.

TATEN sagen mehr als Worte, und wenn ich mehr an das glaube, was andere *tun,* und nicht so sehr auf das höre, was sie *sagen,* werde ich mich geistig gesünder fühlen.

INNERE INTEGRITÄT

Sag mir,
Mutter:
Was hat dir
auf so grausame Weise
die Seele geraubt?

Chungmi Kim

Eine Suchtkrankheit wirkt sich unter anderem auch dadurch aus, daß unsere innere Integrität zerstört wird. Wir sehen zu, wie wir bei der Arbeit Dinge tun, die unsere Wertvorstellungen gefährden — und tun nichts dagegen. Wir werden wegen etwas gemaßregelt, wofür wir nicht verantwortlich sind — und sagen nichts. Wir handeln in einer Weise, die mit unserer persönlichen Moral nicht in Einklang steht.

Die Arbeitssucht gleicht anderen Süchten genau darin, daß sie uns in eine Lage bringt, in der wir bereitwillig alles mögliche tun, um unseren »Adrenalinstoß« zu bekommen, unseren »Rausch«. Wir tragen Entscheidungen mit, die nicht gut für uns sind, wir vernachlässigen uns selbst und unsere Familie. Wir haben tatsächlich unsere innere Integrität eingebüßt.

WENN ICH meine innere Integrität verliere, habe ich, wie die Mutter von Chungmi Kim, meine Seele verloren (oder zumindest ist sie am falschen Ort).

30. Juli

Widersprüche

Wie kommt es, daß man immer die Fallen sieht, in denen andere gefangen sind, und dann selbst hineintappt?
Norma Jean Harris (Sheila Ballantyne)

So vieles in unserem Leben ist voll krasser Widersprüche. Wir schwören, daß wir nie so sein wollen wie unsere Mutter — und bemerken plötzlich, wie wir genauso herumbrüllen wie sie. Wir wissen, daß wir andere Menschen nie so manipulieren würden, wie unser Chef es mit uns tut — und ertappen uns bei genau den gleichen Verhaltensmustern.

Wir können anscheinend so klar erkennen, was »da draußen« vor sich geht, während »hier drinnen«, in uns, das völlige Chaos herrscht. Halten Sie einmal inne, entspannen Sie sich; denn all dies ist ein typischer Ausdruck von Suchtkrankheit. Es gibt auch eine Bezeichnung dafür: Verdrängung. Erst wenn wir sie durchbrechen und ins Auge fassen, was in unserem Leben wirklich »Sache ist«, unternehmen wir den ersten Schritt im Heilungsprozeß.

ES KANN SEIN, daß wir in uns selbst erkennen müssen, was wir immer nur bei anderen feststellen. Ich werde das einmal abklären.

Glück/Depression

Als kleines Kind dachte ich, Erfolg sei gleichbedeutend mit Glück. Ich habe mich geirrt: Das Glück gleicht einem Schmetterling, der plötzlich auftaucht und uns für einen Augenblick entzückt — aber bald wieder davonflattert.
Anna Pawlowa

Es gibt im Grunde keinen Unterschied zwischen Glück und Depression. Beiden Gefühlen liegen die gleichen inneren Prozesse zugrunde. Sie sind nur mit verschiedenen Inhalten angefüllt. Hier wie dort stellt sich eine seelische Regung ein, steigert sich und verschwindet wieder. Aber *wie* wir mit ihr jeweils *umgehen* — das bewirkt den eigentlichen, den großen Unterschied.

Immerzu streben wir nach Glück. Wenn wir spüren, daß es im Anzug ist, sagen wir: »Ah, komm doch, ich weiß, daß du da bist. Sei mein ständiger Begleiter.« Das Glück aber lacht und sagt sich: »Oh, sie hat mich gefühlt. Jetzt kann ich mich wieder aus dem Staub machen.« Und das Glück verschwindet.

Auch bei der Depression spüren wir, daß sie naht, und wir sagen: »Geh weg, ich will dich nicht. Komm nicht zu mir.« Und die Depression seufzt und antwortet: »Das gleiche noch einmal: Ich muß größer und größer werden, daß sie mich überhaupt wahrnimmt und endlich lernt, was ich ihr beizubringen habe.« Also klopft sie uns leicht auf die Schulter und ruft: »Hierher, schau mal hierher!« — bis wir ihr Aufmerksamkeit schenken. Dann macht sie sich wieder von dannen.

Sowohl das Glück wie auch die Depression können uns etwas lehren. Beide kommen und gehen. Beide kehren wieder zurück.

MEIN GLÜCK ist ein Geschenk — wie meine Depression.

1. August

FROHSINN

Nicht jeder Gesang ist religiöser Natur; aber es gibt kaum ein Tun — sei es leicht oder schwer —, kaum ein Ereignis — sei es wichtig oder unbedeutend —, dem nicht jener Gesang innewohnte, der ihm gemäß ist.
Natalie Curtis

Wie lange ist es wohl her, seit wir zum letzten Mal die pure Freude auskosteten, Musik zu hören? Ich meine damit nicht diese Songs im Radio, die wir uns »reinziehen«, während wir die Schnellstraße entlangrasen. Ich meine die reine Freude, die wir empfinden, sobald wir ganz in unserer Lieblingsmusik versinken.

Außerdem: Wie lange ist es her, seit wir zum letzten Mal wirklich jenen »Gesang« vernommen haben, der der momentan zu bewältigenden Aufgabe zugrunde liegt? Wenn wir ständig zuviel machen, verlieren wir unsere ganze Freude an diesen Tätigkeiten und sehen nichts als mühselige Arbeit und drängende Termine. Selbst wenn wir in unserem Tun nicht immer jenen geheimen Gesang hören, so ist er doch vorhanden. Wir müssen nur lauschen.

HEUTE habe ich die Gelegenheit, mich freudig der Musik zu öffnen, die mich umgibt.

FEIERTAGE/FERIEN

Reisen versetzt nicht nur das Blut in Wallung … Es stärkt auch den Geist. Florence Prag Kahn

Unsere destruktiven Eigenschaften kommen auch dadurch zum Ausdruck, daß wir uns nicht die Zeit nehmen für jene Dinge, die »das Blut in Wallung versetzen« und »den Geist stärken«. Wir gönnen uns einfach keinen Urlaub und machen auch keine Ausflüge oder Reisen mit den Menschen, die wir lieben. Und wenn es dann doch einmal so weit kommt, gehen wir selbst diese Unternehmungen genauso an wie unser sonstiges Leben: Wir hetzen herum, fühlen uns unter Druck und tun geschäftig.

Ferien haben heißt: die Gangart ändern, sanft mit sich selbst umgehen, die Zeit der Ruhe und inneren Erneuerung genießen, aus sich herausgehen und neue Menschen kennenlernen, neue Länder, neue Methoden und neue Alternativen. Durch diese innere Frische haben wir die Möglichkeit, unseren Geist über die bisherigen Grenzen auszudehnen und die verbrauchten Partikel aus unserem Blut herauszuspülen.

WIR SIND es uns selbst und den anderen schuldig, daß wir Ferien machen.

3. August

Freiheit

Würdest du die Farben deines Sonnenuntergangs und den Duft
Deiner Blumen sowie das ergreifende Wunder deines Waldes
Eintauschen gegen ein Credo, das dir verbietet zu tanzen?

Helene Johnson

Würden Sie? Oder haben Sie all das schon »veräußert«? Was für eine Art Credo haben wir uns da zu eigen gemacht, das uns zu verstehen gibt, wir seien wertlos, wenn wir uns nicht zu Tode arbeiten? Welcher Überzeugung hängen wir an, die uns dazu bringt, das *Tun* höher einzuschätzen als das *Sein?* Welche Grundhaltung haben wir eingenommen, die darauf abzielt, daß wir unser Leben als sinnlos betrachten, sobald wir nicht ständig umherhetzen und uns aufarbeiten?

Wir haben keine Zeit mehr für Sonnenuntergänge, Blumendüfte oder das »ergreifende Wunder unseres Waldes«. Wir sehen all das schon gar nicht mehr. Existiert es überhaupt noch?

Tanzen — das ist doch nur etwas für heidnische Wesen, die kein Geld verdienen müssen. Indes, auch wir haben oft getanzt — ehe wir uns so furchtbar wichtig nahmen.

WENN EIN CREDO nicht deutlich als solches gekennzeichnet, sondern als Realität unterstellt wird, haben wir kaum noch die Freiheit der Wahl.

Arbeit/Wahrheit

Ich wurde dazu erzogen zu glauben, daß die einzige sinnvolle Tätigkeit des Menschen darin bestehe, die Summe der exakten Informationen in der Welt zu vergrößern.

Margaret Mead

Wir leben in einer Zeit des intensiven Informationsaustauschs, der so schnell abläuft, daß uns ganz schwindelig wird. Ständig werden wir von Nachrichtenmeldungen und neuen wissenschaftlichen Erkenntnissen, von neuen Ideen und Hinweisen auf neue Möglichkeiten aller Art bombardiert. An welcher Stelle aber fügen wir uns in all das ein? Wo ist unser Platz in dieser Welt?

Wir Frauen lassen unser eigenes Wissen oft unberücksichtigt und versuchen, unsere Informationen oder Wahrnehmungen so zu fassen, daß sie für andere auch wirklich annehmbar sind. Doch indem wir das tun, enthalten wir der Welt jenes Wissen vor, das sich mit der Zeit in uns angesammelt hat.

Exakte Informationen sind wichtig. Aber exakte Informationen, die aus unterschiedlichen Perspektiven stammen, sind für die Welt *unverzichtbar.*

ICH *HABE* meinen Platz in der Welt, und die Informationen, die ich beisteuere, sind relevant.

5. August

Ehrgeiz

Warum arbeitet man sich hinauf in philosophische Höhen? Weil es der Mühe wert ist ... Man kann nicht von einem Berg hinabsteigen, wenn man nicht oben auf dem Gipfel beginnt. Margaret Thatcher

Ein Kennzeichen des intelligenten Menschen besteht darin, daß er fähig ist zu unterscheiden, ob sich eine Tätigkeit lohnt oder nicht, und dementsprechend Prioritäten zu setzen. Der Aufstieg erhält seine Bedeutung nicht allein dadurch, daß der höchste Punkt erreicht wird. Man kann in halber Höhe oder nach dreiviertel des Weges einen Berg hinabsteigen. Es kann sogar interessanter und faszinierender sein, um einen Berg herumzugehen.

Um die Möglichkeit zu haben, philosophische Höhen zu erforschen, müssen wir überhaupt erst einmal anfangen, uns an ihnen emporzuarbeiten. Von da an werden uns durch die Wanderung selbst — durch die Felsen, die wir wahrnehmen, die Pflanzen am Wegesrand und die Fremden, denen wir begegnen — weise Einsichten zuteil.

DEN GIPFEL zu erreichen, ist nicht schlecht, aber man sollte sich dazu am besten erst während des Aufstiegs entschließen.

Dankbarkeit

Großer Geist der Blauen Berge,
Heimat aus blauen Wolken …
Ich bin dankbar für das Gute, das dort wohnt.

Gesang der Apachen

Wenn man mit der geistigen Welt der Indianer in Berührung kommt, ist man unwillkürlich beeindruckt von der enormen Dankbarkeit, die sich hier bekundet. Sie statten auf ganz sanfte, ruhige Weise ihren Dank ab, ja dieser fließt gleichsam dahin, reicht so tief hinab wie ein stilles Wasser und so weit hinauf wie die hohen Berge. Die indianische Art der Dankbarkeit ist äußerst friedlich. Und dieser innere Friede durchzieht all ihre Legenden und Geschichten.

Manchmal haben wir das Gefühl, daß wir überhaupt für nichts dankbar sein können, wenn nicht alles perfekt läuft. Leicht verfallen wir in unsere Alles-oder-nichts-Denkweise. Wenn das passiert, sehen wir nicht mehr den Sonnenaufgang und versäumen auch all die anderen Erscheinungen, die uns umgeben und in denen das Gute sich zeigt.

ICH BIN DANKBAR. Diese Worte sagen es schlicht und einfach: Ich bin dankbar.

7. August

Inneres Wachstum

Charakterbildung beginnt in der Kindheit und endet erst mit dem Tod. Eleanor Roosevelt

Insgeheim hegen wir immer die Hoffnung, wir könnten uns irgendwann innerlich sammeln, mit all unseren Problemen fertig werden, unsere Begabungen entdecken, unsere tägliche Arbeit wirklich akzeptieren — und uns dann zurücklehnen und für allezeit dieses neue Leben genießen.

Welch ein Schock, wenn wir schließlich erkennen müssen, daß »Charakterbildung« und inneres Wachstum Prozesse sind, die sich über das ganze Leben erstrecken. Gerade dann, wenn wir zu wissen meinen, welche Richtung unser Leben nehmen soll, und uns an diesen sicheren Zustand allmählich gewöhnen (also im Grunde stagnieren), wird unsere Selbstzufriedenheit durch irgendein Ereignis heftig erschüttert.

Wieviel einfacher ist es doch, wenn wir uns gleich von vornherein bewußt machen, daß das Leben ein Prozeß ist, und deshalb offen sind für die zyklischen Wachstumsvorgänge in unserem Innern.

FÜR DEN MENSCHLICHEN ORGANISMUS ist es ganz normal, daß er wächst und sich entwickelt ... Ich bin ein menschliches Wesen. Also ist es nur logisch, daß ich davon ausgehe: Inneres Wachstum und persönliche Entwicklung sind auch für mich absolut normal.

Begeisterung

Wann immer ich die Wahl habe zwischen zwei Übeln, möchte ich stets jenes ausprobieren, das ich noch nicht kenne.
Mae West

Mae West war eine etwas rauhe und ungestüme Frau, die ständig ihrer Begeisterung und Lebenslust Ausdruck verlieh. Jedesmal, wenn wir einen ihrer Filme oder eines ihrer Interviews sehen, sind wir tief beeindruckt von dieser unbändigen Vitalität. Sie ist in mancher Hinsicht ein gutes Vorbild für uns.

Wir müssen nicht unbedingt so schlagfertig und stürmisch sein — und doch können wir von ihr etwas lernen in bezug auf Enthusiasmus. Diese leidenschaftliche Empfindung hat nichts Glattes, Gemäßigtes an sich. Sie hat scharfe »Kanten«, und manchmal irritiert sie jene Menschen, die sie nicht teilen. Viele von uns haben dagegen ihre Begeisterung gezügelt, um nicht verletzend zu sein. Vielleicht haben wir sogar geglaubt, sie ganz auszuschließen, sei ein Zeichen von innerer Reife. Wie lassen wir doch unsere Talente verkümmern! Auf diese Weise wird nur ein weiterer Aspekt unserer Persönlichkeit abgetrennt.

MEIN ENTHUSIASMUS und meine Lebendigkeit sind eng miteinander verbunden. Es ist einfach gut für mich, wenn ich diese beiden Regungen wachhalte.

9. August

Den Augenblick bewusst erleben

Sterben ist eine ungestüme Nacht und ein neuer Weg.
Emily Dickinson

Als sie diese Worte sprach, war sich Emily Dickinson ihres eigenen Sterbens gewahr. Sie schien ganz eins zu sein mit sich selbst und zugleich offen für alles, was kommen würde. Wenn wir an den eigenen Tod denken, so hoffen die meisten von uns, diesen Augenblick bewußt zu erleben.

Viele suchtkranke Menschen sind mit der Vorstellung, sterben zu müssen, schon gut vertraut und haben nicht einmal ein schlechtes Gefühl, wenn sie sich durch übermäßige Arbeit langsam selbst umbringen. Aber jeden Augenblick unseres Lebens bewußt und mit aller Konsequenz zu erfahren — dieser Gedanke jagt uns Schrecken ein, und so versuchen wir, ihn um jeden Preis zu vermeiden.

Zum Glück können wir diese Angst überwinden und allmählich zu der Erkenntnis gelangen, daß wir alle über die fürsorgliche Unterstützung verfügen, die wir brauchen, um unser Leben zu leben und zu meistern.

DIES ist *mein* Augenblick. Ich will jeden Augenblick wirklich erleben. Dann wird der Tod ein Höhepunkt sein, kein Ende.

Ziele

Wenn du deinen Traum wahrgemacht hast, fühlst du dich irgendwie verloren. Oriana Fallaci

Vor einigen Jahren rief mich eine meiner Freundinnen an und war ganz panisch: »Anne«, sagte sie, »du mußt sofort etwas unternehmen! Es gibt einige Frauen da draußen, die wirklich leiden, und keiner weiß etwas davon!«

Sie hatte Frauen interviewt, die schon seit etwa sieben bis zehn Jahren führende Positionen innehatten. Sie sagte, diese Frauen vermittelten den Eindruck, als hätten sie sich ihren Platz in der Hierarchie erobert: Jeden Tag schlüpften sie in ihre guten Kleider, rannten zum Bus und »stürzten sich in den Ring«, aber ... Sie kamen fast nie aus ihrer Ecke heraus. Anfangs waren sie noch voller Hoffnung; doch nach wenigen Jahren hatten sie sich mit der Tatsache abgefunden, daß sie nie ganz dazugehören würden.

Meine Freundin sagte, sie sei noch nie auf so große Alkoholprobleme, so starke klinische Depressionen und so viele Symptome von Mager- oder Fettsucht gestoßen wie bei dieser Gruppe von Frauen.

NICHT DANN, wenn wir unsere Träume verwirklichen, haben wir das Gefühl, verloren zu sein, sondern erst, wenn sich unsere Träume in Alpträume verwandeln.

11. August

Geschäftigkeit

Immerzu müssen wir etwas tun … reden, lesen, Radio hören, planen. Die bohrenden Gedanken bleiben den ganzen Tag mit irgendwelchen einfachen, unwichtigen und äußeren Dingen beschäftigt. Brenda Ueland

Wie sehr wir uns bemühen, ja nicht in Berührung mit uns selbst zu kommen! Wir sind völlig unfähig, uns einmal zu entspannen. Immerzu gibt es noch ein paar Aufgaben, die wir erledigen können. Es sieht manchmal fast so aus, als hätten wir Angst davor, unsere Gedanken auch nur kurz zur Ruhe kommen zu lassen, weil wir nicht wissen, was dann vielleicht passiert. Jede sich bietende Gelegenheit, und sei sie noch so unscheinbar, benutzen wir, um ein Übermaß an Aktivität zu entfalten. Zuweilen versuchen wir sogar, zwei oder mehr Dinge gleichzeitig zu tun: Zum Beispiel stellen wir eine Liste auf mit lauter Punkten, die noch abgehakt werden müssen, und schauen dabei die Fernsehnachrichten an; oder wir sagen den Kindern, was sie machen sollen, während wir an einem Bericht arbeiten.

Wir sind abhängig geworden von unserem geschäftigen Treiben, und wenn wir einmal nicht tätig sind, fühlen wir uns nichtswürdig, wissen nicht weiter — und haben sogar Angst.

FESTZUSTELLEN, wie sehr ich mich in Trab halte, ist der erste Schritt. Mir klarzumachen, daß ich gegen diese Geschäftigkeit machtlos bin, der zweite. Zu erkennen, daß sie sich negativ auf mein Leben auswirkt, der dritte.

Defensive Grundeinstellung

Warum habe ich ständig das Gefühl, mich wegen allem verteidigen zu müssen?

Norma Jean Harris (Sheila Ballantyne)

Auch das gehört zu dieser genauso heimtückischen wie rätselhaften, mächtigen wie ausdauernden Krankheit: daß wir uns immerzu in der Defensive befinden. Wenn jemand anders uns einen Rat geben oder konstruktive Kritik üben möchte, haben wir sofort das Gefühl, angegriffen zu werden und uns verteidigen zu müssen. Oder wir glauben, wir hätten uns immer zu entschuldigen, *wenn irgend etwas schiefgeht.* Dann kann der Fehler wohl nur bei uns liegen. Manchmal hat es sogar den Anschein, als würden wir Abbitte dafür leisten, daß es uns überhaupt gibt: als hätten wir gar keine Daseinsberechtigung.

Unsere defensive Grundeinstellung aber wird — genauso wie andere charakterliche Mängel — in dem Maße schwinden, wie wir in unserem Heilungsprogramm Fortschritte machen. Wir müssen nichts anderes tun, als die Zwölf Schritte zu befolgen und unsere Arbeit zu machen.

ICH WILL daran denken, daß diese defensive Grundeinstellung nicht unbedingt Ausdruck meiner Persönlichkeit ist: Ich nehme Zuflucht zu ihr, wenn die Sucht mich übermannt. Dann sollte in mir die Alarmglocke ertönen.

13. August

Kontrollverhalten

Wer immer die Zähne zusammenbeißen muß, merkt bald, daß es verdammt schwierig ist, zu lächeln.

Judith Guest

Wir überarbeiteten und abgehetzten Frauen halten gewiß gerne an der Illusion fest, alle Dinge im Griff zu haben. Im Grunde ist dies eine unserer Lieblingsillusionen. Um was es auch geht: wir »ziehen es durch«. Wir können uns nicht erlauben, einmal zu entspannen, weil wir dadurch die im Grunde sowieso schon lockeren Zügel vielleicht ganz aus der Hand geben müßten.

Wir versuchen, schlichtweg alles zu kontrollieren. Wir glauben, unseren Körper zu mehr Arbeit antreiben zu können und die völlige Erschöpfung dadurch zu vermeiden, daß wir an den entsprechenden »Seminaren zur Bewältigung von Streß« teilnehmen und regelmäßig unsere Gymnastik machen. Wir essen Vollwertkost, um unseren Körper weiterhin überbeanspruchen zu können. Wir tun alle möglichen Dinge, um »unser Leben unter Kontrolle zu halten«. Und dann lesen wir plötzlich von Statistiken, die belegen, daß berufstätige Frauen immer häufiger und in zunehmend jüngerem Alter an Herzinfarkt sterben ... Sicher: Wenn wir nur genügend machen, können wir über alles bestimmen ... unseren Körper, unser Leben und das der anderen.

KEIN WUNDER, daß wir nicht oft lächeln!

Erwartungen/Erfolg

Durch die Erwartungen, die ich immer noch höherschraubte, sobald ich kurz vor dem Ziel stand, konnte ich nie mit meinem Erfolg zufrieden sein.

Ellen Sue Stern

Viel ist niemals genug für Frauen, die süchtig sind nach Arbeit. Wann immer es so aussieht, als würden wir eine Aufgabe erfolgreich beenden, führen wir genauso unwägbare wie unnötige Nebenbedingungen ein, die auch noch erfüllt werden müssen, und drehen dadurch alles so hin, daß wir noch mehr zu tun haben, als ursprünglich geplant war.

Manchmal verkomplizieren wir sogar unsere Aufgaben mehr als nötig, damit wir weiterhin beschäftigt sind. Wir fühlen uns einfach sicherer, wenn wir arbeiten. Freie Zeit versetzt uns in panischen Schrecken. Wir halten es für fast unmöglich, die eigenen Erfolge vorbehaltlos auszukosten.

Aber wenn wir ehrlich wären, müßten wir zugeben, daß es in unserem Leben viele davon gibt.

ES IST GANZ IN ORDNUNG, Erfolg zu haben. Es ist sogar ganz in Ordnung, erfolgreich zu sein.

15. August

Geschäftigkeit

Ich bin arbeitssüchtig. Wenn ich nicht arbeite, mache ich Gymnastik. Und wenn ich keine Gymnastik mache, esse ich. Von morgens bis nachts bin ich ständig in Trab.

Terry

Einige von uns haben ihr Leben nach dem Vorbild einer durch den Alltag rasenden Comic-Figur gestaltet: Aus dem Bett springen — piep, piep. Eine Ladung Wäsche in die Maschine werfen, damit sie wäscht, während wir unsere tägliche Gymnastik machen und duschen — piep, piep. Neun Minuten für Make-up und Haare — piep, piep. Sieben Minuten, um den Kaffee anzustellen, uns anzuziehen und das Brot in den Toaster zu werfen. Fünf Minuten, um zu frühstücken und eine Liste jener Dinge zu erstellen, die heute getan werden müssen — piep, piep. Wäsche in den Trockner tun, Mantel, Geldbeutel, Aktentasche schnappen und durch die Haustür stürmen — piep, piep.

Wenn wir unsere morgendliche Routine beendet haben, wären die meisten anderen bereits erschöpft — wir aber haben überhaupt erst angefangen — piiiep … piiiep …

VIELLEICHT ist es wichtig, daß ich mich daran erinnere: Ich bin nicht als Comic-Figur auf die Welt gekommen, selbst wenn ich mit ihr einige Dinge gemeinsam habe.

Um Hilfe bitten/Realität

Wie du es auch drehst und wendest: In ein Halblitermaß paßt kein ganzer Liter. Charlotte Perkins Gilman

Im Zen-Buddhismus gibt es die Geschichte über einen Universitätsprofessor, der einen Zen-Meister aufsuchte, um von ihm Wissen zu erlangen. Der alte Meister musterte den Professor eingehend und sagte dann einem seiner Schüler, er solle eine Teekanne und zwei Schalen holen. Daraufhin stellte der Meister eine der Schalen vor den Professor und begann einzuschenken. Er füllte die Schale immer weiter, bis sie überlief und der Tee sich auf dem Tisch ausbreitete. »Halt!« rief der Professor. »Können Sie nicht sehen, daß die Schale voll ist? Es geht nichts mehr hinein!« Der alte Meister lächelte und sagte: »Genauso ist es bei dir. Auch dein Gehirn ist zu voll und quillt über von unzähligen Belanglosigkeiten. Erst wenn du deinen Kopf entleerst, wird Platz sein für mehr Wissen.«

Andere um Hilfe zu bitten, ist eine Möglichkeit, das eigene Leben zu »entleeren«. Wenn wir zudem einmal innehalten und erkennen, daß unser Leben mit zu vielen Dingen vollgestopft ist, kann damit ein Prozeß in Gang kommen, in dem wir wieder leerer und reiner werden und Platz schaffen für neue Lebensweisen.

WENN das Maß überschritten ist, mag das in mancher Hinsicht ein Beweis dafür sein, daß ich in katastrophalem Zustand bin. Entleeren ist genauso wichtig wie anfüllen.

17. August

EHRFURCHT

Was sich aber niemals, niemals ändern wird, ist jenes für mich unbeschreibliche Wunder, wenn ich die Erde im Weltraum sehe — als liege sie in der hohlen Hand Gottes.

Zenna Henderson

Das Gefühl von Ehrfurcht hat in unserem hektischen Leben kaum Platz. Ehrfürchtig sein bedeutet: innehalten und wahrnehmen; es bedeutet, daß man zumindest für einen Moment die ungeheure Weite des Weltalls oder das unglaublich verschlungene Muster in einem kleinen Blütenblatt sich vergegenwärtigt und innerlich nachempfindet.

Als mich eine meiner Freundinnen aus Deutschland besuchte, brachte sie Geschenke mit. Das faszinierendste war ein winziges Vergrößerungsglas von etwa sechs Quadratzentimetern Größe, durch das man alles scharf und deutlich sehen konnte, wenn man etwas mehr als drei Zentimeter davon entfernt war: die zartesten Adern in einem Blatt, die kaum wahrnehmbaren Details auf dem Rücken eines Käfers oder die feinen Staubgefäße inmitten einer kleinen Blüte. Durch dieses unscheinbare Hilfsmittel erschloß sich meinem Bewußtsein ein ganzes Universum. Meine Freundin hatte mir nichts anderes gebracht als die Gabe der Ehrfurcht.

LEBEN ohne Ehrfurcht ist wie Nahrung ohne Gewürze und Kräuter. Ich muß mich nur umsehen, um mir das Gefühl der Ehrfurcht zurückzurufen.

Einsamkeit

Falls du es schaffen solltest, ein außergewöhnlicher Mensch zu werden, bist du notwendigerweise auch einsam.
Lorraine Hansberry

Wir haben solche Angst vor dem Alleinsein, daß wir ständig zu viele Termine vereinbaren und uns immer mit etwas beschäftigen. Oft ist gerade diese Angst lähmender als die Einsamkeit selbst. Wir fürchten uns aber vor ihr so sehr, daß wir alles Erdenkliche tun, um sie zu vermeiden.

Und dennoch: Wenn wir den Zustand, allem anderen fern zu sein, fühlen und intensiv durchleben, wird damit jene Tür in unserem Innern aufgestoßen, die zu den kreativen und außergewöhnlichen Seiten unserer Persönlichkeit führt.

Kürzlich bekam ich von einer Buchhandlung für Frauen ein T-Shirt, auf dem stand: *Zeig allen, wie einzigartig du bist.* Wir haben Angst, von den anderen abgetrennt zu sein, wenn wir ihnen Einblick in unsere Innenwelt gewähren. Wir übersehen dabei, daß Isolation und Einsamkeit etwas anderes ist als Alleinsein.

ICH WERDE mich daran erinnern, daß ich nicht gleich sterbe, wenn ich mit mir allein bin. Diese Einsamkeit gehört zu mir. Ich kann durch sie sogar etwas lernen.

19. August

Erschöpfung

Wenn ich zu müde bin, eine Arbeit zu beenden oder einen dringenden Termin einzuhalten, benutze ich meine Eßsucht oder Koffeinabhängigkeit, um auf Touren zu bleiben. Anonym

Niemand ist nur von einer Droge abhängig. Eine Sucht tritt immer in Verbindung mit mehreren anderen auf. Häufig benutzen wir die eine, um eine andere zu unterstützen bzw. zu verschleiern. Wenn unser Körper durch die ständige Überanstrengung einfach zu erschöpft ist, machen wir von Alkohol, anderen Rauschmitteln oder gar von Nahrungsmitteln Gebrauch, um in Schwung zu bleiben. Wenn wir einen eiligen Termin gerade noch geschafft haben und zu sehr aufgedreht sind, greifen wir auf diese Drogen oder Medikamente zurück, um wieder ruhiger zu werden und es etwas langsamer angehen zu lassen.

Wir haben sogar positive Aktivitäten mißbraucht, um unsere Geschäftigkeit und Arbeitssucht noch weiter zu steigern. Gymnastik zum Beispiel ist gut für uns. Aber wenn wir sie gehetzt absolvieren oder sie nur machen, damit wir einem um so gesünderen Körper um so mehr zumuten können, wird eine an sich gute Sache plötzlich zum Problem. Wir nehmen einfach alles her, um »unseren Nachschub zu sichern«, damit wir so in der Sucht verharren können.

NICHT DAS, *was* ich tue, sondern die Art und Weise, *wie* ich etwas tue, holt mich am Ende ein.

Traurigkeit/Weitergehen

Falls ich je hell im Kopf war, so ist mir diese Eigenschaft durch den täglichen Trott völlig abhanden gekommen. Anscheinend habe ich mich überhaupt nicht weiterentwickelt, und mir ist bewußt, daß ich keine meiner Fähigkeiten wirklich ausschöpfe. Anonym

Resignation ... Verzweiflung ... Traurigkeit angesichts verpaßter Möglichkeiten. Es ist an der Zeit, innere Bilanz zu ziehen und die Prioritäten neu aufeinander abzustimmen. Es sieht so aus, als wären wir von unserem Weg abgekommen. Vielleicht haben wir sogar vergessen, welcher Weg eigentlich der unsere war.

Es mag angebracht sein, diesen Kummer angesichts versäumter Gelegenheiten und stagnierender Gedanken einmal zu empfinden. Das Leben erteilt uns oft Lektionen anhand dessen, was wir falsch gemacht und was wir ausgelassen haben. Und es kann gut sein, daß dieses Gefühl von Traurigkeit das Tor zu einem neuen Anfang darstellt. Aber wir werden dieses Tor nie durchschreiten, wenn wir nicht bewußt unseren Gram und unseren Schmerz durchleben.

Wenn wir zulassen, daß diese Empfindungen an die Oberfläche kommen, werden wir auch tatsächlich die Möglichkeit haben, einen neuen Weg zu beschreiten und unser Leben weiter zu erforschen.

DIESER KUMMER und dieser Schmerz gehören zu mir. Ich habe sie mir gewissermaßen verdient. Sie sind ein Teil von mir. Erst wenn ich sie wirklich fühle, werde ich offen für die Lektionen, die ich durch sie lernen kann.

21. August

Pflicht

Die Pflicht sollte wie nebenbei erfüllt werden.
Brenda Ueland

Unser suchterzeugendes Denken hat meistens zur Folge, daß wir das Pferd am Schwanz aufzäumen. Die Sucht schafft es auf durchaus faszinierende Weise, daß wir eine relativ neutrale oder sogar gute Sache durch eine ganz geringfügige Änderung in etwas ganz und gar Schreckliches verkehren.

Es gibt nichts auszusetzen an einer pflichtbewußten Einstellung. Nur sollten wir nicht zulassen, daß dadurch unsere stimmigen Gefühle und unmittelbaren Einsichten zunichte gemacht werden. Pflichten können nicht wichtiger sein als unsere innere Klarheit. Wenn das geschieht, entwickelt sich die Pflicht zum Tyrannen.

Sie sollte sich vielmehr unmittelbar aus jener inneren Klarheit *ergeben,* so wie auch die Geste gegenüber einem geliebten Menschen *Ausdruck* unserer Liebe ist und eben keine ritualisierte Verhaltensweise. Pflichtgemäßes Verhalten entsteht gleichsam als »Nebenprodukt« unserer Persönlichkeit, unserer Wertvorstellungen und Prioritäten.

EINE PFLICHT, die nur aus Pflicht erfüllt wird, ist Heuchelei!

Staunen

Wenn ein Kind den ihm angeborenen Sinn für das Wunderbare ohne jede Hilfe einer guten Fee wachhalten soll, braucht es die Gesellschaft von wenigstens einem erwachsenen Menschen, der daran Anteil nehmen kann und mit ihm zusammen die freudigen, aufregenden und geheimnisvollen Dinge jener Welt entdeckt, in der wir leben.
Rachel Carson

Wie glücklich können wir uns schätzen, wenn wir jene Erwachsenen sind, die die Möglichkeit haben, neben einem Kind durchs Leben zu gehen und dessen Sinn für das Wunderbare zu fördern! Wir haben deshalb Glück, weil dieses Kind uns Gelegenheit gibt, von neuem bewußt zu erfahren, daß wir die Fähigkeit zum Staunen noch nicht verloren haben. Das Kind erinnert uns daran, daß wir immer noch die Wolkenformationen am Himmel mit neuen Augen betrachten und aufgeregt kichern können, wenn uns eine Entdeckung in ihren Bann zieht.

Wie lange ist es her, daß wir wirklich herzhaft gelacht haben, besonders auch über uns selbst? Wie lange ist es her, daß wir in einem Regentropfen den Regenbogen sahen? Und wie lange ist es her, daß wir die Bewegungen eines Marienkäfers auf unserer Hand studierten?

ICH FRAGE MICH: **Was ist aus unserer Fähigkeit zum Staunen geworden?**

23. August

Kampf

Du machst dich selbst kaputt in deinem Streben nach Reichtum oder Liebe oder Freiheit, du tust alles, um zu deinem Recht zu kommen, und wenn du es dann hast, erfreust du dich nicht einmal daran. Oriana Fallaci

Manchmal vergessen wir, was wirklich wichtig ist. Wir kämpfen so lange darum, uns zu etablieren, bis das Kämpfen selbst zur Sucht wird. Wir denken: Wenn wir uns einmal nicht bis aufs äußerste abmühen, sind wir nicht am Leben. Und tatsächlich nimmt die Aufregung und Intensität dieses ständigen Ringens uns so sehr in Anspruch, daß wir unser ursprüngliches Ziel ganz aus dem Auge verlieren.

Es steht völlig außer Zweifel, daß wir als Frauen wirklich kämpfen mußten: jede für sich, und auch alle zusammen. Wenn wir jedoch genauso werden wie jene, die wir bekämpfen, werden wir wohl feststellen, daß wir uns auf dem Weg zum Ziel selbst verloren haben.

MANCHMAL müssen wir kämpfen … manchmal aber auch nicht. Es geht dabei nicht darum, den Kampf selbst zu verherrlichen. Es geht darum, was in uns vorgeht, sobald wir an ihm teilnehmen.

Geheimnisse

Nahezu in demselben Maße, wie das eigene Bewußtsein sich erweitert, wird das Bedürfnis nach Heimlichkeiten schwächer. Charlotte Painter

»Ein Geheimnis ist eine häßliche Sache«, wie Isak Dinesen sagt. Im Zwölf-Schritte-Programm der Anonymen Alkoholiker hören wir oft den Ausspruch: »Du bist so krank wie die Geheimnisse, die du hütest.«

Oft erkennen wir nicht die Auswirkungen, die Geheimnisse auf unser Leben haben. Sie gleichen einem verborgenen Krebs, der unsere Seele zerfrißt und unsere Beziehungen vernichtet. Wenn unser Verhältnis zu einem anderen Menschen auf Heimlichkeiten beruht, geben wir einen Teil unserer Persönlichkeit auf. Und wenn wir zu viele dieser Teile abschreiben und opfern, werden wir innerlich aufgezehrt — ganz so wie die weibliche Hauptfigur in Margaret Atwoods Roman *Die eßbare Frau.*

Diese Art der »Geheimhaltung« abzulegen ist ein wichtiger Schritt, um von der Sucht geheilt zu werden. Erst wenn wir unser Leben nicht mehr hinter Schutzwällen führen und für die von uns getroffenen Entscheidungen Verantwortung übernehmen, also auch wirklich zu unserem Verhalten stehen, erkennen wir allmählich, was Gesundheit ist.

»NICHTS ist so erdrückend wie ein Geheimnis«, sagt man in Frankreich.

25. August

GLÜCK/KONTROLLVERHALTEN

Sie schienen zufällig auf das Glück gestoßen zu sein, so als hätten sie im winterlichen Wald einen Schmetterling überrascht. Edith Wharton

Genausowenig wie die meisten anderen wichtigen Dinge im Leben kann man das Glück im voraus planen. Oft aber glauben wir: Wenn wir doch nur eine einflußreiche Stellung, reichlich Geld, die richtige Beziehung, reizvolle und intelligente Kinder und ein hübsches Heim hätten, dann wären wir glücklich. Wenn wir diese Ziele dann erreicht haben und uns insgeheim immer noch deprimiert oder nicht wirklich im Lot fühlen, fragen wir uns unwillkürlich: »Was ist bloß los mit mir?«

Wir haben alles getan, was angeblich Glück bringen soll, und trotzdem geht es uns überhaupt nicht besser. An welcher Stelle haben wir etwas verkehrt gemacht? Immer zweifeln wir an uns selbst und glauben, etwas sei von Natur aus falsch mit uns. Wir brauchen lange, um damit aufzuhören – und allmählich jenes System in Zweifel zu ziehen, das uns lehrte, Akkumulieren und Kontrollieren seien die Tätigkeiten, die Glück bescheren.

DAS GLÜCK ist ein Geschenk. Es kommt zu uns genauso überraschend wie »ein Schmetterling in den winterlichen Wald«. Lassen wir ihn doch ein bißchen bei uns verweilen.

Elterliche Erziehung

Bei der elterlichen Erziehung geht es eher um Lernprozesse (um Versuche und Annäherungen) als um die perfekte Ausführung. Polly Berrien Berends

Wie verwirrt wir doch sind, was die elterliche Erziehung angeht! So oft halten wir krampfhaft an der erstaunlichen Überzeugung fest, es sei allein unsere Aufgabe, den eigenen Kindern *etwas beizubringen.* Dabei vergessen wir, daß es genauso wichtig ist, von ihnen zu *lernen.* Einige unserer Kinder nehmen ihre Verantwortung, uns etwas beizubringen, nicht ernst genug — aber auch in diesem Fall sind Eltern notorisch bekannt dafür, daß sie nur langsam begreifen.

Es fällt uns schwer, etwas zu lernen, wenn wir glauben, das Lehren und Lernen habe immer nur in einer Richtung vonstatten zu gehen. Wieviel uns doch durch diese arrogante Haltung entgeht!

VIELLEICHT hat sich mein Kind deshalb für mich als Elternteil entschieden, weil es so vieles gab und gibt, was ich von ihm lernen muß.

27. August

EINSAMKEIT

Da sie von ihrer inneren Kraftquelle abgeschnitten sind, fühlen sie sich wirklich einsam und verloren.
Shakti Gawain

Norma Jean Harris, die weibliche Hauptfigur in Sheila Ballantynes Buch *Norma Jean, die Termitenkönigin,* bringt die Sache auf den Punkt: »Wie kann man zum Beispiel jemandem eine Frage stellen, der überhaupt nicht da ist?«

Wenn wir einmal darüber nachdenken, woran es uns im Leben mangelt, kommen wir vielleicht zu der Überzeugung: *an uns selbst.* Oh, natürlich, wir erfüllen unsere Aufgaben durchaus. Wir erledigen die Dinge, die erledigt werden müssen. Manchmal sind wir sogar wirklich tüchtig und einfallsreich — und dennoch fühlen wir uns oft wie Zombies, die sich in eingefahrenen Gleisen bewegen und immer dasselbe machen. Wir haben den Kontakt zu uns selbst verloren, und es gibt nichts Einsameres, als derart verstört durchs Leben zu wandeln.

Wenn es so weit gekommen ist, ist jede Hilfe von außen nutzlos. Der Ehepartner, Freunde, die Arbeit — nichts kann die Leerstelle ausfüllen, die daher rührt, daß wir von unserer »inneren Kraftquelle« abgeschnitten sind. *Wir* fehlen uns, und dieses Problem kann nur gelöst werden, indem wir wieder zu uns selbst finden. Dieser Prozeß braucht Zeit. Er ist mit harter Arbeit verbunden — aber er lohnt sich.

ÜBERALL habe ich nach dem gesucht, was mir im Leben fehlt; dann fand ich heraus, daß *ich* mir abhanden gekommen war.

Humor/Beziehungen

Wenn du siehst, wen einige Mädchen heiraten, weißt du, wie sehr sie es hassen müssen, ihren Lebensunterhalt selbst zu verdienen. Helen Rowland

Wie komisch. Einige von uns dachten: Wenn wir nur den richtigen Mann heiraten oder den passenden Partner finden, brauchen wir nicht mehr zu arbeiten. Haben wir je in Betracht gezogen, wie anstrengend es ist, mit jemandem verheiratet zu sein — nur damit wir nicht selbst arbeiten müssen? Haben wir uns je überlegt, wieviel Arbeit es macht, *nicht* die Arbeit zu machen, die *uns* gemäß ist? Haben wir je berücksichtigt, daß unsere Arbeit nicht irgendeine Arbeit ist, sondern *unsere* Arbeit?

Wie groß doch die Versuchung ist, unsere Seele für etwas zu verkaufen, das wir als Lohn unserer Mühen ansehen! Wir Frauen waren zu sehr bereit, die Dinge zu objektivieren ... uns selbst zu Sex-Objekten zu machen und die Männer (oder auch Frauen) zu »Heirats-Objekten«. Dabei ist uns die Fähigkeit abhanden gekommen, Beziehungen einzugehen. Man kann mit einem Objekt keine wahre Beziehung führen.

VERGESSEN SIE NICHT: **Man muß seine Aufgaben *erfüllen,* um die Belohnung zu erhalten. Man muß man selbst sein, um mit anderen in Beziehung treten zu können.**

29. August

Die Wirkung auf andere abschätzen und planen

Die weibliche Tugend ist die größte Erfindung des Mannes.
Cornelia Otis Skinner

Wie sehr wir uns doch verrenken, um den Menschen zu gefallen! Seit jeher schon wurden wir Frauen von den Forderungen und Erwartungen anderer beherrscht. Nur allzu gerne ließen wir zu, daß die anderen uns definierten, und waren so sehr darauf erpicht, mit dieser Definition übereinzustimmen, daß wir ganz aus den Augen verloren haben, wer wir eigentlich sind.

Sobald wir uns selbst wieder näherkommen, erkennen wir, daß viele Definitionen »der Frau« hinsichtlich ihrer »natürlichen Veranlagung« aus der Absicht entstanden sind, sie in »Obhut« zu nehmen. Zum Beispiel war es bisher eine allgemein anerkannte Wahrheit in der Psychologie, daß Frauen von Natur aus diejenigen sind, die ein »Nest« bauen, um sich darin geborgen zu fühlen. In der jüngeren Vergangenheit hat es jedoch den Anschein, als sei es gerade umgekehrt: Der Mann, dessen Frau sich hat scheiden lassen, findet schnell eine andere, um für sie nun ein Nest zu bauen; die Ex-Frau dagegen geht »auf Wanderschaft«.

Man sieht: So viele Definitionen hinsichtlich unserer Natur, unseres Charakters, wurden von anderen erfunden, damit wir ihnen angenehm sind und ihre Bedürfnisse befriedigen. Und verzweifelt haben wir uns darum bemüht, ihrem Bild zu entsprechen und so zu sein, wie es akzeptabel ist.

TUGENDHAFT ist eine Frau dann, wenn sie sie selbst ist.

UNTERBRECHUNGEN

Nicht die Meditation, sondern die Ablenkung wird zur Gewohnheit; nicht die Kontinuität, sondern die Unterbrechung; nicht die konstante Bemühung, sondern die Sprunghaftigkeit. Tillie Olsen

Wie sehr wir diese Unterbrechungen hassen, zumal dann, wenn wir gerade an etwas Wichtigem arbeiten. Aber im Grunde ist dann *alles*, was den Ablauf nur irgendwie stört, eine Unterbrechung. Wie Tillie Olsen sagt: Unser Leben scheint manchmal nur noch aus Zerstreuungen, Unterbrechungen und krampfhaften Versuchen zu bestehen.

Wie schwer es uns doch fällt, Leben und Arbeit aufeinander abzustimmen. Aber wie herrlich ist es auch, wenn es tatsächlich gelingt!

»Meditation«, »Kontinuität« und »konstante Bemühung« sind unter anderem auch deshalb nicht möglich gewesen, weil wir glaubten, die Zeit für die eigene Arbeit nicht wirklich verdient zu haben. Genauso wie der suchtkranke Mensch in seiner Ichbezogenheit gefangen und sich selbst doch fremd ist, wird der Arbeitssüchtige von der Sucht absorbiert und verliert jeden Kontakt zu seiner Arbeit.

WENN ich meinem Lebensprozeß vertraue, kann ich auch meinem Arbeitsprozeß vertrauen.

31. August

Zeit des Alleinseins

Du siehst also: Die Fantasie bedarf der Einstimmung, einer langen, untätig und glücklich verbrachten Zeit des Herumtrödelns und Herumstöberns. Brenda Ueland

Welch wunderbare Wörter: Einstimmung, Herumtrödeln, Herumstöbern! Eine meiner Freundinnen sagt, sie mag es, »sich treiben zu lassen«. Dieser Ausdruck meint nichts anderes als: Zeit verschwenden, wirklich nichts tun.

Ich hatte einmal einen großen Hund, der auf den Namen »Bubber« hörte. Er war einer meiner wichtigsten Lehrmeister. Er saß gewöhnlich auf dem flachen Dach unseres Hauses in den Bergen und schaute nur vor sich hin. Ich konnte mir nur schwer vorstellen, was er wohl die ganze Zeit betrachtete, also ging ich hinaus, setzte mich neben ihn und »schaute«. Eine ganze Zeitlang saß ich da mit ihm und tat nichts anderes als: sitzen und schauen. Ich lernte, mir Zeit zu nehmen, um einfach nur dazusein. Man sieht so vieles, wenn man einfach sitzt und *schaut* ... und nichts anderes tut ... nur vor sich hin schauen.

Bubber ist inzwischen gestorben, aber die weise Einsicht, die er mir vermittelte: sitzen und schauen, lebt in mir fort.

NICHT JEDER von uns hat so einen »Bubber« — und dennoch können wir alle die Fähigkeit entwickeln, einfach nur dazusitzen und umherzuschauen.

Ehrlichkeit

Ich gebe mir selbst manchmal bewundernswerte Ratschläge, aber ich bin nicht imstande, sie auch anzunehmen.
Mary Wortley Montagu

Wie erfrischend es doch ist, wenn wir ehrlich sein können gegenüber uns selbst und dabei auch noch Humor haben! Oft sind wir derart bemüht, uns selbst zu schützen, daß wir es gar nicht wagen, den anderen Einblick zu gewähren in all unsere Unvollkommenheiten. Natürlich fallen meistens nur wir selbst auf unsere Maskerade herein, aber wir reden uns ein, die anderen würden dadurch auch in die Irre geführt.

Wenn wir ehrlich mit uns selbst umgehen, wissen wir im Grunde sehr genau, was wir brauchen und was uns schadet. Die Frage, auf die es ankommt, ist: Können wir auf uns selbst hören? Und: Sind wir imstande, unserem eigenen guten Rat zu folgen? Sind wir fähig, unsere Eigenheiten vorbehaltlos zu erkennen und auch über sie zu lachen? Schließlich kennt uns keiner so gut wie wir. Und so sind natürlich wir auch am besten geeignet, uns selbst in klarem Licht zu sehen.

Sind wir also mutig genug, uns wirklich so zu sehen, wie wir sind, und mit unseren Entdeckungen ehrlich zu verfahren?

ES IST schwer, einen Rat zu befolgen — selbst wenn er von uns selbst kommt. Aber auch wenn wir den eigenen Rat nicht in die Tat umsetzen können, brauchen wir uns deswegen nicht selbst zu bestrafen.

2. September

FROHSINN/KONTROLLVERHALTEN

Auf der Suche nach dem Garten meiner Mutter fand ich meinen eigenen.
Alice Walker

Es gehört zu den größten Freuden des Lebens, das eine zu suchen und statt dessen das andere zu finden.

Bevor wir den Weg der inneren Heilung beschritten, waren wir so sehr in unserem Kontrollverhalten gefangen, daß uns Überraschungen zutiefst in Schrecken versetzten, selbst wenn sie wunderbar waren. Wir wollten einfach nicht von Dingen behelligt werden, die nicht geplant, nicht koordiniert, nicht unter Kontrolle waren. Nun aber erkennen wir, daß wir uns gerade durch den Versuch, alles in den Griff zu bekommen, der eigenen Lebensfreude beraubt haben.

Kein Wunder, daß das Leben manchmal einen faden Geschmack hatte — *wir* haben ihn selbst erzeugt. Die Fähigkeit zur Freude war durchaus in uns vorhanden — nur waren wir zu beschäftigt und zu sehr unseren Steuerungsmechanismen verpflichtet, um sie zu bemerken.

DIE PURE FREUDE über das, was unerwartet eintritt, kann für mich eine wahre Wunderquelle sein.

In Verbindung sein mit einer Macht, die grösser ist als wir

Jene, die das Träumen verlernt haben, sind verloren.
Sprichwort der australischen Eingeborenen

Wenn wir überhaupt darauf hoffen wollen, mit den Gesetzmäßigkeiten und Abläufen im Universum bzw. mit einer Macht, die größer ist als wir, in Verbindung zu treten, müssen wir lernen, unseren rein rational und logisch operierenden Verstand zu transzendieren: Wir müssen zulassen, daß der *Traum* sich unserer bemächtigt.

Das heißt überhaupt nicht, daß mit diesem Verstand etwas nicht in Ordnung wäre — aber wir können auf große Schwierigkeiten stoßen, wenn wir *nach Maßgabe* unserer denkerischen Fähigkeiten die Beziehung zu einer höheren Macht herstellen wollen.

Es gibt so viele Dinge im Universum, die einen Einfluß auf uns haben und mit denen wir verbunden sind. Zuweilen können wir uns nur dadurch dieser Verbindung bewußt werden, daß wir uns über die Grenzen unseres Wissens »hinausträumen«. Wenn wir uns einfach nur dem öffnen, was möglich ist, was vielleicht geschehen wird, können wir von allen Menschen und Dingen um uns so unendlich viel lernen.

ICH MUSS zugeben, daß ich noch nicht alles weiß. Die Weisheit kennt viele Wege.

4. September

LERNEN

Die Motive der Vergangenheit hallen nach in der Gegenwart und klingen an in der Zukunft. Dhyani Ywahoo

Unser Leben ist ein Prozeß – und wir kommen in Einklang mit ihm, indem wir *lernen*. Das ist das A und O. Die Fehler, die wir dabei machen, sind nicht etwa Beweis dafür, daß wir schlecht sind; vielmehr lernen wir durch sie und gehen dann weiter. Oft schon hat man über suchtkranke Menschen gesagt, sie würden deshalb nicht aus ihrer Vergangenheit lernen, weil ihr Gedächtnis nicht mehr richtig funktioniert. Wenn wir keine Vergangenheit haben, haben wir weder Gegenwart noch Zukunft.

Jedes Ereignis in unserem Leben stellt eine Möglichkeit dar, etwas zu lernen. Oftmals werden gerade durch unsere schmerzlichsten Erfahrungen Tore geöffnet, durch die wir hindurch müssen, ehe wir die nächsten größeren Schritte unternehmen können. Das bedeutet, daß wir manchmal auch gezwungen sind, über ganze Lagen glühender Kohlen zu gehen, um das Tor zu erreichen. Sobald wir jedoch auf der anderen Seite angelangt sind, haben wir etwas Entscheidendes gelernt.

Kurt Vonnegut spricht von den »Stänker-Zänkern« – jenen großen Lehrmeistern, die uns mit auf den Weg gegeben sind. Die Lektionen, die sie uns beibringen, sind ungemein wichtig; die Methoden, die sie dabei anwenden, sind: Kampf, Schmerz, Prüfung, Drangsal. Trotzdem sind diese Lehrmeister von großer Bedeutung.

WENN DAS nächste Mal ein solcher »Stänker-Zänker« unerwartet in mein Leben tritt, habe ich die Möglichkeit, diesen Menschen als Lehrmeister anzuerkennen.

Bewusstheit/Kontrollverhalten

Entdeckungen haben ihre Nachwirkungen. Eine neue Idee zur eigenen Person oder zu einem Aspekt in den Beziehungen zu anderen Menschen erschüttert alle anderen Ideen, die man hat, selbst wenn sie nur oberflächlich damit zusammenhängen. Dadurch ändert sich, wie geringfügig auch immer, die gesamte innere Ausrichtung. Und irgendwann, nach einer ganzen Reihe weiterer Konsequenzen, wird sich auch das eigene Verhalten ändern.

Patricia McLaughlin

Wie erstaunlich wir menschlichen Wesen doch sind! Eine kleine Änderung in *einem* unserer Lebensbereiche wirkt sich vielfach auf die anderen aus — und zwar auf eine bisher so unvorstellbare, ungeahnte Art und Weise, daß wir wirklich nie ganz wissen, wohin das Ganze führt.

In der Arbeit zum Beispiel sagen wir plötzlich zu einer bestimmten Sache nein, die wir seit vielen Monaten schon zurückweisen wollten — und anstelle der heftigen Gegenreaktion, die wir erwarteten, erfahren wir eine subtile Andeutung von Respekt. Gewiß achten wir uns selbst dann auch mehr. Oder wir geben unser Letztes, um Anerkennung und Bewunderung zu ernten — nur um dann festzustellen, daß wir es wirklich nicht in der Hand haben, wie andere uns sehen. Wenn wir die Illusion, alles kontrollieren zu können, auch nur im geringsten aufgeben, dann wird sich das auf unser ganzes Leben auswirken.

ICH WEISS, daß ich mich — wie langsam auch immer — entwickle und verändere. Mein Leben ähnelt viel mehr einem Mobile als einer Leiter. Jede neue Entdeckung wirkt sich auf alle Aspekte meines Lebens aus.

6. September

Konkurrenzdenken/Alternativen

Von unserem Vater wurde uns überhaupt nur dann Beachtung zuteil, wenn wir glatte Einser mit nach Hause brachten. Dafür bekamen wir dann fünf Mark von ihm. Da kannst du dir denken, daß ich mich völlig abgerakkert habe. Es ging mir gar nicht ums Geld. Aber auf diese Weise wurden schon früh die Samen für meine Arbeitssucht gesät.
Mary

Auf welch subtile Weise wir doch die Botschaft auf den Weg mitbekommen: Du bist das, was du machst. Zustimmung und Anerkennung waren für uns als Kind sehr wichtig, und wir bekamen sie dadurch, daß wir uns »völlig abrackerten«. Egal, was wir machten oder wie gut wir abschnitten: Es schien nie gut genug zu sein. Auf jeden Fall wurde dabei unsere tiefe Sehnsucht vernachlässigt, die manchmal heute noch so stark ist, daß es weh tut.

Kleine Belohnungen und ein paar lobende Worte können den wachsenden Schmerz im Innern etwas lindern — aber dieser kehrt immer wieder zurück. Als Kind können wir unsere fünf Mark bekommen oder als Erwachsener ein beeindruckendes Gehalt bzw. eine einflußreiche Stellung — und doch haben wir tief im Innern ein Gefühl von Leere, das einfach nicht verschwindet.

Die Samen für unsere Arbeitssucht und Geschäftigkeit wurden in der Tat schon früh gesät. Wir dürfen jedoch nicht vergessen, daß alles Angeeignete auch wieder abgelegt werden kann. Wir wurden nicht dazu geschaffen, uns zu Tode zu arbeiten. Wir haben nur *gelernt,* uns zu Tode zu arbeiten.

ICH HABE verschiedene Möglichkeiten, wie ich mein Leben lebe. Eine davon ist, diese auch zu erkennen.

Zuviel von sich selbst verlangen

Ich glaube, daß sich der Intelligenzquotient mit der Zeit ändert: Meiner zum Beispiel ist beträchtlich gesunken. Ich bin in keinem meiner Bereiche noch irgendwie kompetent. Alle meine Kinder haben sich gut entwickelt — aber das haben sie nicht mir zu verdanken, sondern ihrem Vater, der keinerlei Unsinn duldete. Anonym

Was ist mit dieser Frau geschehen? Wohin ist es mit ihr gekommen? Wenn wir lesen, was sie da über sich selbst sagt, haben wir das Gefühl, sie würde sich vor ihren eigenen Augen in Luft auflösen. Viele von uns haben die Erfahrung gemacht, von der eigenen Familie, der Hausarbeit, dem Beruf — von unserem ganzen Leben überhaupt aufgezehrt zu werden.

Ich kann mich erinnern, daß ich auch schon das Gefühl hatte, als Einzelperson nicht mehr zu existieren. Das war, als ich am Küchentisch stand und die Kinder mir auf den Füßen herumturnten, um sich ein bißchen größer zu machen. Auch als sie noch klein waren und vom einen Ende der Couch zum anderen krabbeln wollten, einfach über mich stiegen, als wäre ich nicht da, hatte ich die gleiche Empfindung. Das Leben legt es manchmal wirklich darauf an, daß wir verschwinden.

Und doch: Wie anmaßend verhält sich im Grunde diese Frau, die oben zu Wort kommt, wenn sie glaubt, ihre Kinder hätten sich nur deshalb gut entwickelt, weil *sie* nichts damit zu tun hatte! Mit welcher Hingabe sie sich selbst verleugnet!

HEUTE will ich bereitwillig die Möglichkeit in Erwägung ziehen, daß meine Selbstbestrafung nichts anderes ist als eine hochmütige und ichbezogene Handlung, die weder mir noch sonst irgend jemandem von Nutzen ist.

8. September

Ehrgeiz

Manchmal fragst du dich, wie du auf den Berg hinaufgekommen bist. Aber manchmal fragst du dich dann auch: »Und wie komme ich wieder hinunter?« Joan Manley

Der Ehrgeiz war für viele von uns eine wichtige Eigenschaft. Als kleine Mädchen erkannten wir, daß es darauf ankommt, hart zu arbeiten, um später etwas darzustellen. Wir wollten im Leben vorankommen und waren bereit, alles nur Erdenkliche zu tun, um eine kompetente und einflußreiche Person zu werden. Seit einer Reihe von Jahren stehen Frauen viel mehr Möglichkeiten offen, das eigene Leben bewußt zu gestalten — und wir wollten diese auch ausnutzen.

Zu welchem Zeitpunkt haben sich die Dinge für uns geändert? Wann haben wir den Punkt überschritten, an dem wir noch einen durchaus gesunden Ehrgeiz hatten, und wurden von jenem Ehrgeiz ergriffen, der uns umbringt?

Die besonderen »Fähigkeiten«, die uns in jüngeren Jahren beim Überleben halfen: Unehrlichkeit, kontrollierendes und manipulatives Verhalten, sind nun im Zusammenhang mit der Sucht oft tödlich — sie rauben uns die letzte Kraft. Das mag genauso auf unseren Ehrgeiz zutreffen. Wenn er über unser Leben bestimmt, mag es an der Zeit sein, die Dinge aus einem anderen Blickwinkel zu betrachten.

WAS IN einer bestimmten Lebensphase gut für uns war, kann heute verheerende Auswirkungen haben. Wir müssen Bilanz ziehen und herausfinden, an welchem Punkt unseres Lebens wir stehen.

Weisheit

Frauen haben immer schon die Weisheit und die Menschlichkeit bewahrt und geschützt. Dadurch herrschen sie auf ganz natürliche, wenn auch meist geheime Weise. Nun aber ist die Zeit gekommen, daß sie ihre Herrschaft offen ausüben — und zwar zusammen mit den Männern, nicht gegen sie. Charlotte Wolf

Es ist an der Zeit, daß ich lausche — mir selbst und der uralten Weisheit, die mich in vielerlei Gestalt umgibt.

Frauen sind solche Meisterinnen, was das praktische Wissen angeht — und wir leben doch in einer Welt, die aus Mangel daran zugrunde geht. Was nutzt die beste Erfindung der Welt, wenn sie nicht *funktioniert?* Was hilft die beste Idee der Welt, wenn sie nicht in die Tat umgesetzt werden kann?

Wenn wir wirklich Wächterinnen der Weisheit sind, liegt es in unserem eigenen Interesse, andere an diesem Wissen teilhaben zu lassen.

»DIE HEILIGEN Bräuche uralten Wissens verleihen meinem Körper Flügel«, wie Meridel Le Sueur sagt.

10. September

NOCH EINMAL VON VORN BEGINNEN

Zwei wichtige Dinge habe ich wirklich gelernt: Du bist so stark und mächtig, wie du es dir selbst zugestehst. Und: Der schwierigste Teil jeder Unternehmung besteht darin, den ersten Schritt zu tun, die erste Entscheidung zu treffen.
Robyn Davidson

Diese Worte wurden von einer Frau geschrieben, die mit Kamelen umzugehen lernte und allein, nur in Begleitung der Tiere, den australischen Kontinent durchquerte. Die extremen äußeren Umstände, unter denen sie ihre Erfahrungen und Kenntnisse sammelte, lassen uns diese noch gewichtiger erscheinen. Was wäre also, wenn wir alle daran glaubten, jede von uns sei »so stark und mächtig«, wie sie es sich selbst zugesteht? Was, wenn wir damit aufhörten, von jedermann akzeptiert werden zu wollen, und uns nicht mehr darum bemühten, die anderen durch unser Verhalten nicht vor den Kopf zu stoßen — sondern uns selbst so sicher und überzeugend geben würden, wie wir sind? Nicht als etwas Besonderes wohlgemerkt, sondern einfach als jene herrlich starke Person, zu der die Natur uns gemacht hat.

Und was, wenn wir vorbehaltlos den ersten Schritt unternähmen, um das zu bekommen, was wir wirklich wollen? Keinen allzu großen … ohne jedes Trara … Also: Machen Sie ihn einfach!

VERGESSEN SIE NICHT: **Heute ist *wirklich* der erste Tag jenes neuen Lebens, das Sie heute beginnen.**

Gelassenheit

Die Stille eines geschlossenen Parks klingt nicht wie die auf dem Land; sie ist eingeengt und angespannt.
Elizabeth Bowen

Wenn wir uns nicht wirklich damit befassen, daß wir uns in krankhafter Weise überarbeiten, sind wir zwar oft irgendwie ruhig, aber nicht gelassen im Innern. Wir haben uns für eine Weile zurückgezogen und hören auf zu sprechen — aber wir fühlen uns immer noch »angespannt und eingeengt« wie ein Stadtpark, in dem nur nachts keine Aktivitäten stattfinden.

Gelassen sein bedeutet mehr, als nur eine »ländliche Stille« in sich zu tragen: Wir akzeptieren uns als die, die wir sind, und *leben* auch danach. In der Gelassenheit sind wir uns bewußt, wo unser Platz in der Welt ist — und daß wir eins sind mit allen Dingen.

Die Gelassenheit ist ein aktiver Zustand. Sie bewirkt, daß wir uns auf genauso sanfte wie entschlossene Weise am Leben beteiligen — und dabei Vertrauen haben. Durch sie erholen sich unsere Zellen, damit wir zu uns selbst kommen — und durch sie feiern wir diese tiefe Entspannung.

SEHNSÜCHTIG erinnere ich mich daran, wie es ist, jene vergangene »ländliche Stille« im Innern zu empfinden. Ich kann dankbar sein für dieses intuitive Wissen.

12. September

Die eigenen Grenzen erreichen

Ich habe genug. Golda Meir

Wie einfach diese Wörter sind, wie großartig — aber wie selten werden sie von Frauen in den Mund genommen, die sich ständig verausgaben. Unser Wahnsinn besteht ja auch darin, daß wir unsere Grenzen nicht kennen und also auch nicht wissen, wann wir sie erreicht haben. Im Grunde betrachten viele von uns diese Grenzen als Zeichen ihrer Unzulänglichkeit. Wir können uns nicht verzeihen, daß wir unfähig sind, die Arbeit auch in erschöpftem Zustand fortzusetzen bzw. so zu tun, als wäre nichts — ungeachtet aller äußeren Umstände.

Wenn wir wirklich erkennen, daß wir uns den eigenen Grenzen nähern, und diese auch akzeptieren, kann das der Anfang unserer inneren Heilung sein.

JEDER MENSCH hat seine Grenzen — und ich bin ja auch nur ein Mensch.

Ein erfülltes Leben führen

Einmal wenigstens will sie richtig leben. Weiß aber nicht genau, was das heißt. Fragt sich, ob sie es je getan hat. Ob sie es je tun wird. Alice Walker

Die meisten von uns würden gerne ein erfülltes Leben führen. Wenn es jedoch darauf ankommt, diese Vorstellung in die Tat umzusetzen, wissen wir nicht so ganz, wie das gehen soll. Wir fragen uns, was mit diesem Vorsatz gemeint ist — oder ob wir ihn je richtig verstanden haben.

Die Versuchung ist groß, uns sofort mit »Selbsthilfe-Büchern« einzudecken. Wir denken: Wenn wir nur das richtige Buch finden, wissen wir, was zu tun ist. Wir haben genug gelesen, um die Anleitungen auch wirklich ganz gut befolgen zu können. Oder wir gehen zu Vorträgen und besuchen Workshops. Wir versuchen es mit Meditation, Trommeln, Singen, speziellen Diäten, spezieller Gymnastik und speziellen Therapien. Immer suchen wir draußen nach der magischen Formel, nach der alles entscheidenden Antwort.

An irgendeinem Punkt aber wird uns klar: Ungeachtet dessen, wie sinnvoll diese Annäherungen im ganzen auch sind, müssen wir doch zurückfinden zu der Einsicht, daß nur *wir* wissen, in welcher Weise *unser Leben* zu einem wahrhaft erfüllten werden kann. Wir können auf Wegweiser achten und Ratschläge annehmen — aber schließlich und endlich bleibt es uns überlassen, das eigene Leben zu führen.

SELBST WENN wir unser Leben nie voll ausgekostet haben: Tief im Innern wissen wir, wie es geht.

14. September

SICH ÜBERFORDERT FÜHLEN

Zu den Hypotheken, den Steuern, den Raten für das Auto, den Kosten für Essen, Kleidung, Möbel und ärztliche Hilfe, den Ausgaben für Kindergarten, orthopädische Schuhe, Babysitter, für Lebens-, Auto-, Feuer-, Diebstahlversicherung und Hausreparaturen kommt nun noch eine Therapie für mich hinzu, eine kieferorthopädische Behandlung für sie und ein operativer Eingriff zur Sterilisierung der Katzen. Bewußt habe ich bei dieser Aufzählung all die Dinge ausgelassen, deren Auswirkungen wir bisher noch nicht zu spüren bekommen haben, aber bereits auf uns zukommen sehen.

Norma Jean Harris (Sheila Ballantyne)

Nimmt es da wunder, daß wir uns oft überfordert fühlen? Allein die Rechnungen für den »lebensnotwendigen Bedarf« zu begleichen, scheint manchmal über unsere Kräfte zu gehen. Und dann sind da noch Lohn-, Einkommens- und Umsatzsteuer, die wechselnden Ausgaben jeden Monat, Kapitalanlagen, Verkäufe, günstige Einkäufe, die Autoinspektion alle 15 000 Kilometer, die regelmäßigen Besuche beim Zahnarzt, die Krebsvorsorgeuntersuchung beim Frauenarzt, Reisevorbereitungen, die Planung des nächsten Familienurlaubs, falls wir uns überhaupt noch trauen, ihn anzutreten …

Kürzlich erschienene Untersuchungen und Schätzungen besagen, daß wir in wenigen Minuten mehr Informationen verarbeiten als die Menschen im Mittelalter während ihres ganzen Lebens.

Angesichts dieser Tatsache scheint es eine ganz natürliche Reaktion zu sein, daß wir uns überfordert fühlen.

MANCHMAL HILFT ES UNS schon, zu wissen, daß wir einfach nicht alles schaffen können.

Gefühle

Die Traurigkeit ist jene Stille, deren man sich tiefbewegt erinnert.
Dorothy Parker

Wie wunderbar! Alle Gefühle sind wunderbar, das eine genauso wie das andere.

Wir haben uns selbst einen sehr schlechten Dienst erwiesen, indem wir die Gefühle in »positive« und »negative« einteilten. Gefühle sind nichts anderes als Gefühle — und wie jeden anderen Aspekt unseres Leben sollten wir sie als Geschenke betrachten, durch die wir etwas lernen können.

Trauer und Kummer sind Emotionen, die wir zu vermeiden suchen. Sie erfordern Zeit und sind nicht leicht zu ertragen. Aber wir machen sie nur schlimmer, wenn wir sie verhindern wollen. Zum Beispiel fühlen wir uns traurig, wenn eine Beförderung immer noch auf sich warten läßt. Tief betrübt sind wir, wenn wir einen geliebten Menschen verlieren. Wie gut es dann doch ist, sich diesen Zustand als »Stille« vorzustellen, »deren man sich tiefbewegt erinnert«.

Der Kummer ist eine ganz reale Empfindung — und sehr menschlich. Wir grämen uns, weil wir etwas verloren haben. Dieser Schmerz ist ein Prozeß, der sich allmählich entfaltet und viele verschiedene Stufen hat. Es ist wichtig für uns, zu akzeptieren, daß wir alle diese Phasen durchlaufen müssen. Es ist sogar ganz normal, Kummer zu empfinden, wenn wir eine interessante Aufgabe beendet haben oder wenn die Gruppe der Menschen um uns bzw. die eigene Familie sich neu organisiert.

DAS ANKÄMPFEN gegen die Gefühle verursacht uns Leid — nicht die Gefühle selbst.

16. September

Besessen sein

Wenn Leute sagen »größer und besser«, habe ich das Gefühl, sie sollten lieber sagen: »größer und schlechter«.

Marie Elizabeth Kane (13 Jahre alt)

Frauen, die zuviel tun, haben sich die zivilisatorisch bedingte Einstellung angeeignet, mehr und immer noch mehr zu erwarten und zu fordern. Wir wollen mehr Geld, mehr Macht, mehr Anerkennung, mehr Zustimmung, einfach mehr ... Wir sind besessen davon, die Dinge zu bekommen, die wir unserer Meinung nach unbedingt haben müssen. In dem Maße, wie unsere Sucht fortschreitet, schwinden unsere Wertmaßstäbe.

Man kann leicht sehen, wie ein Alkoholiker oder Drogensüchtiger einfach alles tut, um an seinen »Stoff« zu kommen. Menschen, die nach Arbeit süchtig sind oder den Zwang haben, sich um alles zu kümmern, reagieren genauso selbstzerstörerisch, sobald ihr »Nachschub« gefährdet ist. Jedes Suchtverhalten zeichnet sich dadurch aus, daß man die Verbindung zu den eigenen moralischen Grundsätzen, zur eigenen Spiritualität verliert. Wir gehen »geistig bankrott«. Wir werden »größer und schlechter«.

ES IST erleichternd zu wissen, daß man garantiert von jeder Sucht geheilt wird, wenn man einfach die Arbeit tut, die man tun muß. Ich will wirklich nicht zu den »schlechten Menschen« gehören.

Geschenke/Sorgen

Ich glaube, diese schwierigen Zeiten haben mir geholfen, besser zu verstehen als vorher, wie unendlich reich und wunderbar das Leben in all seinen Ausformungen ist, und daß so viele Dinge, derentwegen man sich Sorgen macht, im Grunde gar keine Bedeutung haben.

Isak Dinesen

Nicht daß wir Schmerz und Leid eigens suchen müßten, um die großen Lektionen des Lebens mitzubekommen. Treten diese inneren Zustände jedoch ein, erfahren wir ungleich viel mehr, wenn wir sie als wertvolle Lernmöglichkeiten begreifen. Wir vergeuden so viel Zeit damit, daß wir uns Sorgen machen; dies ist nichts anderes als ein Versuch, indirekt Kontrolle auszuüben. Denn oft tritt das, was uns Sorgen bereitet, niemals ein. Aber leider sind wir so mit unseren Sorgen beschäftigt, daß wir ganz jene Geschenke übersehen, die uns das Leben in jedem Augenblick bereitet.

Wann werden wir endlich erkennen, daß der Prozeß, in dem unser Leben sich entfaltet, viel reichhaltiger und vielfältiger ist, als wir es je hätten planen können? Die unvorhergesehenen und unbeabsichtigten Geschenke, die wir erhalten, schmücken den Teppich unseres Lebens und lassen ihn prächtiger erscheinen.

ICH WEISS NIE im voraus, was für mich ein wichtiges Geschenk sein könnte. Deshalb liegt es in meinem eigenen Interesse, offen zu sein für die sich bietenden Möglichkeiten.

18. September

SCHULDGEFÜHLE

Denn sie wissen, daß Mütter zu etwas gezwungen, manipuliert und wie ein seltenes Instrument benutzt werden können; deren Schuldgefühle sind so fein »abgestimmt«, daß man fast immer auf sie zählen kann: Binnen einer Stunde sind sie die Stütze einer jeden ins Wanken geratenen Institution.

Norma Jean Harris (Sheila Ballantyne)

Frauen stehen in der ersten Reihe, wenn es darum geht, für eine gute Sache einzutreten. Wir können ein Heer von Freiwilligen mobilisieren, um ein wackliges Schulsystem wieder auf Vordermann zu bringen, eine baufällige Kirche zu retten oder ein Unternehmen, das in den roten Zahlen steht, vor dem Konkurs zu bewahren. Wir sind fähig und auch bereit, unsere ganze Kraft einzusetzen für eine Sache, die vom politischen oder moralischen Standpunkt aus ehrenwert ist. Wir kümmern uns wirklich um die Obdachlosen, die Hungerleidenden, die Gewaltopfer und die Vergessenen, und tun ihnen viel Gutes. Aber wer wüßte zu sagen, inwieweit unser soziales Engagement auf Schuldgefühle zurückzuführen ist? Nur wir wissen das: indem wir uns selbst einmal näher betrachten.

In einem Punkt fällt es uns allerdings schwer, den nötigen Beistand zu leisten: nämlich wenn es um uns selbst geht. Wir sind voller Schuldgefühle, sobald wir für die eigene Sache eintreten. Kommt das aber — selten genug — doch einmal vor, so sind wir sofort wie gelähmt, wenn jemand uns vorwirft, egoistisch zu sein.

WENN MAN aufgrund von Schuldgefühlen etwas gibt, dann ist das so, als würde man einen wurmigen Apfel mit jemand teilen.

Den Augenblick bewusst erleben

Was sie für Unaufmerksamkeit hielten, war im Grunde ein Wunder an Konzentration. Toni Morrison

Haben Sie je beobachtet, wie die Katze sich an einen Vogel heranschleicht? Jeder Muskel, jede Sehne ist gespannt, jeder Herzschlag gilt der Beute.

Haben Sie je beobachtet, wie die Katze nach einem kurzen Schlaf sich streckt? Jeder Muskel, jede Sehne, jeder Herzschlag ist an diesem Vorgang beteiligt.

Wenn wir uns voll und ganz auf eine Aufgabe konzentrieren, erscheinen wir manchmal abwesend und unaufmerksam. Und doch sind wir vollkommen präsent. Wir sind versunken — und erleben doch diese Phase sehr bewußt.

Diese Augenblicke völliger Konzentration besitzen eine wundersame Kraft; dabei erfahren wir oft jenes innige Verbundensein mit unserer höheren Macht und den Vorgängen im Kosmos. Wir sind vollkommen in uns selbst und zugleich vollkommen jenseits unserer selbst.

ICH ERFREUE mich an den Augenblicken, da ich völlig eins bin mit Gott und der Welt. Ich bin wirklich ich selbst, wenn ich sowohl tief in mir wie auch tief im Raum jenseits meiner selbst bin.

20. September

KONTROLLVERHALTEN/MUT

Selbst Feiglinge können schwere Zeiten ertragen; aber nur die Mutigen können Ungewißheit ertragen.
Mignon McLaughlin

Bevor wir mit unserem Programm zur inneren Heilung begannen, dachten wir nie daran, die Ungewißheiten ertragen zu können, die das Leben uns beschert. Wir glaubten, wir wären in Sicherheit, wenn wir nur alles kontrollieren könnten: das Bild, das andere Menschen sich von uns machen, die Entwicklung unserer Kinder, die Fortschritte eines unserer Patienten.

Sobald wir beginnen, diese Allmachts-Illusionen aufzugeben, stellen wir fest, daß das Leben in der Tat manchmal unheimlich und erschreckend ist (natürlich war es das auch vorher schon, aber wir ließen unsere Gefühle ja nicht zu). Zudem bemerken wir, daß es viele ungeahnte Überraschungen und spannende Augenblicke bereithalten kann, mit denen wir ganz gut fertig werden und durch die wir innerlich wachsen.

IMMER DACHTE ich, zum Leiden gehöre wirklich Mut. Jetzt sehe ich, daß es schon eine besondere Art von Mut darstellt, überhaupt zu leben.

Innere Klarheit

Frauen wissen viele Dinge, die sie nicht aus der Zeitung haben. Es ist manchmal ziemlich komisch, wie sie das alles wissen und niemand herausbekommen kann, woher sie das alles wissen. Meridel Le Sueur

Welche inneren und äußeren Kämpfe wir doch durchstehen mußten, um unser Wissen so viele Jahre lang zu unterdrücken ... so viele Jahrhunderte lang. Die Sucht nach übermäßiger Arbeit bewirkt, daß wir unsere weisen Einsichten ignorieren, um uns damit leichter in eine Gesellschaft einzufügen, die Süchte erzeugt.

Wie oft haben wir den Mund gehalten bei Vorstandssitzungen oder Zusammenkünften mit Mitarbeitern, weil wir dachten, unser Wissen würde ein großes Geschrei hervorrufen oder überhaupt nicht beachtet werden?

Wir haben uns so sehr darum bemüht, einer Gesellschaft anzugehören, die nicht unser Werk ist, und von deren Mitgliedern akzeptiert zu werden, daß wir unglaublich scheue und furchtsame Frauen geworden sind. Und doch verfügen wir über ein so immenses Wissen — und wissen, daß wir wissen.

DIE WELT braucht unsere Einsichten, unsere Weisheit. Die Menschen um uns brauchen unsere innere Klarheit. Unsere Familie braucht sie. Wir brauchen sie.

22. September

Verwirrung

Ich scheine schrecklich viele Menschen in mir zu haben.
Dame Edith Evans

Häufig verstärken Menschen, die wir im Innern mit uns herumschleppen, unsere Arbeitssucht, unsere Geschäftigkeit und den Zwang, für alles mögliche Sorge zu tragen.

In unserem Kopf sind leise Stimmen, die uns zu verstehen geben: »Du bist im Grunde überflüssig. Arbeitgeber können Leute, die nicht genug schaffen, sofort loswerden. Du bist das, was du tust. Wenn du nichts machst, bist du auch nichts. Niemand wird dich je so haben wollen, wie du wirklich bist. Du mußt dich unentbehrlich machen, dann kannst du dich sicher fühlen. Du bist einfach nicht intelligent *genug*. Du bist einfach *zu* intelligent.« Stimmen, Stimmen, nichts als Stimmen.

Ist es da verwunderlich, daß wir uns oft durcheinander fühlen? In uns wohnt ein Chor, der vierundzwanzig Stunden am Tag im Einsatz ist.

DER PROZESS des Heranreifens, des verantwortlichen Umgehens mit dem eigenen Leben, ist zum Teil auch davon abhängig, daß wir auf unsere eigene Stimme hören und sie unterscheiden von den vielen Stimmen, die in uns leben — zumal dann, wenn sie einem »internen Komitee« angehören, das aus Süchtigen besteht.

Verwirrung/Alles machen

Eine »gute Mutter« zu sein verlangt andere Qualitäten, als eine »gute« Hausfrau zu sein; und der Druck, beide Aufgaben zugleich zu erfüllen, kann zu einer unerträglichen Last werden. Ann Oakley

Es allen recht machen zu wollen ist ein charakteristisches Kennzeichen von Frauen, die sich ständig aufarbeiten. Wir übernehmen gleich mehrere Rollen, die zumeist in sich widersprüchlich sind — sowohl was die Anforderungen betrifft, die an uns gestellt werden, als auch die Fertigkeiten, die wir hierbei benötigen. Zum Beispiel müssen wir feststellen, daß die Kenntnisse, die wir brauchen, um in der Geschäftswelt kommunizieren zu können, unter Umständen verheerende Auswirkungen haben, wenn wir sie bei unseren Kindern anwenden. Jene Fähigkeiten wiederum, die eine gute Mutter notwendig haben muß, werden am Arbeitsplatz nicht besonders geschätzt. Kein Wunder also, daß wir dabei ganz durcheinandergeraten.

Gott sei Dank dient uns der Heilungsprozeß als Richtschnur, wie wir von innen heraus handeln können und nicht mehr versuchen, uns irgendwelchen Rollen anzupassen — noch gar mit ihnen zu verschmelzen.

WENN ICH mich in eine bestimmte Situation wirklich einbringe, so gebe ich damit das Beste, was ich anzubieten habe.

24. September

INNERES GLEICHGEWICHT

Es gibt Zeit für die Arbeit, und Zeit für die Liebe. Für alles andere bleibt keine Zeit mehr. Coco Chanel

Nun ja, zumindest hat Coco Chanel erkannt, daß man neben der Arbeit noch etwas anderes tun muß! Wie viele von uns haben die Liebe und das Leben aus ihrem Alltag ausgeschlossen und als etwas Überflüssiges betrachtet? Selbst wenn wir verheiratet sind, handeln wir so, als sei die Liebe ein Luxus, den wir uns kaum leisten können. Unsere krankhafte Arbeitswut hat uns mehr und mehr von uns selbst und anderen Menschen isoliert.

Genauso wie die Natur bedarf auch der Mensch des inneren Gleichgewichts. Wir brauchen Zeit, um eins zu werden mit uns selbst; und das heißt: Wir müssen ins Lot kommen. Denn ständig wird an uns gezerrt, geht Kraft verloren. Und so haben wir geistige Nahrung nötig und Zeit, um diese auch zu überdenken und zu verarbeiten. Arbeit und Liebe sind schon besser als bloß Arbeit … Aber da ist noch mehr möglich.

DER MENSCH ist ein äußerst vielseitiges Wesen. Menschliches Tun mag mehr einer fortlaufenden Linie vergleichbar sein als einem endgültig geschliffenen Edelstein.

Verwirrtes Denken

Jedesmal, wenn du nicht deinen inneren Weisungen folgst, empfindest du einen Verlust an Energie, an Stärke, und hast das Gefühl, geistig tot zu sein.

Shakti Gawain

Manchmal denken wir einfach zuviel. Wir haben ein Problem zu bewältigen und glauben, daß es uns gutgehen wird, sobald die Lösung gefunden ist. Je mehr wir jedoch nachdenken und abwägen, desto konfuser werden wir — bis wir uns dann in einem völligen Wirrwarr befinden. Dies wiederum benutzen wir als Anlaß, uns selbst dafür zu bestrafen, daß wir einfach zu dumm und unfähig sind, eine Lösung zu finden ... Damit dreht sich die Spirale weiter und weiter nach unten. Wir leiden wieder an unserer Krankheit, der Sucht. Wir handeln aufgrund suchterzeugender Mechanismen. Und in der Tat empfinden wir dann einen Verlust an Energie, an Stärke, und haben das Gefühl, geistig tot zu sein.

STOPP!! Es ist an der Zeit, daß wir unsere »inneren Weisungen« geduldig erwarten. Sie sind immer vorhanden. Wir haben sie nur verdeckt durch jene zwanghafte Konzentration, die durch »mentale Selbstbefriedigung« entsteht.

26. September

Wiedergutmachung/Elterliche Erziehung
Kontrollverhalten/Ichbezogenheit
Achter und Neunter Schritt

Ich habe meine Kinder wie Projekte behandelt, ihr Leben auf effiziente Weise arrangiert und verwaltet — freilich oft auf Kosten ihrer Gefühle. Ellen Sue Stern

Sobald wir allmählich die Konsequenzen unseres Tuns in Betracht ziehen — nämlich alles kontrollieren zu wollen und unser eigenes Leben wie das der Menschen um uns »auf effiziente Weise zu arrangieren und zu verwalten« —, müssen wir, genauso wie ein Alkoholiker, erkennen: Unsere Krankheit hat jenen Menschen ernstlich geschadet, die wir am meisten lieben. Sie sind ebenso Opfer unserer Krankheit wie eine Familie, in der ein Alkoholiker lebt — oder wie ein Drogensüchtiger Opfer seiner Krankheit ist.

Wir sehen allmählich ein, daß das, was wir in unserer krankhaften und verworrenen Denkweise als richtig für unsere Kinder und die anderen geliebten Menschen erachteten, im Grunde ein Versuch war, in ganz egoistischer Manier die Zügel in der Hand zu behalten.

Zu erkennen, wie wir uns da eigentlich verhalten haben, ist der erste Schritt auf dem Weg der Heilung. Wir müssen zugeben, was wir — vielleicht unabsichtlich — den anderen angetan haben, und, wenn möglich, den Schaden wiedergutmachen — aber ohne sie dabei erneut zu verletzen.

WENN ICH ZURÜCKSCHAUE auf die Verstrickungen, die meine Arbeit kennzeichnen, bin ich nicht immer stolz auf meine Taten. Ich hoffe jedoch, daß ich bei den Menschen, die ich liebe, eine neue Chance habe.

Sich selbst würdigen/Panik
Wahlmöglichkeiten/Unterstützung

Der Platz, an dem ich arbeite, sollte ein Ort sein, der die Menschen heilt, und statt dessen wird denen, die dort arbeiten, Gewalt angetan. Rosie

Mehr und mehr haben wir in Erfahrung gebracht über »ungesundes Bauen« und die negativen Auswirkungen, die es auf unser Leben hat. Sobald wir mit dem Heilungsprozeß beginnen und allmählich sorgsamer mit uns selbst umgehen, stellen wir fest, daß am Arbeitsplatz unser Bestreben, gesünder zu leben, nicht nur nicht gefördert, sondern sogar maßgeblich behindert wird.

Wir merken, daß uns dies erschreckt und überfordert. Müssen wir deshalb unsere Arbeit aufgeben, um gesund zu bleiben oder zu werden? Müssen wir den Weg der Heilung wieder verlassen, um weiterhin unsere Arbeit machen zu können? Keine der beiden Alternativen ist allzu einladend.

Glücklicherweise müssen wir uns heute weder für das eine noch für das andere entscheiden. Aber wir haben in der Tat Unterstützung nötig, um den eingeschlagenen Weg in Richtung Gesundheit fortzusetzen. Zu hoffen bleibt, daß wir diesen geistigen und moralischen Rückhalt innerhalb wie auch außerhalb unserer Arbeitssituation finden können. Er ist entscheidend dafür, daß wir wirklich eins werden mit uns.

ICH WILL mich umsehen und offen sein für noch unentdeckte Kraftquellen, wo auch immer sie sich auftun.

28. September

Sich unentbehrlich machen

Aber meine Familie braucht mich doch.

Anonyme Hausfrau

Nichts schenkt uns mehr Sicherheit als das Gefühl, gebraucht zu werden ... nicht wahr?

Dabei laugt uns nichts so aus wie dieses Gefühl, gebraucht zu werden. Oft haben wir uns im Beruf oder zu Hause unentbehrlich gemacht, damit wir uns sicher vorkamen und glauben konnten, die anderen seien angewiesen auf uns. Wir konnten uns im Grunde nicht vorstellen, daß die Menschen uns vielleicht deshalb lieben, weil wir ganz einfach so sind, wie wir sind. Und selbst wenn dem so wäre: Hätten wir uns das Risiko leisten können, ihre Liebe zuzulassen?

Natürlich brauchen uns die eigenen Kinder — aber oft viel weniger, als wir es gerne hätten. Leider wird dieses Bemühen, unersetzbar zu sein, kaum in Verbindung gebracht mit Frauen, die sich um die Kinder kümmern und den Haushalt führen. Meist setzen wir Sicherheit mit Unentbehrlichkeit einfach gleich. Aber eigentlich verwechseln wir die beiden Begriffe.

WENN ICH versuche, mich unentbehrlich zu machen, weiß ich, daß ich in mich gehen muß, um zu sehen, was ich wirklich fühle.

Geschäftigkeit/Freundschaft

Welch neue Einsicht! Da war diese Freundin, die mich besuchen kam, und es dämmerte mir: Ich hatte einfach nichts zu tun.

Mary

Wir, die wir süchtig sind nach Hektik und Streß, können uns nicht einmal *die Möglichkeit* vorstellen, nichts zu tun zu haben. Wenn eine Freundin zu Besuch kommen will, gibt uns das Gelegenheit, unserem krankhaften Zwang nachzugeben — und herumzurennen und alles in Ordnung zu bringen, zu arrangieren und vorzubereiten, damit sie sich willkommen fühlt und eine schöne Zeit bei uns verbringt.

Wir sind derart beschäftigt, *bevor* die Gäste ankommen, daß wir erschöpft sind, wenn sie dann eintreffen. Oder wir machen ständig irgend etwas, damit sie sich wohl fühlen, so daß wir gar nicht dazu kommen, uns auch einmal hinzusetzen und mit ihnen zusammenzusein.

Nie können wir uns in unserer ewigen Geschäftigkeit vorstellen, daß die Gäste sich auch einmal selbst bedienen können — und daß sie gekommen sind, um in *unserer* Gesellschaft zu sein.

HEUTE habe ich die Möglichkeit, offen dafür zu sein, daß ein anderer Mensch zu mir kommt, weil er ganz einfach mit *mir* zusammensein möchte.

30. September

ANGST/ARBEIT

Sei dir bewußt, daß es gut ist zu arbeiten. Liebe deine Arbeit und denke daran, daß du sie gerne machst. Sie ist leicht und interessant. Sie ist ein Privileg. Sie wird durch nichts erschwert — außer durch deine besorgte Eitelkeit und deine Angst vor dem Versagen. Brenda Ueland

Unsere Arbeit ist genauso ein Geschenk wie unsere Fähigkeit, sie zu tun. Diese Arbeit stellt überhaupt kein Problem dar. Wir gehen ihr einfach nach. Sie ist nicht schwierig oder verwirrend oder kompliziert. Zwar machen wir sie manchmal dazu. Aber wenn wir fähig sind, uns auf sie zu konzentrieren, uns mit ihr zu beschäftigen und Schritt für Schritt vorzugehen, wird sie auch erledigt, und meistens sogar mit Erfolg. Wenn wir uns jedoch selbst dadurch überfordern, daß wir sie wie einen großen und unbezwingbaren Berg vor uns sehen und sie nicht in kleinere Abschnitte aufteilen, bekommen wir das Gefühl, unzulänglich zu sein und sie nicht vollenden zu können. Dann zaudern wir, schieben die Dinge auf, und unsere Sorgen und Ängste melden sich zurück.

WENN ICH meine Arbeit Schritt für Schritt leiste, fällt sie mir auch nicht schwer. Zum Glück kann ich sowieso nur jeweils einen Schritt unternehmen.

Bewusstsein für den Lebensprozess
Innere Verpflichtung
Dritter Schritt

An etwas zu glauben, das noch nicht bewiesen ist, und mit unserem Leben dafür einzustehen: Das ist die einzige Möglichkeit, wie wir uns die Zukunft offenhalten können.

Lillian Smith

Einmal sagte eine meiner Patientinnen, daß sie die Vorstellung, das eigene Leben als Prozeß zu begreifen und sich dementsprechend zu verhalten, ähnlich empfinde wie den Sprung von einer hohen Klippe. — Einige Zeit nachdem sie diesen Vergleich angestellt hatte, erzählte sie mir von einem Traum: Sie stand am Rand einer Klippe und spürte eine große Angst, weil von hinten etwas auf sie zukam. Im Traum war ihr, als gäbe es tatsächlich nur eine Wahl: nämlich vom Felsen herunterzuspringen — was sie dann, voller Schrecken, auch tat. Plötzlich aber hatte sie das wunderbare Gefühl, durch die Luft zu schweben. Sie öffnete die Augen und sah, daß aus ihrem Rock ein Fallschirm geworden war; dadurch war sie gerettet und trieb in angenehmer Weise dahin.

»Sich die Zukunft offenzuhalten« — das ist vielleicht einer der wichtigsten Vorsätze, die wir in bezug auf unser Leben treffen können. Und an etwas zu glauben, das noch nicht bewiesen ist, könnte in diesem Fall gleichbedeutend sein mit dem Glauben an uns selbst.

Wir wissen nie, aus welchem Stoff vielleicht gute Fallschirme gemacht werden. Wenn wir uns die Zukunft offenhalten, wird uns auch leichter bewußt, daß es im eigenen Leben Fallschirme gibt, die wir nicht selbst gefertigt haben.

2. Oktober

SELBSTWERDUNG/ÄLTERWERDEN

Wenn wir altern, werden wir weder besser noch schlechter, sondern mehr wir selbst. Mary Lamberton Becker

Einmal begegnete ich einer Frau in den Sechzigern, die mir erzählte, welch eine herrliche Offenbarung es für sie war, ganz grau zu werden. »Jetzt kann ich meine Ideen so zum Ausdruck bringen, wie ich will«, sagte sie, »und bin auch nicht mehr — wie in jüngeren Jahren — Zielscheibe für diese eigenartige sexuelle Energie, die von Männern ausgeht.«

Eine andere Frau, in den Fünfzigern, vertraute mir an, daß eines der bestgehüteten Geheimnisse unserer Kultur in der — wie sie es nannte — »postklimakterischen Vitalität« bestünde. »Ich dachte, vor den Wechseljahren wäre ich schon eine ›Kanone‹ gewesen«, flüsterte sie mir verschwörerisch zu, »aber Sie sollten mich jetzt mal sehen.«

Diese beiden Frauen haben sich offensichtlich dazu bekannt, den Prozeß des Älterwerdens in einer Weise auf sich wirken zu lassen, daß er ihrer Selbstwerdung, ihrer Selbstverwirklichung zugute kommt.

IN DEM MASSE, wie die Forderungen von außen, ein falsches Bild von uns zu geben, nachlassen, können wir uns leichter darauf konzentrieren, der Mensch zu sein, der wir immer schon waren.

Sich halb wahnsinnig fühlen

Die Frau von morgen weint nicht. Sie schreit!
Norma Jean Harris (Sheila Ballantyne)

Manchmal werden wir derart von unseren Gefühlen übermannt, daß wir nur noch Lust haben zu schreien. Frauen (und Männer!) können sich die Seele aus dem Leib schreien. Wir brüllen unsere Kinder an, unsere Ehepartner, unsere Freunde und sogar unsere Angestellten. Dieses Verhalten führen wir und die anderen darauf zurück, daß wir eben einmal im Monat »ausrasten«, und tun dies ab als kleine Störung im Hormonhaushalt. Tief im Innern aber fühlen wir uns wegen dieses Gefühlsausbruchs beschämt, schuldig, wahnsinnig und unsauber.

Zuweilen ist Schreien eine ganz gesunde und notwendige Reaktion. Wir müssen weinen. Wir müssen schreien. Das gehört zu unserem täglichen Ablauf dazu und ist eine ganz normale Antwort auf das Leben in einer Gesellschaft, die uns ständig unter Druck setzt und Suchtkrankheiten erzeugt. Dennoch brauchen wir nicht *andere* anzuschreien. Wir benötigen unsere sicheren und nach außen hin abgeschirmten Orte, an denen wir unsere Gefühle herauslassen können: Dort können wir uns richtig ausweinen und schreien, soviel wir wollen. Das ist für den menschlichen Organismus etwas durchaus Normales. Nur waren wir der Überzeugung, die einzigen zu sein, die so etwas nötig hätten.

WENN ICH mich an anderen Menschen abreagiere, fühle ich mich schlecht. Wenn ich meinen Gefühlen dort freien Lauf lasse, wo niemand gestört wird, fühle ich mich gut.

4. Oktober

Freiheit

Ein Zusammenschluß von Frauen besteht im wesentlichen darin, daß eine jede die Freiheit der anderen bestätigt — genauso, wie es Freundinnen tun. Mary Daly

Um wahre Freundinnen zu sein, müssen wir jenes mißtrauische Konkurrenzdenken gegenüber anderen Frauen aufgeben, das uns früher beigebracht wurde. Wir müssen davon loskommen, andere Frauen als Mitstreiterinnen um die »Süßigkeiten« (Männer und die Bestätigung bzw. Beachtung, die sie uns zukommen lassen) anzusehen. Wir müssen ganz offen in Betracht ziehen, daß wir, eben *weil* wir Frauen sind, gemeinsame Anliegen haben und Erfahrungen machen, die wir miteinander teilen müssen. Um dies zu erreichen, müssen wir bereit sein, eine Erziehung und Ausbildung hinter uns zu lassen, die darauf abzielte, uns voneinander zu isolieren; wir müssen den Willen haben, die entstandene Kluft zwischen uns zu überwinden, und uns die Freiheit nehmen, im Umgang miteinander so zu sein, wie wir wirklich sind.

Sobald wir diesen Sprung erst einmal geschafft haben, entdecken wir in unseren Freundschaften mit Frauen einen Reichtum und eine Tiefe, die mit Männern einfach nicht möglich ist. Immer wieder stellen wir dann Gemeinsamkeiten fest: »Ja, ich weiß«, oder »Ja, so denke ich auch«, hören wir uns sagen. Indem wir uns gegenseitig darin bestärken, jene früheren »Gehirnwäschen« hinter uns lassen, sind wir auf dem Weg zu freundschaftlichen und zugleich fraulichen Beziehungen.

ICH BRAUCHE Freundschaften mit Frauen, obwohl mir immer etwas anderes beigebracht wurde.

Innere Leere

Ich brauche irgend etwas, und zwar sehr dringend, aber ich weiß nicht, was es ist.

Norma Jean Harris (Sheila Ballantyne)

Immer dann, wenn wir einmal lange genug innehalten, wird uns jenes tiefe Gefühl innerer Leere bewußt. Es ist derart beängstigend, daß wir uns sofort in die Arbeit stürzen, um es auf diese Weise abzublocken. Wir steuern direkt auf den Kühlschrank zu, um es unter einem Berg von Nahrungsmitteln zu begraben. Wir versuchen, es im Alkohol zu ertränken. Plötzlich gehen wir sehr aktiv an ein bestimmtes Projekt oder eine andere Tätigkeit heran. Oder wir setzen uns vor den Fernseher.

Wenn wir wüßten, womit dieses Gefühl zum Verschwinden gebracht werden könnte, würden wir alle entsprechenden Hebel in Bewegung setzen. Wir sind kompetente Frauen, und wir werden mit fast allem fertig — vorausgesetzt, wir wissen, um was es eigentlich geht und was zu tun ist. Aber in diesem Fall fühlen wir nur, daß etwas uns fehlt. Wir haben eine vage Erinnerung, daß wir schon einmal wußten, was es ist; aber jetzt können wir uns nicht mehr daran entsinnen.

VIELLEICHT vermisse ich nichts anderes als mich selbst und die Verbindung zu meiner höheren Macht.

6. Oktober

BESESSEN SEIN

Warum Frauen ihre übermäßige Hausarbeit zugunsten ihres Schreibens zurückstellen sollten …

Brenda Ueland

Dieses Zitat ist eine Kapitelüberschrift in Brenda Uelands Buch: *Wenn Sie schreiben wollen.* Es bringt die Probleme unserer Arbeitsbesessenheit auf einen Nenner. Noch dazu widmet die Autorin diesem Themenkomplex ein ganzes Kapitel.

Warum aber ist es so, daß wir zuallererst uns selbst vernachlässigen und aufgeben, sowie all jene Menschen und Dinge, die uns am meisten bedeuten: unsere Kreativität und unsere Gesundheit, unsere Kinder und unsere Lieben? Wie traurig ist es doch, daß wir unsere inneren und äußeren Schätze geringachten wegen irgendwelcher Tätigkeiten, die weit weniger Wert besitzen.

Unsere krankhafte Sucht läßt sich am besten so zusammenfassen: Wir werfen die Perlen vor die Säue und scheuern den Schmutz von den Küchenfliesen. Ist es nicht so?

WIR WOLLEN hier einmal klar festhalten, was wirklich wichtig ist.

Den Augenblick bewusst erleben

Wunder sind unerwartete Freuden, überraschende Fügungen, unerklärliche Erlebnisse von atemberaubender Schönheit ... einfach alles, was mir im Laufe des Tages passiert — aber nur, wenn ich in jedem *Moment fähig bin, dessen besonderen Wert zu erkennen.*

Judith M. Knowlton

Ständig geschehen Wunder in der Welt, die uns unmittelbar umgibt. Unser Alltag ist geradezu reich an glücklichen Fügungen.

Es ist ja nicht so, daß diese Wunder nicht da sind. Nein, *wir* sind oft nicht wirklich da. Wir stehen auf einem Berg Diamanten und halten Ausschau nach einer Goldmine irgendwo hinter der nächsten Hügelkette.

Sobald wir unser inneres Gleichgewicht wiedererlangen, nehmen wir allmählich im Gewöhnlichen das Ungewöhnliche wahr. Dann hören wir auf, nur daran zu *denken,* daß wir ja bewußter leben wollen, und fangen einfach damit an.

GOTT SEI DANK bin ich so lange im Kreis herumgeirrt und habe die Sohlen meiner Schuhe so weit abgetragen, daß die Diamanten, auf denen ich stehe, endlich meine Aufmerksamkeit erregen.

8. Oktober

Sich unentbehrlich machen
Kontrollverhalten

Hätte mich jemand noch vor wenigen Jahren eine »unentbehrliche Frau« genannt, so wäre ich dankbar dafür gewesen. Ich hätte es als Kompliment aufgefaßt. Heute weiß ich es besser. Ellen Sue Stern

Da wir uns um alles kümmern und ständig ein Übermaß an Arbeit bewältigen, waren wir auch der festen Überzeugung, unersetzlich zu sein. Wir haben uns sogar unentbehrlich *gemacht* und uns dann erschöpft gefühlt — aber trotzdem irgendwie sicher. Wir glaubten: Wenn die Leute in der Firma oder unsere Kinder, unsere Partner und Freunde nicht ohne uns auskommen können, werden wir in ihrem Leben immer eine wichtige Rolle spielen. Unser kleines Herz schlug höher, wenn jemand zu uns sagte: »Was würde ich nur ohne Sie tun?«

Gott sei Dank *ist* es möglich, als Erwachsene Dinge zu lernen, die man in jungen Jahren versäumt hat! Viele von uns haben eingesehen, daß dieses Gefühl, unersetzlich zu sein, nicht nur uns selbst zerstört hat, sondern auch all unsere Beziehungen. Bei den Menschen unserer Umgebung stellten wir bereits einen gereizten Unterton fest. Man ärgert sich immer über diejenigen, von denen man abhängig ist und die das eigene Leben zu kontrollieren versuchen.

ICH BIN so erleichtert, daß ich herausgefunden habe: Gerade indem ich mich unentbehrlich machte, zerstörte ich mich selbst und meine Beziehungen. Nun aber habe ich andere Alternativen!

Verzweiflung

Ich denke mir, ein Vakuum existiert nur durch die Dinge, die es umgrenzen. Zelda Fitzgerald

Ein Vakuum ist nicht nur etwas Leeres. Es ist die Abwesenheit von etwas, und wäre es nicht eingeschlossen in dieses Etwas, existierte es gar nicht.

Das Gefühl innerer Leere ist uns wohlvertraut. Es gab viele Momente, da wir ganz einfach keinen Funken Energie mehr in uns spürten. Diese Phasen sind die »finsteren Nächte der Seele«. Wir tun alles, um sie zu vermeiden — und werden sogar süchtig nach irgendeiner Substanz, irgendeiner Tätigkeit, die uns hilft, dieses Gefühl zu verdrängen.

Wir sind die Gefangenen eines Lebens, wie wir es uns selbst entworfen haben. Unsere sogenannten »architektonischen Wunder« haben sich als »vorgefertigte Schreckgespenster« entpuppt. Unsere Mauern sind von uns selbst erbaut — und nur wir können sie wieder einreißen.

DENKEN SIE nur einmal daran, daß sich viele interessante Möglichkeiten ergeben, sobald der Zustand des Vakuums aufgehoben wird.

10. Oktober

VERWIRRUNG

Sie besteht nur noch aus unzusammenhängenden halben Noten ohne Rhythmus. Ntozake Shange

Wir wissen, daß unser Leben eine einzigartige Melodie sein könnte; oft haben wir jedoch das Gefühl, als bestünden wir »nur noch aus unzusammenhängenden halben Noten ohne Rhythmus«. Wann also ist die Melodie unseres Lebens disharmonisch geworden? War es da, als wir anfingen, mehr Dinge einzuplanen, als wir bewältigen konnten? Oder war es da, als wir allmählich böse wurden wegen all der Aufgaben, in die wir eingewilligt hatten?

Irgendwann — und wahrscheinlich nach und nach — hat sich unser Leben von jener großen Komposition, die es einmal war, in eine ebenso große Krise verwandelt. Je tiefer wir in diese Krankheit des übermäßigen Arbeitens geraten, desto verwirrter werden wir.

Es ist tröstlich zu wissen, daß diese Konfusion wirklich ein Aspekt dieser Krankheit ist — und daß der Heilungsprozeß uns innere Klarheit in Aussicht stellt.

WENN ICH meine Verwirrung als ein weiteres Symptom einer fortschreitenden, verhängnisvollen Krankheit betrachte, gehe ich mit mir selbst nicht mehr so hart um.

Monotoner Geist

Ich will am Ende meines Lebens nicht feststellen müssen, daß ich es nur als eine Abfolge von Ereignissen hinter mich gebracht habe. Ich will es auch in seiner ganzen Fülle erfahren haben. Diane Ackerman

Wenn wir uns zu sehr auf unsere Arbeit konzentrieren, auf unsere Kinder, unser Heim oder unsere Beziehungen, werden wir zu äußerst einseitigen Menschen. Im ganzen Verlauf der Geschichte und vor allem in jüngster Zeit seit dem Beginn der weiblichen Emanzipationsbewegung ist uns auf schmerzliche Weise bewußt geworden, daß die eher geistlosen Aufgaben, die die Gesellschaft zu verteilen hat, oft den Frauen vorbehalten waren.

Sobald nun aber mehr von uns den Durchbruch schaffen und in die »oberen« Ränge (zumindest betrachteten wir sie als solche) aufsteigen, müssen wir leider erneut feststellen, daß wir genauso abgestumpft und engstirnig werden können ... nur auf andere Weise. Die Inhalte haben sich verändert. Aber der Prozeß ist derselbe geblieben.

Um unsere Seele wiederzugewinnen, müssen wir erkennen, daß die Reichhaltigkeit, der umfassende Horizont unseres tagtäglichen Lebens zumindest genauso wichtig ist wie die zeitliche Aneinanderreihung seiner Ereignisse.

MIT DER BREITE bekommt die Länge eine weitere Dimension. Mit der Tiefe kommt eine dritte dazu. Die Welt ist mindestens dreidimensional.

12. Oktober

VERWIRRTES DENKEN/DIE NEIGUNG, ABWERTENDE URTEILE ZU FÄLLEN

Ich sehe, welche Vielzahl an negativen Einstellungen es in der Welt und überall um uns gibt, wie leicht man, wenn man nicht sehr vorsichtig ist, an ihnen teilhaben und in sie hineingezogen werden kann — um dann genauso wie die anderen Teil eines heillosen Durcheinanders zu sein.
Eileen Caddy

Bei einem Süchtigen ist die negative Einstellung ein ganz typischer Aspekt seiner konfusen Denkweise. Die Suchtkrankheit lebt gewissermaßen von dieser inneren Verwirrung. Im beruflichen Alltag werden wir dafür belohnt, daß wir analysieren, vergleichen, kritisieren und eine negative Grundhaltung haben. Man kann leicht erkennen, wie wir von dieser absorbiert werden und uns nur noch auf das konzentrieren, was unwahr und falsch ist. Im Grunde geht es hier um nichts anderes als um die Neigung, abwertende Urteile zu fällen.

Natürlich ist es wichtig zu erkennen, was an einer bestimmten Situation verkehrt ist und was geändert werden muß. Wenn jedoch Urteile gefällt werden, die weder tolerant noch objektiv sind, erhält die ganze Wahrnehmungswelt einen negativen Charakter. Diese Negativität ist dann sehr verführerisch.

KLAR SEHEN zu lernen und sich nicht in konfusen und negativen Einstellungen zu verlieren ist eine der Herausforderungen des Heilungsprozesses.

Kontrollverhalten

Wenn nichts sicher ist, ist alles möglich.
Margaret Drabble

Eine Frau, die sich ständig übernimmt, wird durch diese Worte in Angst und Schrecken versetzt. Allein die Vorstellung, überhaupt zuzugeben: Nichts ist sicher, regt unsere Gedanken derart an, daß wir ganz fleißig die Dinge in unserem Leben auflisten, über die wir uns sicher sind. Wenn wir dabei jedoch ehrlich verfahren, ist die Liste sehr kurz: Der Tod ist vielleicht das einzig wirklich Sichere. Alles andere liegt nur im Bereich des Möglichen.

Indem wir unsere Kontrollbedürfnisse zunächst erkennen und sie uns dann allmählich abgewöhnen, erleben wir auf erregende und wunderbare Weise, wie schwerelos diese Ahnung im Innern sich anfühlt: Alles ist möglich. Sobald wir wissen, daß wir nichts wissen, sind wir offen für das, was wir nicht wissen.

WENN mein Leben von einem starken Glauben bestimmt wird, bedeutet das: Ich verlasse mich auf meine Intuition und Erfahrung. Im Grunde lebe ich schon immer danach, aber ich habe es so lange wie möglich verdrängt.

14. Oktober

Sich überfordert fühlen

Obwohl ich gar keinen Krieg begonnen habe, kommt es mir so vor, als würde ich einen erbitterten Kampf führen.
Dolly Parton

Manchmal haben wir das Gefühl, von äußeren Kräften einfach niedergedrückt zu werden. Wir sehen uns in familiäre oder betriebliche Kämpfe und Streitereien verwickelt, die wir unserer Meinung nach nicht begonnen haben und an denen wir ganz gewiß nicht teilnehmen wollen. Sobald es aber dann doch dazu kommt, glauben wir, in den Kampf eingreifen zu müssen — oder versuchen zumindest, den anderen Einhalt zu gebieten.

Beide Verhaltensweisen verschärfen solche Auseinandersetzungen nur. *Eine* unabhängige Entscheidung können wir allerdings treffen: nämlich ob wir daran mitwirken wollen oder nicht. Es steht in unserer Macht, eine Beteiligung unsererseits auszuschließen. Verblüffend ist, wie schnell sich ein Kampf auflöst, wenn niemand mitmacht. Sobald er jedoch losbricht und uns dann überfordert, sind wir nicht mehr fähig zu erkennen, daß es uns einmal freistand, nicht einzugreifen — oder wir haben schon völlig vergessen, daß wir diese Entscheidungsfreiheit hatten.

EINE ART »kriegerische Hetze« ist an Arbeitsplätzen, die suchterzeugend wirken, absolut üblich. Ich kann darüber entscheiden, ob ich mich daran beteiligen will oder nicht.

Schönheit

Wahrheit und Schönheit lernen wir am besten dadurch kennen, daß wir sie auszudrücken versuchen. Und was sonst wäre das Ziel des Lebens, hier oder im Jenseits, als Wahrheit und Schönheit zu entdecken und auszudrücken — indem wir sie zum Beispiel mit anderen teilen?

Brenda Ueland

Wenn das Ziel des Lebens darin besteht, Wahrheit und Schönheit zu erkennen und andere an dieser Entdeckung teilhaben zu lassen, kann das bedeuten, daß einige von uns bisher auf dem Holzweg waren.

Durch unser starkes Bedürfnis, etwas zu leisten und weiter voranzukommen, haben wir eine ganz knauserige Einstellung entwickelt. Da wir süchtig sind, glauben wir, es gebe nur ein begrenztes Maß an Macht und Erfolg — und wir selbst hätten weniger davon, wenn wir irgend etwas hergäben. Und so bildet sich dieser »herrliche« Charakterfehler heraus, mit dem wir nun konfrontiert sind: Geiz.

Wir denken: Wenn wir andere an unseren Ideen, unseren bewußten Wahrnehmungen teilhaben lassen, werden sie uns diese wegnehmen. Also zensieren wir, sehen uns im Besitz von »Urheberrechten« und halten unsere Kenntnisse zurück ... und am Ende sind wir selbst die Verlierer.

GROSSE IDEEN gehören allen Menschen. Nur die kleinen müssen fein säuberlich abgezählt werden.

16. Oktober

Selbstwerdung/Kontrollverhalten

Zudem weiß ich: Wenn ich voller Selbstvertrauen und so weit wie möglich eins mit mir bin, spiegelt sich dies in allen Dingen meines Lebens wider — sie gehen leicht von der Hand, und das oft auf wundersame Weise.

Shakti Gawain

Jenes Machtsystem, in dem wir leben und arbeiten, lehrte uns, daß wir kämpfen, kontrollieren und uns abquälen müssen, um Erfolg zu haben. Folglich sind wir nach diesen Anstrengungen völlig erschöpft und lecken unsere Wunden.

Wir sind der Überzeugung, daß es niemals ausreicht, wenn wir einfach nur »wir selbst« sind. Sobald wir jedoch andere Menschen kennenlernen, die in ihrem Heilungsprozeß weiter sind als wir, kommen wir auch mit Frauen zusammen, die ihre Sache ganz gut machen, indem sie Vertrauen haben zu sich selbst und so sind, wie sie sind. Ihr Leben scheint sich ganz einfach harmonisch zu entfalten.

DIE ENTWICKLUNG meines Lebens hängt nicht davon ab, ob ich kompetent bin oder alles unter Kontrolle habe, sondern davon, ob ich an mich selbst glaube.

Schönheit/Einzigartigkeit/Ehrfurcht

Da du anders bist als jedes andere Wesen, das seit Anbeginn der Zeit erschaffen wurde, bist du auch einzigartig.
Brenda Ueland

Wenn ich diese Worte von Brenda Ueland lese, hole ich tief Atem und lasse ihn ganz langsam wieder ausströmen. *Ich bin einzigartig.* Mache ich mir dies einmal wirklich klar, so regt sich tief im Innern ein Gefühl von Ehrfurcht und Verehrung ... Ehrfurcht vor mir selbst.

In jenen Selbsthilfegruppen, die mit dem Zwölf-Schritte-Programm arbeiten, kursiert der Begriff der »unheilbaren Einzigartigkeit«. Man ist auf »unheilbare Weise einzigartig«, wenn man glaubt, kein anderer Mensch habe *so* schlimme Dinge durchgemacht — und man selbst sei der Mittelpunkt der Welt. Wenn wir darauf beharren, die Welt ausschließlich aus unserem eigenen Blickwinkel zu definieren, dann handeln wir wie Menschen, die sich ganz großartig vorkommen und die doch innerlich zerrüttet sind. Diese Haltung zerstört unsere Seele.

Wenn wir dagegen unsere Einzigartigkeit im ursprünglichen Sinne akzeptieren und würdigen, nehmen wir in der Welt den Platz ein, der uns gebührt.

Es gibt vieles, das wunderbar ist: unter anderem mich selbst!

18. Oktober

Bewusstheit

Es gibt keine neuen *Wahrheiten, sondern nur solche, die bereits von Menschen erkannt wurden, ohne daß sie sich dessen bewußt waren.* Mary McCarthy

Unsere größten Lektionen lernen wir oft dann, wenn wir uns ihrer gar nicht bewußt sind. Wir können tagelang eine bestimmte Technik einstudieren oder uns auf ein wichtiges Projekt konzentrieren — aber die wahre Bedeutung all dessen bleibt uns verschlossen; der Funke scheint nicht überzuspringen.

Dann geschieht etwas Besonderes. Die Nebelschleier verziehen sich plötzlich, und wir stellen fest, daß wir eine neue Erkenntnisstufe erreicht haben, ohne zu wissen, wie wir überhaupt dahin gekommen sind. Nicht unsere Versuche und Anstrengungen haben uns soweit gebracht — sondern die Bereitschaft, ganz bewußt wahrzunehmen, was wir schon geschafft haben, was hinter uns liegt. Dadurch öffneten sich die Tore im Innern.

Wir kontrollieren nicht alle Abläufe in unserem Leben. Manchmal müssen wir nichts anderes tun als: wahrnehmen. Das ist alles.

DER HEUTIGE TAG bietet mir jede Möglichkeit, die Wahrheiten, die in mir weiterarbeiten, auch zu erkennen.

Rechtfertigungen

Ich benutze andere Süchte (Essen, Sex, Alkohol, Geldverschwendung), um mich für meine Arbeitssucht zu belohnen.
Barb

»Wenn ich nur dieses Projekt noch rechtzeitig fertigkriege, dann gehen wir in dieses teure Restaurant, das gerade neu aufgemacht hat, und bestellen alles, worauf wir Lust haben.«

»Wenn ich so hart arbeite, habe ich wohl einen oder zwei Drinks am Abend verdient, um mich ein wenig zu entspannen. Schließlich habe ich einen äußerst stressigen, engagierten Tag hinter mir. Diese Entspannung steht mir also zu!«

»Sex befreit mich wirklich. Wenn ich ihn mit unnötigem Ballast beschwere wie Liebe, Kommunikation, innere Verbundenheit, dann wird mir die ganze Sache zu kompliziert. Manchmal braucht eine Frau einfach diese Art von Befreiung. Das heißt nicht, daß ich meinen Partner ausnutze. Er hat auch seine Bedürfnisse und Wünsche. Aber wenn einer den anderen dafür hernimmt, diese innere Spannung zu lösen, kann man nicht *wirklich* von ›ausnutzen‹ sprechen.«

ICH HABE doch wohl das Recht, meine Süchte auszuleben. Schließlich ist das *mein* Leben, oder nicht?

Eben!

20. Oktober

Bewusstsein für den Lebensprozess
Kontrollverhalten

Die Zeit ist eine Schneiderin, die sich auf Umänderungen spezialisiert hat. Faith Baldwin

Gerade sind wir dabei, »alles ein für allemal hinzukriegen« — zumindest denken wir das oft —, und im selben Moment gibt uns das Leben eine weitere Gelegenheit, etwas zu lernen. Viele von uns haben versucht, mit dem eigenen Leben wie mit dem eigenen Haus zu verfahren. Wir glaubten, wir könnten unser Haus so in Ordnung bringen, wie es uns gerade paßt, und dann würde es für immer in diesem Zustand bleiben. Wir fühlen uns persönlich angegriffen, wenn die Schonbezüge der Sitzmöbel verschleißen, wenn ein Zimmer neu gestrichen werden muß oder ein Haushaltsgerät kaputtgeht.

Genauso haben wir unser Leben eingerichtet: es gründet auf einer völlig statischen Wahrnehmung der Welt. Wir waren der Überzeugung, daß die Dinge, wenn sie einmal geregelt werden, sich auch nicht mehr ändern — ob es dabei nun um unser Haus, unsere Arbeit oder uns selbst geht. Indem wir versuchten, uns selbst bzw. die Welt, in der wir leben, in eine starre Ordnung zu pressen, haben wir unsere tiefen Enttäuschungen und schweren Rückschläge geradezu vorprogrammiert. All unsere Bemühungen, die natürlichen Lebensprozesse zu kontrollieren, haben ihren Tribut gefordert: von uns selbst wie von den Menschen, die in unserer Nähe sind.

MEIN LEBEN ist ein Prozeß. Das Leben überhaupt ist ein Prozeß. Änderungen sind Teil dieses Prozesses.

Angst

Während wir schweigend auf jenen genauso endgültigen wie luxuriösen Zustand warten, da wir keine Angst mehr haben, wird uns das Gewicht des Schweigens erdrücken.
Audre Lorde

Jenes Stillschweigen, das wir angesichts der uns am meisten bedrängenden Fragen bewahren, dröhnt in unseren Köpfen und Körpern wie eine Herde galoppierender Büffel. Die tiefen Täler unseres inneren Seins hallen wider von all den unausgesprochenen Ideen und Wahrnehmungen.

Im täglichen Inferno unserer scheinbar ruhigen Existenz ist es die Angst, die die Seele lähmt. Diese Angst ist real. Sie ist offensichtlich. Wir können sie fühlen. Wir müssen lernen, sie zu respektieren und sie dann hinter uns zu lassen. Wir können sie nicht verdrängen, und wir können nicht »warten auf jenen genauso endgültigen wie luxuriösen Zustand, da wir keine Angst mehr haben«.

Wenn wir nur noch auf unsere Angst fixiert sind, verziehen wir uns in jenes erstickende Schweigen, das unsere Seele aufzehrt. Andererseits: Keine Frau der Welt sollte reden, wenn sie nicht wirklich dazu bereit ist. Wir müssen das Schweigen der anderen achten. Aber wenn wir unseren Ängsten wirklich begegnen, werden wir auch unsere Stimmen hören.

MEINE ANGST ist real. Ich will sie anerkennen. Aber ich brauche mich nicht von ihr beherrschen zu lassen.

22. Oktober

WIEDERGUTMACHUNG

Ich habe davon Abstand genommen, die Wahrheit immer auszusprechen, und mich einfach mit vielen Dingen abgefunden.
Marion Cohen

Einer der wichtigsten Schritte, um von der Sucht nach Arbeit, Fürsorge, Hetze und Geschäftigkeit geheilt zu werden, besteht darin, daß wir Wiedergutmachung leisten. Zunächst müssen wir eine Liste jener Menschen anfertigen, denen wir Unrecht getan haben. Dann müssen wir unsere Fehler wiedergutmachen, vorausgesetzt, niemand wird dadurch verletzt.

Es ist wichtig, daß wir uns daran erinnern, auch uns selbst in diese Liste mit aufzunehmen. Wir leisten Wiedergutmachung nicht, um Verzeihung zu erlangen, auch nicht, um andere zu bekehren, damit sie sich genauso verhalten wie wir — und erst recht nicht, um sie zu kontrollieren oder zu manipulieren.

Wir leisten Wiedergutmachung, weil wir es tun müssen, um unsere innere Klarheit und »Nüchternheit« beizubehalten; weil unsere Seele dadurch reiner wird und wir die begangenen Fehler zugeben und zum Ausdruck bringen können: Es tut mir leid — um sie dann jener Macht anzuvertrauen, die größer ist als wir.

INDEM ich Schaden wiedergutmache, läutere ich meine Seele. Danach fühle ich mich innerlich rein.

Bejahende Haltung/Im Heute leben

Das Leben ist eine kostbare Gelegenheit, die sehr schnell vorüberzieht. Dhyani Ywahoo

Genau so ist es! Das Leben, das uns gehört, ist genau jenes, das wir heute leben. Es gibt kein anderes. Je mehr wir an solch irrigen Vorstellungen festzuhalten versuchen, wie es sich für uns *darstellt* oder wie es doch sein *sollte,* desto weniger Kraft und Zeit haben wir, es tatsächlich auch zu leben.

Wie oft schon haben wir von Leuten gehört, die immer hart gearbeitet haben und sich nach dem Tag ihrer Pensionierung sehnten — nur um dann kurz davor oder kurz danach tot umzufallen? Wie schnell das Leben vorübergegangen ist!

Unser Leben ist ein so wertvolles Gut. Jeder Augenblick birgt die Möglichkeit, etwas Neues zu entdecken. Aber wenn er vergangen ist, kehrt er nie wieder zurück.

NUR WENN **ich mir der Gegenwart bewußt bin, habe ich die Möglichkeit, das Leben ganz auszukosten.**

24. Oktober

Elterliche Erziehung

Wenn wir versuchen, unsere Kinder zu kontrollieren und festzuhalten, verlieren wir sie. Wenn wir sie loslassen, haben sie die Möglichkeit, in noch stärkerem Maße zu uns zurückzukommen. Anne Wilson Schaef

Nur wenige von uns dürften über das Thema »Elterliche Erziehung« promoviert haben. Und wenn wir es getan hätten, wären wir wahrscheinlich noch schlechtere Erzieherinnen, als wir es jetzt schon sind. Wieviel Energie wir doch darauf verwenden, unsere Kinder zu kontrollieren und nach einem bestimmten Muster zu »formen« – nicht um ihretwillen, sondern damit wir uns besser in ihnen sehen können.

Wir sind unfähig, sie als eigenständige und wichtige Wesen zu betrachten, die einfach da sind, um mit uns einige Zeit zu verbringen: damit wir voneinander lernen können. Wir denken, wir *bräuchten* sie dafür, daß sie unserem Leben Gültigkeit verleihen und all die Entscheidungen, die wir getroffen haben, bestätigen. Wenn wir in dieser Weise handeln, benutzen wir sie als Objekte – und das ist ihnen und uns selbst gegenüber äußerst respektlos und unhöflich.

DIE EIGENEN KINDER lieben bedeutet: sie so zu sehen und zu achten, wie sie sind, und das Leben mit ihnen zu teilen … und sie immer loszulassen.

Hoffnungen und Träume

»Hoffnung« ist das Ding mit Federn,
Das in der Seele sitzt ...
Und singt die Weise ohne ein Wort
Und hört nie auf ... niemals.

Emily Dickinson

Es ist ein schöner Gedanke, daß wir tief in uns ein kleines gefiedertes Wesen tragen, das unaufhörlich singt.

So oft glauben wir, einen Punkt erreicht zu haben, an dem es keine Hoffnung, keine Möglichkeit mehr gibt — nur um dann festzustellen, daß es gerade diese Hoffnungslosigkeit ist, die es uns ermöglicht, den absoluten Tiefpunkt zu erreichen und unsere Allmachts-Illusionen aufzugeben — so daß wir sie dann der höheren Macht anvertrauen und um Hilfe bitten können. Aus der Asche der Verzweiflung lodert die Flamme der Hoffnung auf.

Wenn wir ohne Hoffnungen und Träume sind, wissen wir nicht mehr weiter ... unsere Daseinsberechtigung als menschliches Wesen scheint uns abhanden gekommen zu sein. Die Hoffnung aber entfaltet plötzlich ihre Flügel und singt, ohne je wieder aufzuhören — und selbst dann, wenn wir Wachs in den Ohren haben.

INDEM ICH dieses Gefühl der Hoffnungslosigkeit erkenne und bejahe, eröffnet sich mir die Aussicht auf etwas Neues.

26. Oktober

Die Wirkung auf andere abschätzen und planen

Unser Interesse muß sich darauf richten, das eigene Leben wirklich zu leben ... und unser inneres Selbst aus jenem geistigen Todeszustand zu befreien, der sich dadurch ergibt, daß wir uns hinter Fassaden verbergen, um äußerlichen Definitionen unseres Wesens und unserer Eigenart zu entsprechen. Elisabeth Kübler-Ross

Wenn wir versuchen, so zu sein, wie die anderen uns gerne hätten, dann ist das eine Art von Selbstquälerei, die unseren Geist mit Sicherheit abtöten wird. Es ist nicht möglich, alle Definitionen hinsichtlich der eigenen Person von außen zu bekommen und dabei die eigene geistige Integrität zu wahren. Wir können nicht erwarten, daß andere uns sagen, wer wir sind, daß sie uns Bestätigung und unserem Leben Sinn geben — und dann trotzdem noch davon ausgehen, wir könnten uns völlig klar sein über uns selbst. Wenn wir unsere Identität mittels anderer Menschen finden wollen, verschwenden wir die meiste Energie und Zeit damit, daß wir ihrem Bild zu entsprechen versuchen. Ständig sind wir dann in Angst, man könnte uns durchschauen. Wir glauben tatsächlich, andere dazu bringen zu können, daß sie uns so sehen, wie wir es gerne möchten. Dabei laugen wir uns selbst völlig aus.

WENN ICH nur auf die Wirkung bedacht bin, die ich auf andere habe, so ist das ein erneuter Beweis dafür, daß ich fälschlicherweise an meine Allmacht glaube — wo ich doch weiß, daß diese Illusion mich zerstören wird.

Kreativität

Es ist das schöpferische Potential des Menschen, das ihn zu Gottes Ebenbild macht. Mary Daly

Welch eine wunderbare Vorstellung von unserer Kreativität! Wenn wir diese nicht zum Ausdruck bringen, verhindern wir, daß die Kraft, die uns als dem Ebenbild Gottes innewohnt, zur Entfaltung kommen kann.

Bei den meisten Frauen, die sich zwanghaft überarbeiten, spielt die Kreativität nur eine sehr untergeordnete Rolle auf der Prioritätenliste. Wir haben einfach keine Zeit, um kreativ zu sein. Später werden wir wirklich etwas »hervorbringen« (immer später ... und noch später). Wir glauben nicht wirklich an die *eigene* Kreativität. Nur ganz besondere Frauen verfügen über diese Gabe, und wir haben solche Angst, nicht zu ihnen zu gehören, daß wir nicht einmal wenigstens herauszufinden versuchen, worin *unsere* Kreativität bestehen könnte. Schließlich sagen wir uns: »Wenn ich nichts wirklich Außergewöhnliches zustande bringen kann, mache ich besser gar nichts.«

WENN ICH mein schöpferisches Vermögen als das innere »Ebenbild Gottes« auffasse, empfinde ich Ehrfurcht.

28. Oktober

Kommunikation

Echtes Zuhören findet nur dann statt, wenn man im Gespräch abwechselnd Ideen aufnimmt und ausdrückt.

Agnes Repplier

Wir Frauen waren schon immer gute Zuhörerinnen. Wir wurden dazu erzogen, aufmerksam zuzuhören und sogar »mit dem dritten Ohr zu lauschen«. Diejenigen, die sich um alles kümmern, müssen auch alles erfahren — und dabei sagen sie dann oft nicht, was sie eigentlich sagen sollten.

Da wir uns immer noch weitere Arbeit aufladen und ständig überlastet sind, stellen wir fest, daß unsere Fähigkeit, anderen zuzuhören, abnimmt. Wir schneiden ihnen mitten im Satz das Wort ab. Wir gehen davon aus, daß wir schon wissen, was eine Angestellte als nächstes sagen wird, und handeln dementsprechend. Wir sind sogar schon ganz bezaubert vom Klang unserer eigenen Stimme.

Wir dürfen aber nicht vergessen, daß Kommunikation mehr ist als nur ein Monolog. Eine gute Verständigung zeichnet sich dadurch aus, daß Mitteilung und Anteilnahme im Gleichgewicht sind, daß wir gründlich zuhören und die Dinge auf uns wirken lassen, ehe wir erneut zu sprechen beginnen.

Als Frauen beschränken wir uns oft darauf, entweder zuzuhören oder zu reden. Dadurch verfehlen wir den eigentlichen Sinn von Kommunikation.

HEUTE bietet sich mir die Gelegenheit, einmal zu beobachten, ob ich alle drei Aspekte der Kommunikation (Reden, Zuhören, Mitdenken) auch in die Tat umsetze.

EINHEIT

Für den Indianer ist das Leben der Welt noch nicht analysiert, klassifiziert, und anschließend wieder zu einer großen Synthese aller Teile zusammengefügt, sondern die vielfältigen Erscheinungsformen sind für ihn jeweils gleich wichtig und immer in Bewegung.

Alice C. Fletcher

Kürzlich hörte ich eine Frau darüber sprechen, warum es ihr gefiel, mit einer älteren Freundin den Haushalt zu teilen und einige Zeit gemeinsam zu verbringen. »Alles geht so leicht von der Hand«, sagte sie. »Alle Aufgaben haben die gleiche Bedeutung. Kleider zu waschen oder eine Mahlzeit zuzubereiten ist genauso wichtig wie die Arbeit, die wir als Ärztinnen leisten. Alles fließt nur so dahin.«

Dadurch wurde ich wieder daran erinnert, wie sehr wir unsere Welt analysieren, wahllos irgendwelche Werte festsetzen und unser Leben zerteilen. Dadurch machen wir uns nicht nur das Leben schwerer, sondern halten uns selbst davon ab, jenes tiefe Gefühl zu empfinden: Wir sind eins mit allen Dingen. Ohne diese Erfahrung aber wissen wir nicht, daß wir einem größeren Ganzen angehören.

WENN ich die tiefe Verbundenheit, die die anderen gegenüber der Welt empfinden, schwäche, wird auch *mein* Zugehörigkeitsgefühl in Frage gestellt.

30. Oktober

Besessen sein
Andere Menschen brauchen

Die auf dem Tiger reitet, hat Angst vor dem Absteigen.
Sprichwort

Von der eigenen Arbeit besessen zu sein gilt oft als Voraussetzung für Erfolg. Aber wann haben wir den Punkt erreicht, da der Schwanz mit dem Hund zu wedeln anfing; da sich das Verhältnis plötzlich umkehrte und nicht mehr wir über unsere Arbeit bestimmten, sondern sie über uns?

Es ist sehr viel schwieriger, bei voller Fahrt aus der Achterbahn auszusteigen, als gleich von Anfang an gar nicht erst in sie einzusteigen. Deshalb sind wir angewiesen auf die Gemeinschaft anderer Menschen, die mit den gleichen Problemen zu kämpfen haben wie wir: Sie unterstützen uns in dem Bemühen, von solchen Zwangshandlungen befreit zu werden.

Nur mit ihrer Hilfe und aufgrund der erneuerten Beziehung zu einer Macht, die größer ist als wir, können wir darauf hoffen, innerlich gesund und ganz zu werden.

ICH NEHME AN, ich kann vom Tiger wieder heruntersteigen, wenn es ein paar Menschen gibt, die ihn festhalten.

Ohne Aufgaben sein

Wie wunderbar es ist, nichts zu tun und sich danach auszuruhen. Spanisches Sprichwort

Einfach nichts zu tun ist für viele von uns ein schrecklicher Gedanke. Wir können uns kein Leben vorstellen, in dem wir uns nicht mit irgendwelchen Aufgaben herumquälen. Wenn keine neuen Projekte in Aussicht sind, ist das so, als müßten wir ohne einige Körperteile weiterleben. Wir sind derart abhängig geworden von der Sicherheit, die uns das nächste Vorhaben schenkt, daß es im Grunde gar nicht mehr *unseres* ist. Wir sind *ihm* ganz einfach *unterworfen.*

Arbeitssüchtige Menschen machen oft eine depressive Phase durch, sobald sie eine Sache beendet haben. Anstatt nun aber mit dieser völlig natürlichen Frustration umzugehen und fertig zu werden, fangen wir übergangslos etwas Neues an. Wie ein Mensch, der süchtig ist nach immer neuen Partnerbeziehungen, müssen wir also nie einen Prozeß der Loslösung durchlaufen und uns nie mit dem Faktum des Endes bzw. Anfangs auseinandersetzen. Im Grunde brauchen wir uns mit gar nichts mehr zu befassen.

VIELLEICHT **könnte ich es heute einmal damit probieren, nichts zu tun und mich hinterher auszuruhen.**

1. November

Arbeit/Einsatz für eine gute Sache

Nimm dich vor Leuten in acht, die sich mit Ideen tragen. Aber nimm dich ebenso vor Ideen in acht, die Leute mit sich forttragen. Barbara Grizzuti Harrison

Ideen können ja so verführerisch sein, und wir lassen uns so leicht verführen. Wir vergessen, daß Ideen nichts anderes sind als Abstraktionen, die sich jemand ausgedacht hat.

Oft verlieren wir uns in irgendwelchen Vorstellungen und werden derart davon gefangengenommen, daß wir zwischen ihnen und uns nicht mehr unterscheiden können. Wenn ein solcher Grad innerer Verstrickung erreicht ist, empfinden wir jeden Angriff auf diese Vorstellungen als Angriff auf unsere Person und unser Leben.

Wenn wir sehr an unseren Ideen hängen, hat das oft zur Folge, daß die Kluft zwischen dem, wofür wir uns einsetzen, und dem, was wir tatsächlich tun, immer größer wird. Wie oft töten wir doch im Namen der Liebe. Wir reden von Zusammenarbeit und versuchen dann, sie den anderen aufzuzwingen. Wir haben eine Idee, wie sich die Produktivität noch erhöhen ließe — und beeinträchtigen diese dadurch, daß wir blinden Gehorsam fordern. Am Anfang tragen wir uns mit einer Idee — und bald trägt sie uns mit sich fort.

ICH WILL nicht zulassen, daß mein Glaube von meinen Gedanken zerstört wird.

Schuldgefühle

Sie hat das Gefühl, daß es jetzt noch einen Nachtisch geben sollte. Sie hat das Gefühl, sie bräuchten ein Dessert, weil irgend etwas im Innern — irgendwo an jener Stelle, wo Mütter von Zeit zu Zeit Ausschau halten, um zu sehen, wie es den Lieben geht — ihr sagt, daß sie auf die eine oder andere Weise nachlässig gewesen sei. Und durch ein Dessert kann man dies leicht wiedergutmachen.

Norma Jean Harris (Sheila Ballantyne)

Man muß keine Mutter sein, um zu wissen, worüber diese Frau spricht. Wenn wir einen Blick in unser Inneres werfen, haben wir oft das Gefühl, den Ansprüchen nicht zu genügen. Wir haben andere Menschen enttäuscht. Wir konnten nicht »da sein«, als es nötig gewesen wäre, und ein anderes Mal verfügten wir nicht über alle wichtigen Informationen, die wir hätten haben sollen. Und so kommen wir uns wie Versager vor.

Es scheint, als wären Schuldgefühle in den Genen verankert und geschlechtsspezifisch: als bestünde da ein äußerst enger Zusammenhang zwischen Schuldgefühl und weiblicher Wesensart.

Wenn wir Schuldgefühle haben, versuchen wir, alles wiedergutzumachen, was wir getan bzw. unterlassen haben. Wir glauben, »ein Dessert zubereiten« und überhaupt die Dinge in Ordnung bringen zu müssen. Leider ist diese Methode, irgendeine Art von Ausgleich zu schaffen, gewöhnlich auf unsere Sucht zurückzuführen und weder gut für uns noch für die Person, die wir durch unsere Gabe versöhnen wollen.

ICH KANN NICHT etwas verschenken, das süchtig macht, nur um jemanden für etwas zu entschädigen, das ich meiner Meinung nach unterlassen oder falsch gemacht habe.

3. November

Die Krise als Orientierungspunkt

Der Arzt sagt, ich hätte »nervöse Erschöpfungszustände«. Vielleicht hab' ich sie — ich kenne nicht die Namen meiner Krankheit. Nur der abgrundtiefe Kummer all die Jahre macht mich müde. Emily Dickinson

Die Ärzte haben viele gelehrte und verwirrende Bezeichnungen für Frauen ersonnen, die bis zur völligen Erschöpfung arbeiten. Wir verbringen unser Leben damit, von einer Krise in die nächste zu geraten. Eigentlich können wir sie nun derart geschickt bewältigen, daß wir uns am wohlsten fühlen, wenn wir in einer mittendrin stekken. Wären wir ganz offen, müßten wir zugeben: Oft beschwören wir sogar eine Krise herauf, sobald die Dinge zu glatt laufen. Wenn alles ruhig ist, warten wir so lange, bis etwas schiefgeht, und dann noch etwas — und fühlen uns erleichtert, daß wir wieder einmal eine knifflige Situation meistern müssen. Wir wissen, wie man das macht.

SERIENMÄSSIGE KRISEN sind aufregend, aber auch strapaziös. Ich will nicht, daß diese Krisen noch weitere medizinische Bezeichnungen nach sich ziehen. Der Heilungsprozeß bietet da andere Alternativen.

Kontrollverhalten/Innere Heilung

Wenn du ein Familientreffen besuchen kannst und die anderen weder belehren noch ihnen eine Predigt halten noch irgendwelche Traktate darüber hinterlassen mußt, dann weißt du, daß du innerlich gesund wirst. Karen

Unsere Krankheit manifestiert sich vor allem in der Überzeugung, wir hätten nicht nur für uns selbst, sondern auch für andere immer die richtigen Antworten parat. Dieser irrigen Vorstellung hängen wir derart an, daß wir tatsächlich meinen, wir könnten andere Menschen dazu bringen, so zu denken und sich so zu verhalten, wie wir es gerne möchten. Und wir glauben sogar auch noch, daß dieses Vorgehen durchaus richtig sei: Denn wir wissen es ja am besten.

Wie hochmütig wir geworden sind in unserer illusionären Welt, in der wir alles im Griff haben! Wie respektlos es ist, das Leben der anderen kontrollieren und sie davon überzeugen zu wollen, was am besten für sie sei! Und wieviel einfacher ist es doch, *mit* den Menschen zu arbeiten, anstatt sie mit Hilfe unserer selbstgerechten »Rechtschaffenheit« zu übertrumpfen. Dieses Kontrollverhalten ist für jeden Menschen schrecklich.

ICH WILL mich daran erinnern, daß meine Illusion, über alles bestimmen zu können, tatsächlich nichts anderes ist als eine Illusion.

5. November

Finanzielle Sicherheit

Es scheint, als würden die Belohnungen der Wohlstandsgesellschaft allmählich so bitter schmecken wie Galle.
Natalie Shaeness

Die Wohlstandsgesellschaft hat oft die Wirkung eines ungeheuren Beruhigungsmittels. Um die Belohnungen zu erhalten, die dieser hohe Lebensstandard gewährt, müssen wir unser Bewußtsein vollkommen ausschalten — so daß wir mit der Zeit unseren Körper und unsere Seele zerstören. Wir müssen ein Suchtverhalten ausbilden, um nicht damit konfrontiert zu werden, was *wirklich* wichtig für uns ist. Wir handeln aufgrund von Verdrängungsmechanismen und fühlen uns von jedem bedroht, der diese in Frage stellt.

Wenn wir den einzigen Sinn unserer Arbeit darin sehen, immer mehr Reichtum anzustreben, haben wir uns selbst aus den Augen verloren und wissen nicht mehr, was überhaupt eine sinnvolle Arbeit ist. Unser geistiges Selbst ist zu einer bloßen Abstraktion geworden — falls es überhaupt noch existiert.

GALLE hilft bei der Verdauung von Fetten und vermindert das Risiko einer Herzattacke. Aber sie hat wirklich keinen guten Geschmack.

Letzte Termine/Verzögerungen

Die kürzeste Antwort ist die Tat.
Englisches Sprichwort

Obwohl ständig überarbeitet und überfordert, haben wir doch auch damit zu kämpfen, daß wir Probleme aufschieben. Rückt irgendein letzter Termin näher, versinken wir sogleich im Morast der Lethargie. Wir können uns einfach nicht aufraffen. In gleichmäßigem Rhythmus zu arbeiten ist nicht unsere Art. Wir steigern unsere Aktivitäten genauso plötzlich wie drastisch: erst angespannte Krisenbewältigung und dann gar nichts. Allein schon der Gedanke an enge Termine erschöpft uns. Sie einhalten zu müssen gibt uns den Rest.

Solche Termine gefährden die innere Klarheit des arbeitssüchtigen Menschen. Sie verleiten uns dazu, in alte Verhaltensmuster zu verfallen. Und vergessen wir nicht: Der Rückfall ist für den Arbeitssüchtigen genauso gefährlich wie für den Alkoholiker. Beide haben eine fortschreitende, verhängnisvolle Krankheit.

Solche Termine bieten aber auch die Gelegenheit, daß wir uns an andere wenden und um Unterstützung bitten. Zum Beispiel das Gespräch mit unserer Vertrauensperson in der Gruppe ist *ein* notwendiger Bestandteil unseres Heilungsprozesses.

DIESER ENGE TERMIN ist ein Geschenk: Dadurch kann ich besser erkennen, wie viele Fortschritte ich schon gemacht habe und inwieweit ich mit den Dingen auch anders zurechtkomme.

7. November

Mut

Im Grunde will ich sagen: Jede *von uns muß ihrer Intuition vertrauen und dann bereit sein, diese inneren Unterweisungen genauso direkt wie unerschrocken zu befolgen.*
Shakti Gawain

Mit am meisten macht uns Angst, der eigenen Intuition zu vertrauen und unser Handeln daran auszurichten. Es fällt uns schwer zu glauben, daß das, was die Quäker »inneres Licht« nennen, tatsächlich jenes Medium ist, durch welches die höhere Macht am klarsten zu uns spricht.

Wenn wir eins sind mit uns selbst und unserem Lebensprozeß, sind wir auch eins mit dem, was in der Welt geschieht. Wenn wir in Einklang sind mit uns selbst, scheint unser Leben ganz mühelos vonstatten zu gehen. Wir alle kennen das Gefühl, Augenblick um Augenblick zu leben, ohne uns dabei auch nur im geringsten anzustrengen. Wenn wir den Mut haben, unserer Intuition zu vertrauen, lebt sich das Leben allmählich von selbst.

MEINE INTUITION verbindet mich mit jener Stimme, die ich hören muß.

Tatkraft

Es gibt wirklich nichts weiter zu sagen, außer: warum *etwas so ist, wie es ist. Aber da das »Warum« sich nur schwer in den Griff kriegen läßt, muß man zum »Wie« Zuflucht nehmen.* Toni Morrison

Es gibt viele Ereignisse in unserem Leben, die einfach keinen Sinn ergeben. Ungeachtet unserer größten Anstrengungen mißlingen einige Projekte. Es ist dann wichtig, daß wir die Situation klar ins Auge fassen, unseren Anteil am Mißerfolg einräumen und akzeptieren — und daraufhin weiter unseren Weg gehen.

Wenn wir uns am »Warum« festbeißen, kann es sein, daß wir lange auf der Stelle treten. Wir wollen so gerne verstehen — und zuzugeben, daß einige Dinge einfach jeder Grundlage entbehren, fällt manchmal so schwer. In Gruppen, die mit dem Zwölf-Schritte-Programm arbeiten, kursiert die Redensart: »Durch Warum kommst du um.«

Wenn wir an das Leben glauben und ihm vertrauen, fragen wir nicht mehr nach dem Warum. Wir fragen: Wie? — und schreiten zur Tat.

DAS EREIGNIS SELBST mag gar nicht so sehr das Problem sein, sondern unser Bedürfnis, es um jeden Preis verstehen zu wollen.

9. November

Am Ball bleiben/Halsstarrigkeit

Es ist nicht wahr, daß das Leben aus lauter verdammten Sachen besteht … Es ist dieselbe verdammte Sache wieder und wieder. Edna St. Vincent Millay

Unsere inneren Vorgänge bieten uns jede nur erdenkliche Möglichkeit, Dinge zu lernen, die wir lernen müssen. Unser inneres Wesen ist sehr auf Erhaltung bedacht: Es »verwertet« den Mist, den wir mit uns herumtragen, wieder und wieder. Wenn wir die Lektion beim ersten Mal nicht schaffen, erhalten wir eine weitere Chance … und noch eine … und erneut eine. Das Leben gibt uns immer wieder Gelegenheit, all das durchzuarbeiten, was durchgearbeitet werden muß.

Jedesmal, wenn eine dieser Lernmöglichkeiten wiederkehrt, ist sie um so nachdrücklicher. Die Intensität ihrer Wirkung, die wir auf schmerzliche Weise zu spüren bekommen, steht in direktem Verhältnis zum Ausmaß unserer Verdrängungen, unserer Halsstarrigkeit und unserer Illusion, alles in der Hand zu haben. Das Leben wird diese verdammten Sachen wieder und wieder in uns kreisen lassen, bis wir sie endlich »anpacken«.

ICH BIN FROH, daß mein Innenleben mich sozusagen nicht »losläßt«. Ich lerne manchmal wirklich langsam.

Loslassen/Kontrollverhalten

Das wahre Geheimnis eines Ratschlags besteht darin, daß man, sobald er einmal erteilt ist, überhaupt nicht mehr darauf achtet, ob er angenommen wird oder nicht, und niemals darauf beharrt, andere Menschen verbessern zu wollen. Hannah Whitall Smith

Im Grunde sollten wir wohl nie einen Rat erteilen, selbst wenn wir darum gebeten werden. Doch ist es oft hilfreich, anderen eine wichtige Information zu geben — aber diese müssen wir dann auch wirklich *loslassen.* Allzuoft bringen wir uns dabei selbst mit ein und sind derart von der Richtigkeit unseres Standpunkts überzeugt, daß wir auch gleich sicherstellen müssen, daß der oder die andere unseren Rat auch *akzeptiert.*

Irgendwo tief im Innern ist diese bejahende Haltung seitens der anderen direkt mit unserem Selbstwertgefühl verknüpft. Wenn unser Rat nicht angenommen und befolgt wird, haben wir das Gefühl, die anderen mögen uns nicht, bringen uns keinen Respekt, keine Wertschätzung entgegen … usw. usw.; die Reihe ließe sich beliebig fortsetzen.

Sobald wir innerlich gesünder werden und einige unserer suchterzeugenden Verhaltensweisen aufgeben, stellen wir fest, daß unser Bedürfnis, andere Menschen zu kontrollieren, nachläßt. Wir lernen zu geben und loszulassen.

ICH VERFÜGE über wichtige Informationen, die ich mitzuteilen habe. Sie werden von anderen eher aufgenommen, wenn ich sie ihnen einfach gebe und nichts weiter damit verbinde.

11. November

GESCHÄFTIGKEIT/DIE GUTE SACHE
BEWUSSTHEIT

Woher kommt es, daß Menschen, die in ihrem privaten Bereich so wenig von Nutzen sind, so viel daran liegt, sich in der Öffentlichkeit verdient zu machen?

Sara Jeanette Duncan

Wie viele unter uns benutzen »eine gute Sache« oder ein bestimmtes Projekt, um von ihrer Sucht nach Geschäftigkeit und Hetze abzulenken? Drängen wir uns den anderen auf und zwingen sie, unsere Ansichten zu übernehmen, um dadurch nicht nach innen schauen zu müssen?

Die gute Sache scheint so edel, der Dienst im Interesse der Öffentlichkeit so lauter zu sein. Aber liegt diese noble und ehrliche Einstellung wirklich in unserer Absicht? Und: Steht das Bedürfnis nach Anerkennung und Macht in Zusammenhang mit unserem Gefühl, nichts wert zu sein? Ich frage mich, inwieweit wir uns die wahren Motive unserer Einsätze und Dienstleistungen tatsächlich eingestehen. Es kann sein, daß wir dabei nur subtile, allgemein anerkanntere Methoden entwickelt haben, um unsere Sucht auszuagieren. Aber auch hier gilt: Wir verfügen über andere Alternativen.

EINE BEWUSSTE HALTUNG ist das A und O. Wenn ich weiß, was ich tue, habe ich die Möglichkeit, mich zu ändern.

Kreativität

Ich kann nicht fünfzehn Jahre damit warten, meine Arbeit zu machen: Denn die Ideen kommen mir jetzt.
Norma Jean Harris (Sheila Ballantyne)

Einmal freigesetzt, kennt unsere schöpferische Kraft weder Zeit noch Ort. Sie ähnelt einem leidenschaftlichen Liebhaber, der von der Angebeteten erhört werden möchte. Kein Wunder also, daß wir so viel Angst davor haben. Diese Energie kann alles auf den Kopf stellen. Und vielleicht *muß* unsere Welt auch tatsächlich derart grundlegend verwandelt werden.

Wenn unsere Kreativität zum Vorschein kommt, so geschieht dies im *jetzigen* Augenblick. Die Ideen, die wir gerade haben, sind Ausdruck der Person, die wir in dieser Sekunde verkörpern, unserer momentanen Lebenssituation und der jeweils stattfindenden Vorgänge im Innern. In fünfzehn Jahren werden wir nicht mehr dieselbe Frau sein wie heute.

Wenn wir unsere Kreativität heute zum Ausdruck bringen, ganz gleich in welcher Form, bereichern wir dadurch unser Leben, werden zu interessanteren Frauen und lösen die innere Spannung, die entsteht, sobald wir nicht schöpferisch tätig sind.

ICH BIN es mir selbst schuldig, daß mein kreatives Selbst Zeit zur Verfügung hat.

13. November

ZUVIEL FORDERN

Wenn Sie wüßten, wie oft ich zu mir selbst sage: Zum Teufel mit allem, zum Teufel mit jedem, ich habe meinen Teil geleistet, sollen die anderen jetzt den ihren tun, genug, genug, genug. Golda Meir

Bevor wir allmählich wieder gesünder wurden, waren wir immer die ersten, die noch zusätzliche Arbeiten übernahmen. Wir waren davon überzeugt, unersetzlich zu sein: Niemand außer uns würde jede Situation in den Griff bekommen.

Nun sehen wir die Dinge aus einer anderen Perspektive. Wenn wir an einen Punkt kommen, wo wir Lust haben zu sagen: »Zum Teufel mit allem«, wissen wir, daß der Grund hierfür nicht »da draußen«, sondern »hier drinnen« zu suchen ist und daß wir wieder einmal uns selbst vernachlässigt haben. Wenn wir wirklich sorgsam mit uns selbst umgehen, beenden wir die jeweilige Tätigkeit, ehe wir in die Knie gezwungen werden. Durch die Arbeit an unserem Heilungsprogramm haben wir gelernt, die Zeichen zu erkennen, die auf eine Vernachlässigung unserer selbst schließen lassen.

ICH HABE es immer noch nicht ganz geschafft. Sobald ich aber meinen eigenen Signalen Beachtung schenke, geht es mir zunehmend besser.

Kontrollverhalten

Ich war zwischen zwei unterschiedlichen Zeitbegriffen hin und her gerissen. Ich wußte schon, welcher von beiden der sinnvolle war, aber der andere kämpfte verbissen dagegen an (indem er eine rigide Struktur, reglementierende Maßnahmen und eine penible Ordentlichkeit vorgab, die mit den Dingen selbst nicht das geringste zu tun hatten). Robyn Davidson

Indem wir uns zum Beispiel mit Menschen umgeben, die dasselbe machen wie wir, nähren wir die Illusion, alles unter Kontrolle zu haben, und schirmen die Krankheit nach außen hin ab. Wenn Frauen um uns sind, die herumhetzen, immer beschäftigt sind, zuviel arbeiten und sich um Gott und die Welt kümmern, scheinen wir ganz normal zu sein. Wir vermeiden Situationen, in denen unsere Fähigkeit, Kontrolle auszuüben, von anderen nicht akzeptiert und geschätzt wird — denn dabei könnten wir feststellen, daß wir selbst dieses dirigistische Verhalten überhaupt nicht mögen. Die Dinge haben so abzulaufen, daß sie genau strukturiert, reglementiert und geordnet sind — zumindest glauben wir das. Deshalb übernachten wir, wenn möglich, auch nur in Hotels, deren Namen allseits bekannt sind — falls wir uns überhaupt einmal eine Reise genehmigen.

UNSERE ILLUSION, alles zu beherrschen, ist schlauer als eine Katze — und hat mehr als neun Leben.

15. November

Bejahende Haltung/Kontrollverhalten
Gebet der Gelassenheit

Ich denke, es geht mir darum zu sagen: Ich habe gelernt, mit allem zurechtzukommen ... auch damit, daß ich nun alt bin ... egal, was passiert ... mit allem.

Edelgard

Wie wunderbar, daß wir nicht nur die Möglichkeit haben, unser Leben wirklich zu leben, sondern es auch zu *akzeptieren!* Wir haben so viel Energie und Zeit damit verschwendet, in törichter Weise gegen Dinge anzukämpfen, die wir nicht ändern können, und mit dem Kopf gegen Mauern zu rennen, die wie Stahl sind, daß wir dadurch nie aufgehört haben, uns zu fragen, ob das wirklich die Art und Weise ist, wie wir einmal enden wollen.

Indem wir zum Beispiel die Fähigkeit entwickeln, die Dinge zu akzeptieren, welche nicht zu ändern sind, und kreativ mit solchen Situationen umzugehen, lernen wir, unser Leben zu meistern. Zudem müssen wir herausfinden, was in Angriff genommen werden kann, und dann nötigenfalls auch mit Mut an die Sache herangehen. Eine bejahende Haltung ist nicht gleichbedeutend mit Resignation. Sie ist Ausdruck jener inneren Gelassenheit, mit der wir das Leben willkommen heißen und ergreifen.

HEUTE ist mein Leben in Ordnung, und zwar genau so, wie es ist; *und:* Es ist meines.

Sich halb wahnsinnig fühlen
Erster, Zweiter, Dritter Schritt

Nur jemand, der am Abgrund steht, konnte das Gefühl haben, so vielen Verpflichtungen nachkommen zu müssen.
Norma Jean Harris (Sheila Ballantyne)

Je wahnsinniger wir uns fühlen, desto besessener glauben wir, alles mögliche meistern zu können. Das ist nur ein weiterer Aspekt unserer fortschreitenden Krankheit: Wir verlieren die Fähigkeit, über uns selbst und die Situation, in der wir uns vorfinden, ein klares und vernünftiges Urteil abzugeben. Zugleich aber wollen wir Großtaten vollbringen, die eine geistig gesunde Person nicht einmal im Traum versuchen würde, und erwarten auch noch, daß alles mit großer Leichtigkeit vonstatten gehen wird. Tatsächlich ist dieses Unterfangen, sich ständig noch mehr Dinge aufzuladen, in unmittelbarer Verbindung damit zu sehen, daß wir uns immer weiter auf den Abgrund zubewegen. Schwer zu sagen, was Ursache und Wirkung ist, was zuerst da war: die Henne oder das Ei. Wahrscheinlich ist beides gar nicht voneinander zu trennen, weil beides sich bedingt und beeinflußt. Wenn wir uns überfordern, geraten wir näher und näher an den Abgrund, und dies wiederum hat zur Folge, daß wir uns noch mehr zumuten.

TRÄGHEIT ist jene Kraft, die einen Gegenstand in der Ruheposition verharren läßt, wenn er ruht, bzw. in Bewegung hält, wenn er sich bewegt, vorausgesetzt, keine äußeren Kräfte wirken auf diesen ein. — Wir haben ein »Trägheitsproblem«. Wir brauchen eine Kraft, die von außen kommt. Sonst treten wir auf der Stelle.

17. November

Selbstbewusstheit

Es gibt eine Lebensphase, in der wir eine bestimmte Erkenntnis in bezug auf uns selbst »schlucken« — und dann zeigt es sich, ob sie sich als gut bekömmlich oder bitter erweist.
Pearl Bailey

Selbsterkenntnis ist immer eine gute Sache. Niemand anders besitzt die Fähigkeit, uns so gut zu kennen, wie wir selbst.

In diesem Bewußtsein unserer selbst liegt unsere Stärke. Wenn wir uns über alle Aspekte der eigenen Persönlichkeit im klaren sind, können wir wir selbst werden.

Oft kommen wir deshalb nicht weiter, weil wir mehrere dieser Charaktereigenschaften ablehnen. Einige von uns erkennen ohne Umschweife jene Wesenszüge an, die sie bei sich als negativ empfinden — und bestrafen sich dafür genauso prompt. Andere wiederum fallen ins entgegengesetzte Extrem, beschönigen die Wahrnehmungen, die sie in bezug auf sich selbst machen, und wälzen die ganze Schuld und Verantwortung dafür, was aus ihnen geworden ist, auf alles und jeden ab. Beide Vorgehensweisen sind weder hilfreich, noch fördern sie in irgendeiner Weise das innere Wachstum.

WENN WIR uns selbst anerkennen, besitzen wir wahrscheinlich die reichste Goldmine, die wir überhaupt haben können.

Bejahende Haltung/Ehrgeiz

Ich sehne mich danach, eine große und edle Aufgabe zu vollenden — aber es ist meine oberste Pflicht, kleine Aufgaben so zu erfüllen, als wären sie groß und edel.

Helen Keller

Welch großartige Worte von einer Frau, deren Leben an sich schon eine solch »große und edle Aufgabe« war! Wir fühlen dabei, wie sehr Helen Keller ihr Leben bejaht hat. Wir fangen an, jenes paradoxe Phänomen zu begreifen, daß wir, wenn wir einfach immer nur jeweils einen Schritt unternehmen und jede Aufgabe so erfüllen, wie sie sich gerade ergibt, unter Umständen große und edle Dinge leisten. Wenn wir aber krampfhaft *versuchen*, ganz besondere und ehrwürdige Aufgaben zu meistern, müssen wir am Ende vielleicht feststellen, daß wir die wundersame Möglichkeit ausgelassen haben, einfach das zu tun, was notwendig ist.

Wie die Schriftstellerin Brenda Ueland sagt: »Versuche, dein wahres, aufrichtiges, reales Ich zu finden.« Oft ist es unser gedankliches Ich, das unser reales Ich behindert.

DIE ILLUSIONEN, die ich in bezug auf mich selbst hege, spiegeln nicht mein wahres Ich wider. Die Illusionen, die ich in bezug auf meine Arbeit hege, entsprechen nicht den tatsächlichen Verhältnissen.

19. November

ZEITPLANUNG

Ich arbeite so angestrengt daran, meine Zeit richtig einzuplanen, daß ich überhaupt nichts mehr zustande bringe.
Anonym

Wir können von einer neuen Methode oder besseren Technik derart in Anspruch genommen werden, daß diese sich zu einem weiteren Monster in unserem Leben entwickelt, dem wir sklavisch ergeben sind.

Die Zeit zu planen und einzuteilen kann eine gute Sache sein. Dadurch können wir besser sehen, wie wir unsere Zeit am besten verbringen. Wir können eine Aufgabe effizienter bewältigen und lernen schneller, alte Dinge auf ganz neue Weise zu erledigen. Keine von uns ist so leistungsfähig, wie sie sein könnte — und mehr Tüchtigkeit ist immer von Nutzen.

Wenn wir jedoch irgendein Arbeitsverfahren dazu hernehmen, unsere Arbeitssucht weiter zu verstärken, wird dieses ebenfalls zu einem Problem für uns. Leider verstehen sich süchtige Menschen gut darauf, alles mögliche so einzusetzen, daß dadurch ihre Krankheit noch schlimmer wird.

Sobald wir auf dem Weg der Heilung sind, können wir die Benutzung solcher Hilfsmittel aus einer besseren Perspektive beurteilen: Sie sollen uns zu einem gelasseneren und gesünderen Leben verhelfen.

ICH WILL OFFEN SEIN für jene Methoden, die der Heilungsprozeß bietet, und dabei erkennen, daß das Zwölf-Schritte-Programm für Arbeitssüchtige eine der besten überhaupt ist.

Das Leben zu würdigen wissen

Obwohl mein Leben mit einer so großen Niederlage endet, dürfen Sie nicht glauben, ich hätte das Gefühl, »es vergeudet zu haben«, oder daß ich tauschen würde mit irgend jemandem, den ich kenne. Isak Dinesen

Es ist mit am wichtigsten, daß wir erkennen: Dieses Leben ist *unser* Leben. Niemand könnte es in genau derselben Weise verbringen wie wir. Alles, was in unserem Leben geschieht, birgt die Möglichkeit, etwas daraus zu lernen. Augenblicke der Enttäuschung und der Niedergeschlagenheit verwandeln sich oft in Augenblicke der Freude und der Kreativität.

Welch eine außerordentliche Erfahrung ist es doch, zurückzublicken und wirklich das Gefühl zu haben, daß wir unser Leben feiern können — in all seinen Aspekten.

Wenn unser Inneres allmählich gesünder wird und wir unser geistiges Selbst wiederfinden, sind wir auf dem Weg, das Leben in seiner ganzen Größe zu würdigen.

HEUTE habe ich die Möglichkeit, eine dankbare und anerkennende Haltung gegenüber dem Leben zu entwickeln.

21. November

Zeit des Alleinseins

Die alltäglichen Beschäftigungen der Frauen stehen meist in Widerspruch zu einem kreativen, kontemplativen oder frommen Leben. Anne Morrow Lindbergh

Es gibt nicht viele Dinge in unserem Leben, die unserer Kreativität förderlich sind. Im allgemeinen trägt weder die Arbeit im Haushalt noch die im Beruf zu jener geistigen Nahrung bei, die jedes menschliche Wesen braucht. Sobald wir uns der Arbeitssucht, dem Wettbewerbsdenken und dem Streß einer alles dominierenden Gesellschaft verschreiben, müssen wir feststellen, daß wir uns verändern und viele jener Qualitäten einbüßen, die für uns am wertvollsten waren.

Wir haben uns aufgelehnt gegen die übliche Arbeit von Frauen — und sind Hals über Kopf in die Arbeitsbereiche der Männer eingedrungen. Jetzt müssen wir nicht nur unsere frühere Arbeit machen, sondern diese andere auch noch — und uns doppelt anstrengen.

Wir sehen, daß die Augenblicke, in denen wir schöpferisch und kontemplativ oder gar fromm sein können, rar geworden sind. Und doch brauchen wir diese Zeiten dringend — und haben sie uns auch verdient.

ICH WILL VERSUCHEN, nicht zu vergessen, daß ich mir selbst, meiner Arbeit und den Menschen in meiner Nähe viel mehr geben kann, wenn ich mir Zeit für mich nehme.

Innere Ganzheit

Die Arbeit der Frauen richtet sich immer auf das Ganze.
May Sarton

Wenn wir Frauen *unsere* Arbeit tun, haben wir immer das Ganze vor Augen. Die Welt hat den ganzheitlichen Ansatz bitter nötig. Die Welt ist angewiesen auf die weibliche Arbeitsweise.

Allzu lange schon haben wir an uns selbst gezweifelt und versucht, uns den Männern und ihren Methoden anzupassen. Um innerlich ganz zu werden, müssen auch wir unseren Beitrag leisten. Um innerlich heil zu sein, müssen auch wir unsere Werte kennen und unsere Kenntnisse hoch bewerten.

Wir haben uns »gedrückt« vor der Verantwortung, die wir gegenüber der Gesellschaft und diesem Planeten haben. Es ist an der Zeit, daß wir unsere Ideen, Gedanken und Wertvorstellungen zum Ausdruck bringen und sie für sich sprechen lassen.

WENN ICH meine Arbeit mache, drückt sie meine Ganzheitsvorstellungen aus.

23. November

Das eigene Leben der höheren Macht anvertrauen

Ich muß ab und zu innerlich Atem holen, einen Schritt zurücktreten und mich selbst daran einnern, wer im Grunde mein Leben lenkt. Judith M. Knowlton

Wie oft haben wir nicht den Wunsch, einfach innezuhalten, uns wütend herumzudrehen und zu rufen: »Wer ist eigentlich für das Ganze hier verantwortlich?« Wir haben versucht, über unser Leben selbst zu bestimmen, und wieder und wieder erfahren müssen, daß das nicht ganz funktionierte. Also ... wenn wir die Sache nicht wirklich in der Hand haben — wer dann?

Es mag für eine praktisch denkende, berufstätige Frau eine nebulöse Vorstellung sein, einfach einmal einen Schritt zurückzutreten und ihr Leben einer genauso undefinierbaren Macht anzuvertrauen, die vielleicht da draußen irgendwo existiert. Ist Religion nicht etwas für Schwächlinge? Sind jene, die einer höheren Macht vertrauen, nicht einfach Abhängige, die keine Verantwortung für sich selbst übernehmen? Vielleicht. Aber wenn wir derart in Extremen denken, also diese Macht entweder ganz an uns reißen oder ganz aufgeben wollen, haben wir das Wesentliche nicht begriffen.

Das Leben ist ein Prozeß, in welchem wir mit den Kräften jenseits unserer selbst kooperieren und aus dieser wechselseitigen Beziehung heraus unser Dasein gestalten.

Wir sind gemeinsam in der Verantwortung. Nicht als »Kontrolleure«, sondern als lebendige, sich entwickelnde Wesen.

ABGESCHIEDENHEIT

Wie das Wasser, das den Himmel und die Bäume nur solange klar widerspiegelt, wie seine Oberfläche unberührt bleibt, kann auch der Geist das wahre Bild des Innern nur dann widerspiegeln, wenn er ruhig und ganz gelassen ist.
Indra Devi

Wie oft kommt es vor, daß unser Geist »ruhig und ganz gelassen ist«? Erkennen wir eigentlich, daß die Zeit des Alleinseins für unsere Arbeit genauso wichtig ist wie die Forderung, auf dem laufenden zu bleiben, Vorträge auszuarbeiten und Projekte zu planen? Wie die Schriftstellerin Brenda Ueland sagt: »Im Moment ist Ihr Seelenleben furchtbar steril und trocken, weil Sie so schnell, so hastig und wie eine Maschine eine Sache nach der anderen machen, daß Sie keine Zeit mehr dafür haben, die eigenen Ideen kommen, sich entwickeln und sanft aufleuchten zu lassen.«

Wir müssen uns selbst Zeit geben. Wir müssen unseren Ideen Zeit geben. Wenn wir beides unterlassen, können weder sie ihre warme Strahlkraft entfalten noch wir die Stimme aus dem Innern hören, die zu uns spricht.

ALLEINSEIN ist kein Luxus, sondern ein Recht, das wir besitzen, und auch eine Notwendigkeit.

25. November

PERFEKTIONISMUS

Versuch nicht immer, solch ein perfektes Mädchen zu sein, Liebling. Gib einfach dein Bestes, ohne dich allzusehr zu ängstigen oder anzustrengen. Jesse Barnard

Wie viele haben sich schon danach gesehnt, von der eigenen Mutter solche Worte zu hören wie diese hier, die Jesse Barnard an ihre Tochter schrieb. Vielleicht bräuchten *wir* jetzt nicht perfekt zu sein, wenn unsere Eltern uns nicht dazu gedrängt hätten. Aber leider ist es ja so, daß speziell wir immer Perfektion von uns fordern, selbst wenn andere sie gar nicht erwarten.

Wir vergessen, daß wir, wenn es hart auf hart geht, nur *einem* perfekten Maßstab gerecht werden müssen: nämlich unserem eigenen. Wann immer wir abstrakte und äußere Normen aufstellen und uns selbst dazu zwingen wollen, sie zu erfüllen, zerstören wir uns selbst.

MEIN BESTES zu geben, ohne mich zu sehr zu ängstigen oder anzustrengen — das klingt nach einer sehr entspannten Lebensweise.

Auf andere Menschen zugehen
Zwölfter Schritt

Möge unser innerstes Vermögen allumfassend werden. Mögen wir im anderen das All erkennen, das einmal das All-Eine war und nun wieder das Eine wird.

Laura Riding

Es ist auch deshalb so wunderbar, von der Arbeitssucht zu genesen, weil wir dabei erkennen, daß unser Leben sich verändert und unsere geistigen Qualitäten stärker in den Vordergrund rücken — trotz der inneren Widerstände, die wir diesem Prozeß entgegensetzen.

Sobald wir aufhören, uns zu Tode zu arbeiten, stellen wir auch fest, daß wir mehr Zeit haben, auf andere Menschen zuzugehen, daß schon allein die Tatsache dieses Sich-Öffnens gut für uns ist und — überraschenderweise — unsere innere Entwicklung und Heilung zu fördern scheint.

Wir hören auf damit, andere immer nur ändern zu wollen, und machen uns klar: Gerade indem wir die Reise in Richtung Gesundheit gemeinsam mit anderen unternehmen, besinnen wir uns auf die eigene Lebensgeschichte, unseren Ausgangspunkt und unseren jetzigen Zustand — und schreiten fort auf dem richtigen Weg.

WENN WIR uns einem anderen Menschen zuwenden, können wir uns ins Gedächtnis zurückrufen, daß wir im Grunde eins sind — und daß wir einander gleich sind.

27. November

Glück

Wenn du in sehr jungen Jahren nicht glücklich warst, kannst du es später immer noch werden — aber es ist dann viel schwieriger; du brauchst günstigere Umstände.
Simone de Beauvoir

Wir alle bringen Einflüsse und Erfahrungen aus der Kindheit ins Erwachsenenalter mit. Gestörte Familienbeziehungen sind in dieser Gesellschaft die Norm, und so brauchen wir uns wohl nicht danach zu fragen, *ob* irgendwelche Kindheitserlebnisse aufgearbeitet werden müssen. Viel eher lautet die Frage: *Wie* arbeiten wir sie auf, worauf konzentrieren wir uns und was fangen wir damit an?

Das menschliche Abenteuer ist deshalb so aufregend, weil wir, egal, wie schrecklich unsere Kindheit auch war, in diesem Aufarbeitungsprozeß immer auch einige Erinnerungen an glückliche Momente finden, die wir längst vergessen hatten. Und unabhängig davon, wie perfekt unsere Familie nach außen hin wirkte: Es gibt immer einige schmerzliche Erfahrungen, die wir noch einmal durchleben müssen.

WAHRES GLÜCK resultiert nicht unbedingt aus einer glücklichen Kindheit. Es stellt sich dadurch ein, daß man sich zur eigenen, ganz unverwechselbaren Kindheit bekennt und die Lektionen durcharbeitet, die sie bereithält.

Mit einer höheren Macht verbunden sein

Es sind nicht in erster Linie abstrakte Ideen, die unsere Spiritualität beeinflussen, also unsere Erfahrung mit Gott und durch Gott. Sandra M. Schneiders

Wir können uns Gott bzw. den kosmischen Abläufen und Rhythmen nicht nähern mittels Ideen. Die Theologie unternimmt den Versuch, Gott *geistig* zu erfassen, und verlangt oftmals, daß wir unsere *unmittelbare Erfahrung* mit einer Macht, die größer ist als wir, verleugnen.

Wenn wir lernen, unseren eigenen Wahrnehmungen zu vertrauen und sie bewußt zu erleben, entdecken wir, daß wir allmählich eine Verbindung herstellen zu dem, was im Universum geschieht. Im Verlaufe unseres Bemühens für die eigene Gesundheit wird uns klar, daß wir dann eins sind mit dem Weltall, wenn wir ganz aus dem Innen heraus leben. Wir sind Teil jener Bewegung, die alle Erscheinungen des Lebens auf ein ganzheitliches Prinzip zurückführt.

Dieser lebendige Prozeß, der wir sind: Er übersteigt uns zugleich. Wenn wir wirklich wir selbst sind, sind wir mehr als wir selbst. Wir brauchen nach der Spiritualität nicht zu suchen. Wir *sind* Geist.

DIE ERFAHRUNG des Unendlichen kann nicht im Kopf beginnen.

Lachen

Man bringt sich oft ums Lachen, wenn man nicht über sich selbst lachen kann. Sara Jeanette Duncan

Gut gesagt! Zum Heilungsprozeß gehört auch die Fähigkeit, zu erkennen, wie unglaublich komisch wir mit unserer Krankheit sind. Wir nehmen uns selbst aber so furchtbar ernst.

Für mich war es ein besonderes Ereignis, als ich eingeladen war, bei einem wichtigen Lunch eines der größten amerikanischen Unternehmen als Gastrednerin aufzutreten. Kurze Zeit vor dieser Verpflichtung war ich draußen zum Zelten gewesen, und so kam ich mir ein bißchen »abgerissen« vor. Um einen guten Eindruck zu machen, hatte ich ein klassisches, zweiteiliges Kostüm mitgebracht, eine seidene Bluse, Strumpfhose und hochhackige Stiefel. Nachdem ich aber nun einige Zeit in der freien Natur verbracht hatte, wußte ich wirklich nicht mehr genau, wie ich in diese Kluft überhaupt hineinkommen sollte. Gerade als es Zeit war, mit dem Vortrag zu beginnen, ging ich noch einmal auf die Toilette, um »meine Nervosität hinauszupieseln«, wie man in medizinischen Kreisen salopp sagt. Als ich wieder herauskam, fühlte ich mich ein bißchen großspurig und war bereit, anzufangen. In dem Moment, da ich die Tür zum Auditorium erreichte, spürte ich eine leichte Brise und sah, daß mein Rock noch in der Strumpfhose steckte und also jeder mein Hinterteil sehen konnte. Dieser kleine Zwischenfall gab mir sofort Gelegenheit, auf den Boden der Tatsachen zurückzukehren und wieder bescheiden zu werden.

WENN WIR SEHEN, wie komisch wir sind, sehen wir auch, wie liebenswert wir sind.

Schuldgefühle

Frauen behalten einen geheimen Winkel ihres Herzens jenen Sünden vor, die sie nie begangen haben.
Cornelia Otis Skinner

Bereitwillig übernehmen wir die Verantwortung für wirklich alles, so daß wir uns ständig schuldig fühlen.

Wenn unser Partner erschöpft oder deprimiert ist, müssen wohl wir die Ursache sein. Wenn unsere Kinder keine guten Leistungen vollbringen, ist das sicherlich unser Fehler. Wenn ein enger Termin nicht eingehalten wurde, hätten wir eben noch mehr Zeit für die Arbeit aufbringen müssen. Frauen haben eine so große Bereitschaft, die ganze Schuld der Welt auf sich zu laden. Es spielt gar keine Rolle, ob wir diese »Missetaten« begangen haben. Wenn sie geschehen sind, so müssen wir die Verantwortung dafür tragen. Unglücklicherweise gibt es viele Menschen in unserer Umgebung, die uns nur zu gern in diesen eingebildeten Schuldgefühlen auch noch bestärken.

Wir haben nie richtig innegehalten, um zu erkennen, wie selbstsüchtig es im Grunde ist, sich für alle Geschehnisse verantwortlich zu fühlen, egal, ob man damit zu tun hat oder nicht. Wenn wir so handeln, machen wir uns selbst zum Mittelpunkt der Welt.

ES MUSS einen leichteren Weg geben, um dazuzugehören.

1. Dezember

Finanzielle Sicherheit

Im Grunde sind wir sklavisch abhängig von unseren Lebenshaltungskosten. Carolina Marin de Jesus

Wir alle müssen für unseren Lebensunterhalt sorgen. Das Leben wird immer teurer, und manchmal scheint es überhaupt nur noch den Reichen vorbehalten zu sein.

Wir wissen nicht mehr, was der Unterschied ist zwischen dem, was wir wollen, und dem, was wir brauchen. Unsere Bedürfnisse erstrecken sich auf alles. Wenn wir nicht haben, was wir unserer Ansicht nach brauchen, werden Selbstachtung und Selbstwertgefühl schwächer. Wir können uns kaum noch entsinnen, was überhaupt von Wichtigkeit ist.

Wir sind wichtig. Unsere Kinder sind wichtig. Unsere Beziehungen sind wichtig. Unser Planet ist wichtig. Unser Leben ist wichtig.

DAMIT WIR NICHT VERGESSEN, um was es uns eigentlich geht, wollen wir heute einmal innehalten, zu uns kommen und das Gedächtnis aktivieren.

Interessen/Sich übernehmen

Möglicherweise bin ich selbst daran schuld, vielleicht aber auch ist es Schicksal, daß ich von derart vielen Dingen in Anspruch genommen werde — sowohl von den rein praktischen wie auch von jenen, die meine Gefühle, mein Leben an sich betreffen —, daß ich meine ganze Kraft brauche, wenn ich sie erledigen bzw. durchstehen will.

Isak Dinesen

Manchmal bringen wir bei unseren übertriebenen Bemühungen drei Dinge ganz durcheinander: eine gesunde innere Spannung gegenüber der Arbeit, ein leidenschaftliches Engagement für die Arbeit und die Sucht nach Arbeit. Leidenschaft wird zur Sucht, wenn sie einen selbst und andere Menschen zerstört. Solch zwanghaftes Tun ist ganz und gar nicht in unserem Interesse — denn es läßt uns keine Zeit mehr für unsere Interessen.

Eine arbeitssüchtige Frau weiß einfach nicht, wann sie aufhören muß: Um ihre Ziele zu verfolgen, übernimmt sie sich oft und häuft immer noch mehr Aufgaben an. Eine Frau hingegen, die zu ihren Interessen ein gesundes Verhältnis hat, ist auch fähig, ihnen die Zeit zu widmen, die ihnen gebührt, und kostet sie in vollen Zügen aus.

MEINE INTERESSEN machen mein Leben reicher — nicht aber, wenn ich sie zwanghaft verfolge.

3. Dezember

Freiheit

Wir müssen in Berührung kommen mit unserer eigenen, befreiend wirkenden Lächerlichkeit und uns darin üben, auf eine ganz unschuldige Weise anders zu sein.

Sarah J. McCarthy

Freiheit besteht für mich darin, so zu sein, wie ich bin. Von berufstätigen Frauen zum Beispiel erwartet man, daß sie kurzes, gepflegtes Haar haben. Ich dagegen trage das Haar lang, und es ist manchmal recht widerspenstig. Das tut niemandem weh … und drückt doch einen Teil meiner selbst aus. Es ist tatsächlich befreiend, »lächerlich« und auf »unschuldige Weise anders« zu sein.

Ich war einmal zu einem Vortrag an einer Universität eingeladen und nahm bei dieser Gelegenheit auch an einem Mittagessen für die Dozentinnen und Mitarbeiterinnen der Fakultät teil. Im Verlauf meiner kleinen Tischrede stellte ich auch die Frage, ob es so etwas wie eine Kleiderordnung gebe. Schnell versicherte man mir, die Studentinnen könnten tragen, was sie wollten. Ich hakte jedoch nach und sagte, meine Frage habe sich auf das weibliche Lehrpersonal bezogen. Denn all diese Frauen waren absolut gleich angezogen: Kostüm, Bluse und irgendeine kleine Krawatte. Die einzige, die davon abwich, trug eine *Rüsche* auf ihrer Bluse!

UNSERE FREIHEIT erweist sich darin, daß wir die Kleidung wählen, die zu unserer Persönlichkeit paßt und sich angenehm tragen läßt. Auf diese Weise bringen wir uns selbst zum Ausdruck.

Geschenke

Lerne, mit dem Schweigen in dir vertraut zu werden, und wisse, daß alles in deinem Leben einen Zweck hat. Es gibt keine Fehler, keine Zufälle: Alle Ereignisse sind Wohltaten, die uns zuteil werden, damit wir daraus lernen.
Elisabeth Kübler-Ross

Unser Leben verläuft nicht immer glatt. Viele von uns haben schon zahlreiche seelische Erschütterungen und harte Auseinandersetzungen hinter sich. Wenn wir mitten in Schwierigkeiten stecken, fällt es uns schwer, sie als ein Geschenk zu betrachten. Dennoch: Auf einer höheren Ebene bietet uns jede Erfahrung die Gelegenheit, etwas zu lernen.

Wenn wir unsere Energie damit vergeuden, uns zu beklagen und andere Menschen für alles verantwortlich zu machen, geben wir unsere ganze Kraft für sie aus. Erst wenn wir innehalten und uns fragen: »Welche Rolle spiele ich in diesen Situationen, und was habe ich daraus zu lernen?« setzen wir unsere Zeit und unsere Fähigkeiten richtig ein. Dabei geben wir jedoch auch uns selbst nicht die Schuld. Wir schieben sie auf überhaupt niemanden mehr ab. Vielmehr öffnen wir uns, um herauszufinden, was es für uns zu lernen gibt. Gerade dadurch werden wir zu ganzen Menschen.

GESCHENKE müssen nicht immer schön eingepackt sein: Auf den Inhalt kommt es an!

5. Dezember

In verantwortlicher Position sein

Du mußt die Fragen stellen und versuchen, die dazugehörigen Antworten zu finden, denn du bist mittendrin; sie haben dir die Verantwortung übertragen — und zwar während eines Wirbelsturms.

Norma Jean Harris (Sheila Ballantyne)

Wie in aller Welt kam ich in diese verantwortliche Position? Da muß etwas schiefgelaufen sein. Ich weiß nicht, was ich mit dieser Art von Kontrakt anfangen soll. Ich habe keine Ahnung, wie man Kinder großzieht. Ich muß »ihnen« ein falsches Bild von mir gegeben und sie glauben gemacht haben, ich wüßte genau, was ich tue. Insgeheim fühle ich mich am besten, wenn jemand anders die oberste Verantwortung trägt. Wer also hat diesen schrecklichen Fehler gemacht?

Oft sind wir der festen Überzeugung, es müsse irgendwo jemanden geben, bei dem wirklich alles stimmt und der in jeder Situation genau weiß, was zu tun ist. Aber wo soll dieser Mensch denn sein? Vielleicht können wir selbst ganz einfach die richtigen Fragen stellen und die richtigen Informationen sammeln — dann wird niemand dieses Affentheater, das wir manchmal veranstalten, argwöhnisch betrachten.

ES GEHT **um dich, Schätzchen. Also streng dich an.**

Mut/Offenheit/Angst

> *Um diesen Zustand* innerer Offenheit *wirklich schätzen zu können, müssen wir dazu ermutigt worden sein, unbekanntes Gebiet zu betreten, nach Alternativen zu suchen und neue Möglichkeiten in Betracht zu ziehen.*
>
> Schwester Mary Luke Tobin

Mut und Offenheit gehen Hand in Hand. Unser Mut hilft uns, etwas Neues zu wagen. Wenn wir Angst haben, sehen wir nur einen Weg: den eigenen. Durch eine mutige Haltung aber eröffnen sich uns neue Möglichkeiten.

Sobald wir unseren Ängsten begegnen, stellen wir fest, daß wir über einen Grad an Mut verfügen, der uns bisher unbekannt war. Glücklicherweise müssen wir keine Heldin sein, um Mut zu demonstrieren. Jeden Tag gibt es viele Gelegenheiten, ihn unter Beweis zu stellen. Zum Beispiel braucht man Mut, um sich innerlich zu entwikkeln und neue Ideen hervorzubringen oder um für eine Sache einzutreten, von deren Richtigkeit man zutiefst überzeugt ist. Manchmal braucht man sogar Mut, um ein kurzes Schläfchen zu halten.

ICH VERLANGE NICHTS als eine mutige Haltung, die sich im Alltag bewährt.

7. Dezember

Beruflicher Aufstieg

Der beste Rat, den man jungen Menschen in Sachen Beruf geben kann, ist der: Finde heraus, was du am liebsten machst, und suche dir jemanden, der dich dafür bezahlt.
Katherine Whilehaen

Was wir am allerliebsten tun, hat oft nichts mit unserer Berufswahl zu tun. Wir leben in einer Zivilisation, die uns beibringt: Orientiere dich danach, was sich verkaufen läßt. Wir haben gelernt, all das zu ignorieren, was wir lieben, und uns selbst in eine Ware zu verwandeln. Waren werden gekauft und verkauft, und so haben wir Angst, man könnte mit uns genauso verfahren. Wir haben das Gefühl: Es ist ein Luxus, klar zu erkennen, was man wirklich tun möchte, und dieser Luxus steht uns nicht zu.

Dabei übersehen wir einen zentralen und entscheidenden Faktor: Wenn wir das tun, was uns am Herzen liegt, wird unsere Arbeit wahrscheinlich eine ganz außerordentliche Qualität besitzen.

Wenn wir nur auf den Erfolg fixiert sind, werden wir darüber bestimmt unser Leben vergessen. Wenn wir uns aber dem Leben widmen und das tun, was uns ausgesprochen gefällt, haben wir gute Chancen, erfolgreich zu sein.

Sich mitteilen
Zwölfter Schritt

Wenn die eigenen Probleme unlösbar sind und noch die besten Bemühungen zunichte gemacht werden, ist es lebensrettend, anderen Menschen zuzuhören, die über ihre Probleme sprechen.
Suzanne Massie

Manchmal haben wir einfach einen toten Punkt erreicht. Trotz unserer Intelligenz, unserer Tüchtigkeit und Beharrlichkeit scheinen wir nicht fähig zu sein, all die verschiedenen Erfordernisse und Fragen unter einen Hut zu bringen. Oftmals aber wird gerade dann die Weisheit des Zwölften Schrittes im Zwölf-Schritte-Programm der Anonymen Alkoholiker in unserem Leben wirksam.

Da wir begonnen haben, mit unserer Spiritualität vertraut zu werden, und den heilsamen Einfluß des Programms am eigenen Leib erfahren haben, sind wir nun auch bereit, mit denen, die in Not sind, unsere innere Stärke und unsere Hoffnung zu teilen. Wenn wir uns ihnen zuwenden, tun wir dies aber nicht in selbstsüchtiger Weise; und zugleich müssen wir uns klarmachen, daß wir gerade im Geben oft viel empfangen.

WENN ICH MICH in einer Sackgasse befinde, fühle ich mich nicht sehr stark. Das mag aber genau der Zeitpunkt sein, da ich es dringend nötig habe, auf einen anderen Menschen zuzugehen.

9. Dezember

VERWIRRUNG/GESCHÄFTIGKEIT

Als Arbeitssüchtige habe ich gelernt, selbst die Zwölf Schritte der Anonymen Alkoholiker wie eine Besessene durchzuarbeiten: Los, los!! Bekämpfe deine Süchte!! Arbeite an den Schritten!! Hurra! Hurra! Michelle

Die Heimtücke dieser Krankheit besteht unter anderem darin, daß wir uns etwas an sich Gutes zu eigen machen, es aber dann in einer Weise benutzen, die destruktiv ist und unser Problem nur noch vergrößert.

Die Arbeit ist etwas Gutes. Aber wenn wir sie derart zwanghaft betreiben und uns selbst sowie die geliebten Menschen damit quälen, wird sie zu einer zerstörerischen Angelegenheit. Gymnastik ist etwas Gutes. Aber wenn wir sie dazu hernehmen, unseren Körper zu ruinieren, intimen Umgang mit anderen zu vermeiden und uns selbst ganz fremd zu werden, kann sie die gleichen Auswirkungen haben wie übermäßiges Trinken.

Auf einer tieferen Ebene ist die Art und Weise, *wie* wir etwas tun, zumindest genauso wichtig wie das, *was* wir tun.

AUCH WENN ich mich mit *guten* Dingen bestrafe oder zerstöre, bleibt das Ergebnis das gleiche.

Sich gefangen fühlen

Frauen sind jene Klasse von Sklaven, die die menschliche Spezies am Leben erhält, damit deren andere Hälfte frei den weltlichen Geschäften nachgehen kann.
Shulamith Firestone

Wir wollten zum Teil auch deshalb in einen Beruf einsteigen, weil wir nicht mehr jene »Klasse von Sklaven, die die menschliche Spezies am Leben erhält«, sein wollten. Es ist jedoch schwierig, dieser Falle wirklich zu entkommen. Wir müssen feststellen, daß jede Arbeit zu einer Falle werden kann — ob wir nun die ganze Zeit Hausfrau sind, freiwillige Helferin, Personalberaterin oder Topmanagerin. Unsere Gesellschaft ist so aufgebaut, daß viele gebraucht werden, um die Arbeit einiger weniger zu unterstützen. Und selbst wenn wir zu diesen wenigen gehören, ist nicht gesagt, daß wir immer frei sind.

Wir müssen erkennen, daß wir alle, egal, was wir tun, Teil jener »Geschäfte der Welt sind« und daß diese Welt uns braucht — und zwar eine jede von uns.

WENN ICH akzeptiere, wie ich bin und was ich anzubieten habe, stärkt das mich selbst und auch die Gesellschaft.

11. Dezember

Erwartungen

Du mußt wissen: Wenn du dir diese Neigung anerzogen hast, alles besser zu wissen, und Gefallen daran findest, auf alle schlechten Dinge hinzuweisen, zu diskriminieren, zu analysieren und zu vergleichen, dann bist du selbst geknechtet. Ich wünschte, du könntest befreit werden.

Brenda Ueland

Wir brauchen niemanden, der uns kritisiert. Wir hegen so viele übermenschliche Erwartungen in bezug auf uns selbst, daß dagegen jene, die wir an andere stellen, bedeutungslos werden. Wir glauben tatsächlich, daß wir fähig sein sollten, alles in den Griff zu bekommen. Wir sind wirklich davon überzeugt, daß wir immer obenauf sein müßten. Wenn wir dabei ertappt werden, daß wir nicht genügend vorbereitet sind, gehen wir — anstatt es einfach zuzugeben — entweder in die Defensive oder fühlen uns schuldig (manchmal geschieht auch beides). Uns kommt es nur selten in den Sinn, einfach einmal einzugestehen: Wir waren darauf nicht gefaßt. Wir gehen davon aus, wir sollten immer für alles vorgesorgt haben. (Ich will hier jetzt gar nicht wieder über unser Thema »Kontrollverhalten« sprechen!)

Im schon genannten Buch von Sheila Ballantyne kommt die Stelle vor: »Martin hatte angeboten, einen Helfer zu engagieren, aber ich war der Überzeugung, der Ruf einer Mutter beruhe auf deren Fähigkeit, sich ganz allein um Kind und Heim zu kümmern.«

UNSERE EIGENEN ERWARTUNGEN halten uns davon ab, den »guten Onkel« um Hilfe zu bitten (oder uns auch sonst helfen zu lassen).

Verantwortung

Wenn du dein Leben selbst in die Hand nimmst, was passiert dann? Etwas Schreckliches: Kein anderer ist dafür verantwortlich zu machen. Erica Jong

Wir Frauen haben nur sehr ungern Verantwortung für das eigene Leben übernommen, weil uns beigebracht wurde, daß wir dann zur Rechenschaft gezogen würden für all das, woran wir beteiligt waren, und daher auch die Schuldigen wären. Indem wir uns gegen diese Vorstellung von Verantwortung wehrten, haben wir leider die Gelegenheit ausgelassen, unser Leben selbst in die Hand zu nehmen und auch dazu zu stehen. Dadurch sind wir nicht wirklich verwurzelt, haben keine tieferen Bindungen und kein umfassendes Verständnis unserer selbst.

Wir müssen für unser eigenes Leben die Verantwortung übernehmen. Wir müssen uns zu *all* unseren Erfahrungen bekennen und sie in unser Dasein, in unsere Entscheidungen integrieren. Wir müssen geltend machen, wer wir sind, und so sein, wie wir sind. Das bedeutet nicht, daß man uns die Schuld geben kann an dem, was wir erlebt haben. Es bedeutet, daß wir die Möglichkeit besitzen, unser eigenes Leben zu leben, anstatt dieses Vergnügen jemand anderem zu überlassen.

WENN ICH die Verantwortung für mein Leben übernehme, kann ich auf alles, was es bereithält, auch reagieren.

13. Dezember

SELBSTWERDUNG

Man wird nicht als Frau geboren — man wird dazu.
Simone de Beauvoir

Wir leben in einer Gesellschaft, die so viel Wert legt auf Jugend, Aussehen und äußere Reize, daß wir im Grunde nur sehr wenige Möglichkeiten haben, unsere wahre Weiblichkeit zum Ausdruck zu bringen. Wir wissen noch gar nicht, wie das eigentlich geschehen soll — und schon wird von uns ganz abrupt erwartet, daß wir eine Frau sind und über das entsprechende Wissen und Format verfügen.

In einer Gesellschaft, die sich der tieferen Lebensprozesse kaum bewußt ist, wird vorausgesetzt, daß »man« erst ein kleines Mädchen und dann plötzlich eine Frau ist. In unserer sexistischen Zivilisation ist die Entwicklung zur Frau fast immer und in erster Linie mit der Sexualität verknüpft. Aber weiblich sein ist viel mehr, als nur Lust zu haben und Kinder in die Welt zu setzen. Weiblich sein heißt, in einem fortlaufenden Prozeß uns selbst und den Menschen unserer Umgebung alles darzubringen, was wir als Frau zu geben haben.

ICH BIN durch und durch Frau. Das ist ein lebendiger Prozeß, kein statischer Zustand.

Stärke

Von einem ängstlichen und schüchternen Mädchen hatte ich mich zu einer Frau mit resolutem Charakter entwikkelt, die sich vor schwierigen Auseinandersetzungen nicht mehr fürchtete. Anna Dostoevsky

Die eigene Stärke zu finden und anzunehmen, ist ein sehr wichtiger Aspekt im Prozeß weiblicher Selbsterkenntnis. Jugendliche kennen zumeist ihre inneren Kräfte noch nicht, Frauen jedoch schon. Wenn wir diese verleugnen, geben wir wichtige Teile *unserer* Persönlichkeit auf. Wenn wir die eigene Stärke benutzen, um über andere zu herrschen, verleugnen wir deren spezifische Wesensart. In beiden Fällen sind wir diejenigen, die den kürzeren ziehen.

Stärke gewinnen wir vor allem dadurch, daß wir uns selbst kennenlernen und akzeptieren und daß wir einsehen: Wir sind nicht der Mittelpunkt der Welt. Sobald wir uns selbst bejahen, wird uns allmählich klar, daß unsere Stärke in direkter Verbindung steht mit einer Macht, die größer ist als wir, ja im Grunde eins ist mit ihr. Wenn wir uns an diese Macht anschließen, wissen wir: Uns stehen die nötigen Kräfte zur Verfügung, um mit allem, was da kommen mag, fertig zu werden.

EIN ALTES äthiopisches Sprichwort besagt: »Wenn Spinnennetze sich verbinden, können sie einen Löwen fesseln.«

15. Dezember

Selbstvertrauen

Inneres Format bekundet sich in jenem Selbstvertrauen, das ein Mensch ausstrahlt, wenn er sicher ist, ohne anmaßend zu sein. Inneres Format hat nichts mit Geld zu tun. Inneres Format ist gefeit gegen die Angst. Es ist gleichbedeutend mit Selbstdisziplin und Selbsterkenntnis. Es ist diese traumwandlerische Sicherheit, die sich dadurch einstellt und bewährt, daß man das Leben bewältigen kann. Ann Landers

Selbstvertrauen zu haben, ist so entspannend. Es gibt keine Anstrengung, keinen Streß, wenn man sich selbst vertraut. Unser Mangel an Selbstvertrauen rührt meist daher, daß wir versuchen, jemand anders zu sein. Kein Wunder also, daß wir uns nicht gerade sicher fühlen, wenn wir in der Lüge leben.

Wir entspannen uns erst, wenn wir uns klarmachen, daß das beste, was wir in jeder Situation tun können, genau darin besteht: so zu sein, wie wir sind. Großspurigen Menschen mangelt es oft in beängstigender Weise an Selbstvertrauen. Sie wissen nicht genau, über welche Eigenschaften sie verfügen, was sie anderen geben können. Wenn man weiß, was man, im besten Sinne, zu bieten hat, und dieses Wissen in jede Situation einbringt, so ist damit schon alles Nötige getan.

ICH BIN gerne eine Frau mit Format ... Kein Gehabe ... keine Angabe ... nur die nackten Tatsachen.

FEIERTAGE/HEKTIK

Feiertage sind nicht unbedingt gleichbedeutend mit Hektik.
Anne Wilson Schaef

Wir sehen die Feiertage auf uns zukommen und fühlen uns sogleich erschöpft und überfordert. Wir müssen unsere übliche Arbeit fortführen und dazu noch Geschenke einkaufen, die Wohnung dekorieren, extra Weihnachtsplätzchen backen, weitere soziale Aufgaben erfüllen — und daneben auch noch großartig aussehen. Für einige von uns wird das »Fest der Freude« zu einem Fest, das uns völlig kaputtmacht. Da wir sowieso schon immer zuviel machen, haben wir vor diesen Feiertagen schreckliche Angst.

Dieses Jahr bietet uns die günstige Gelegenheit, einmal innezuhalten, Bilanz zu ziehen und herauszufinden, was an dieser Weihnacht wirklich wichtig für uns ist. Vielleicht lieben wir die traditionellen Gebräuche. Welche davon können wir fortsetzen, ohne unser körperliches und seelisches Wohlergehen einzubüßen? Vielleicht auch können wir andere um Hilfe bitten und aufhören, alles alleine machen zu wollen. In diesem Jahr steht es uns frei, den wahren Sinn von Frieden zu erfahren — Frieden im Innern und Frieden mit der Welt.

DIE ZEIT DER FEIERTAGE auf eine geistig gesunde Weise zu bewältigen, ist Bestandteil meines Heilungsprozesses. In diesem Jahr habe ich auch Gelegenheit dazu. Ha!

17. Dezember

HEILUNG

Ich will Ihnen sagen, was ich für mich selbst erkannt habe: Ein langer Spaziergang über acht oder zehn Kilometer tut wahre Wunder. Aber man muß alleine marschieren und jeden Tag. Brenda Ueland

Die Heilung braucht Zeit. Sie ist eine Angelegenheit, die jeden Tag vorangetrieben werden muß. Einige traumatische Erlebnisse in unserem Leben erfordern eine besondere Form körperlicher, seelischer und/oder geistiger Regeneration; die täglichen Kratzer, Kerben, Dellen hingegen müssen wir einfach nur verheilen lassen. All die Arbeit zu tun, die wir tun, und die Dinge zusammenzuhalten, wie wir es tun — das fordert eben seinen Preis.

Wenn wir nun Zeiten der inneren Heilung dringend nötig haben, gibt es nichts Erfrischenderes als einen langen Spaziergang. Es ist erstaunlich, wie die rhythmische Bewegung der Beine und Füße aufs engste damit verbunden ist, daß wir einen klaren Kopf bekommen. Aber wir müssen einen *langen* Spaziergang machen, denn am Anfang denken wir noch über unsere Probleme nach. Diese Gedanken lösen sich mit der Zeit auf, so daß dann der Heilungsvorgang allmählich beginnen kann, wenn wir weniger auf unser Denken fixiert sind.

WENN ICH **kräftig marschiere, heilen meine Wunden.**

Liebe

Nur indem wir lieben, können wir Liebe lernen.
Doris Murdock

Viele jener Frauen, die ständig überlastet und erschöpft sind, glauben, es gäbe irgendwelche Tricks, um Liebe zu erzeugen: Wenn wir nur genügend sexy wirken, können wir andere dazu bringen, daß sie uns lieben — oder auch dann, wenn wir sie einfach nur umsorgen und uns unentbehrlich machen. Wir lieben nicht, indem wir Liebe geben — wir versuchen vielmehr, Liebe mittels Manipulation zu erringen. Leider lernen wir durch diese Methoden nicht viel über die wahre Liebe.

Die Liebe ist ein Wagnis. Lieben heißt: die eigene Erwartungshaltung aufgeben und die Dinge geschehen lassen. Einige von uns zweifeln an ihrer Liebesfähigkeit, weil sie in nicht intakten Familien aufwuchsen und im Grunde keine große Erfahrung damit haben, wie man in aller Offenheit Liebe gibt und empfängt. Liebe war immer mit irgendwelchen Bedingungen oder Forderungen verknüpft, denen wir nachkommen mußten. Folglich haben wir später in genau der Weise geliebt, wie wir es in unserer Familie gelernt haben.

Glücklicherweise sind wir fähig, etwas Neues zu lernen. Das beginnt direkt bei uns selbst, *in* uns selbst. Denn wenn wir die Erfahrung machen, daß wir uns selbst lieben, lernen wir allmählich, durch Liebe zu lieben.

SOBALD ICH MICH SELBST liebe, ist es nur ein kleiner Schritt dahin, auch andere Menschen zu lieben.

19. Dezember

KOMMUNIKATION

Wenn du mir irgend etwas Wichtiges zu sagen hast, dann fang um Himmels willen mit dem Ende an.
Sarah Jeanette Duncan

Frauen waren schon immer der Überzeugung, daß es Ziel jeder Art von Kommunikation sei, Brücken zu schlagen, Verbindungen herzustellen, die Dinge zu erhellen und das gegenseitige Verständnis zu erleichtern. Häufig haben wir diese Fähigkeiten in uns entwickelt und waren gute Gesprächspartnerinnen.

Dann aber müssen wir feststellen, daß die Kommunikation am Arbeitsplatz auf ganz andere Weise gehandhabt wird, als wir uns dies vorgestellt hatten. Sie wird benutzt, um zu manipulieren, zu kontrollieren, Unruhe zu stiften und einzuschüchtern — um Schranken aufzubauen, anstatt sie zu überwinden. Beruflicher Erfolg ist eng verknüpft mit dieser verwirrenden und scheußlichen Form von Kommunikation. Man macht uns klar, daß wir das Spiel mitspielen müssen.

Zu einem späteren Zeitpunkt jedoch sehen wir, daß die Menschen, die wir wirklich bewundern, sehr direkt sind und sich weigern, bei diesen Spielereien mitzumachen. Wir wurden dazu verleitet, auf unsere Fähigkeiten zum fruchtbaren Austausch zu verzichten — und doch brauchen wir diese so dringend.

AM ENDE zu beginnen, mag ein guter Anfang sein. Zumindest ist es die direktere Art.

Frohsinn

Die eigenartige Schönheit der Welt muß ihren Grund irgendwo in der reinen Freude haben! Louise Bogan

In der Tat: Die Welt ist wunderbar ... und äußerst einfallsreich. Wer hätte daran gedacht, einen Baum so zu entwerfen, daß seine Zweige, wenn sie zu schwer werden, den Boden berühren, Wurzeln schlagen und einen neuen Stamm hervortreiben — so daß also ein einziger Baum, der diesen Vorgang viele Male wiederholt, schließlich eine Fläche von der Größe eines ganzen Wohnblocks abdeckt?

Stellen Sie sich einen Baum vor, der so hoch ist, daß Sie seine Krone kaum sehen können. Ein Baum — und dieser hat mindestens drei Methoden entwickelt, um sich selbst fortzupflanzen und dadurch nicht auszusterben? Es stimmt: »Die eigenartige Schönheit der Welt muß ihren Grund irgendwo in der reinen Freude haben.« Wir haben die Möglichkeit, diese Freude zu erfahren. Wenn wir sie wahrnehmen, ist diese eigenartige Schönheit der Erde überall um uns.

WAHRSCHEINLICH TUT ES NICHT WEH, dankbar dafür zu sein, daß der Entwurf und die Schöpfung der Welt nicht uns überlassen war.

21. Dezember

Inspiration

Die Inspiration kommt sehr langsam und leise.
Brenda Ueland

Manchmal vergessen wir, daß wir Inspiration brauchen, um unsere Arbeit gut zu machen. Das betrifft jede Arbeit, egal, wie minderwertig sie uns auch erscheinen mag. Inspiration ist nichts anderes als jenes sanfte Lauschen, in dem wir die Weisheit unseres inneren Seins aufnehmen.

Brenda Ueland sagt, dieser Zustand stelle sich langsam und leise ein. Ich könnte hinzufügen: Er *ergibt* sich — so, wie es ihm beliebt, und nicht auf Befehl. Wir können ihn genausowenig herbeizwingen wie andere innere Prozesse. Wir müssen ihn geduldig erwarten.

Wie bedauerlich, daß wir die Inspiration nur den Dichtern, Schriftstellern und anderen Künstlern zuschreiben! Wie schade, daß wir nicht fähig sind zu erkennen, wie sehr die einfühlsame Kindererziehung oder das richtige Management der plötzlichen Eingebung bedarf, egal, um welche Aufgabe es gerade geht. Wenn wir uns die Möglichkeit nehmen, inspiriert zu sein, verurteilen wir uns zu einer langweiligen Existenz. Die schöpferischen Einfälle sind die Würze und der Reiz des Lebens, durch die es sich von einer bloßen Existenz unterscheidet.

WENN ICH darauf warte, daß die Inspiration sich einstellt, vergeude ich nicht meine Zeit.

WAHLMÖGLICHKEITEN/ANGST/VERÄNDERUNG

Jede Entscheidung birgt Risiken, jede ruft Ängste wach. Und manchmal, wenn die Angst einem unerträglich erscheint, bringt man ein Baby zur Welt, um so die dringend notwendige Veränderung aufzuschieben.

Norma Jean Harris (Sheila Ballantyne)

Risiko und Angst — wir tun alles, um beides zu vermeiden. Wie kamen wir eigentlich auf die Idee, daß es schlecht sei, Angst zu empfinden, und daß wir nicht mit ihr fertig werden könnten? Wir nehmen alles in Kauf, um ja nicht die Angst vor Entscheidungen empfinden zu müssen. Wir bekommen ein weiteres Kind oder übernehmen zusätzliche Arbeiten oder kümmern uns ganz geflissentlich um ein neues Projekt, das unser trautes Heim betrifft — oder machen sonst irgend etwas.

Wir fürchten uns derart davor, uns mit uns selbst oder mit den Entscheidungen zu konfrontieren, die unbedingt getroffen werden müssen, daß wir sogar bereit sind, das eigene Leben und das der Menschen um uns herum zu zerstören: Hauptsache, wir brauchen keine Wahl zu treffen.

Wir ärgern uns immer, wenn die anderen Entscheidungen für uns treffen — aber zugleich wollen wir für die unseren keine Verantwortung übernehmen. Wenn wir es schaffen, daß jemand anders für uns entscheidet, brauchen uns die Konsequenzen nicht weiter zu tangieren.

ICH SAGE IMMER, daß ich ich selbst sein will, aber manchmal jagt mir gerade dies großen Schrecken ein — was im Grunde nicht weiter schlimm ist.

23. Dezember

Angst/Kontrollverhalten

Genauso wie die Liebe hat auch die Angst einen bestimmten Geruch. Margaret Atwood

Der Magen zieht sich zusammen, die Handflächen sind ganz feucht, Arme und Hände kribbeln, die Konzentrationsfähigkeit läßt nach, die Sorge darüber, ob man gut aussieht oder die richtige Antwort parat hat, wächst — wir alle kennen diese Zustände mit Namen Angst.

Unglücklicherweise wird das Leben einer Frau, die ständig überarbeitet und überfordert ist, von der Angst beherrscht. Wir fragen uns: Was, wenn ich nicht gut genug bin? Was, wenn ich nicht pünktlich bin? Was, wenn niemand mich mag? Wenn wir völlig außer uns sind, können wir nichts Brauchbares mehr zustande bringen. Aber wir sollten wissen: Unsere Angst ist eng verbunden mit der Illusion, alles fest im Griff zu haben. Gerade dann, wenn wir glauben, über ein bestimmtes Ergebnis oder die Reaktionen anderer bestimmen zu können, werden wir von Angst erfüllt. Unsere starke Beunruhigung ist eine Art »Vor-Kontrolle«.

SOBALD ICH meine Angst anerkenne und sie einer Macht jenseits meiner selbst anvertraue, kann ich auch die jeweilige Arbeit hinter mich bringen, und zwar erfolgreich.

Die gute Sache/Extremes Verhalten

In diesem Leben geht die größte Gefahr von Menschen aus, die alles ändern wollen ... oder gar nichts.
Lady Astor

Wie treffend gesagt! Lady Astor hat hier das Denken in Extremen aufgezeigt und den Horror angedeutet, wenn man darin gefangen ist. Diejenigen, die alles ändern wollen, werden oft ganz rücksichtslos in ihrer ausschließlichen Fixierung auf das, was sie zu wissen meinen. Jene wiederum, die gar nichts ändern wollen, sind so unempfindlich geworden gegen sich selbst und andere Menschen, daß sie das Leben nur noch an sich vorüberziehen lassen, ohne einmal nach links oder rechts zu schauen. Keine der beiden Gruppen tut viel für sich selbst oder irgend jemanden sonst. Im Grunde handeln beide aus der gleichen ichbezogenen Perspektive.

Worin aber besteht die dritte Möglichkeit? Darin, daß wir uns selbst und andere Menschen bewußt wahrnehmen und die Dinge akzeptieren, die unveränderbar sind, bzw. da etwas ändern, wo es möglich ist — und daß wir den Unterschied zwischen diesen beiden Einstellungen erkennen.

WENN ICH MICH in einer »guten Sache« verstricke, *werde* ich mir selbst zum Problem. Wenn ich gar nichts an der Welt ändere, in der ich lebe, *bin* ich mir selbst schon ein Problem.

25. Dezember

Verbundenheit

Gott kennt keine Entfernung. Charleszetta Waddles

Wie weit wir manchmal von jeglicher höheren Macht entfernt zu sein scheinen! Wir können mit ihr einfach keine Verbindung herstellen und verlieren den Glauben an ihre Existenz.

Es ist wichtig, daß wir uns daran erinnern: Dieser Abstand besteht nur für *uns*. Wir sind diejenigen, die sich von jener Macht entfernt und die Verbindung gelöst haben, nicht sie.

Unsere Hetze und Geschäftigkeit, unsere ständige Fürsorge und zwanghafte Arbeit — all das läßt uns nur wenig oder gar keine Zeit und Energie dafür, ein anderes Wesen oder eine andere Angelegenheit wirklich in uns aufzunehmen. Wenn wir jedoch unsere Tätigkeit einmal unterbrechen und wirklich aufmerksam sind, so werden wir feststellen, daß die Beziehung zu dieser Macht, die größer ist als wir, immer vorhanden war und ist. Diese hat uns nie im Stich gelasen. *Wir* haben *uns* verlassen.

DIESER ABSTAND geht allein auf mein Konto. Aber ich habe auch die Fähigkeit, die Verbindung wiederherzustellen.

Inneres Wachstum

Sie fühlte, wie sie reifer wurde und einen intensiveren Ausdruck annahm, indem sie einfach nur in diesem Zimmer lag, umherging und saß. Meridel Le Sueur

In dieser Gesellschaft wird ein solcher Kult aus dem Jungsein gemacht, daß es für eine Frau einfach schrecklich ist, älter zu werden. Da wirkt es dann sehr beruhigend, wenn Meridel Le Sueur solche Wörter benutzt wie »reifer werden« und »einen intensiveren Ausdruck annehmen«. Wenn ich erkenne, wie ich durch das Älterwerden mehr und mehr dazugewinne, wie sich eine genauso schöne wie vielschichtige »Patina« heranbildet, bekommt auch mein innerer Entwicklungsprozeß eine andere Färbung.

In unserem Haushalt leben zwei große Hunde: eine Dänische Dogge, sieben Jahre alt (was für diese Rasse ein hohes Alter ist!), und ein fröhlich umherstreifender Deutscher Schäferhund, etwa zwei Jahre alt. Obwohl die Dogge ganz damit beschäftigt ist, die »Königin« zu sein, und der Schäferhund damit, erwachsen zu werden, haben die beiden eine wunderbare Beziehung, die von gegenseitiger Zärtlichkeit und Fürsorge geprägt ist. Ihm scheint es nichts auszumachen, daß sie eine »alte Dame« ist und einige graue Haare hat. Wenn ich die beiden beobachte, wird mir klar, daß die menschliche Spezies wahrscheinlich die einzige ist, die die Jugend vergöttert und das Alter verachtet. Unter Tieren spielt eine solche Unterscheidung anscheinend überhaupt keine Rolle.

ICH WÜRDE nicht über mein heutiges Wissen verfügen, wenn ich nicht so alt wäre, wie ich bin. Ich habe immerzu Gelegenheit, mich weiterzuentwickeln.

27. Dezember

Verzögerungen
Erster Schritt

Wenn ich eine Sache ständig aufschiebe, dann nicht unbedingt deshalb, weil ich sie hinauszögern will; vielleicht habe ich eine Entscheidung schon getroffen, sie mir selbst aber noch nicht eingestanden.

Judith M. Knowlton

Im Gegensatz zur weitverbreiteten Auffassung sind wir arbeitssüchtigen Frauen nicht ständig dabei, *aktiv* etwas zu tun. Oft sind wir so beschäftigt und überarbeitet, daß wir uns immer tiefer verstricken in Verzögerungen und Ausweichmanöver. Wir wissen, daß wir einige Dinge tun müssen, und je mehr wir daran denken, desto schwerer fühlen wir uns. Manchmal hat es den Anschein, als könnten wir einfach nicht aus dem Bett kommen, die Arme heben oder einen Stift halten. Wir sind nicht einmal mehr imstande, uns zu irgend etwas wenigstens zu *zwingen.* Wenn diese Lethargie Besitz von uns ergreift, kann es durchaus sein, daß wir eine düstere Phase der Selbstbestrafung vor uns haben.

In solchen Zeiten ist es wichtig, sich daran zu erinnern, daß dieses Zaudern Ausdruck unserer Krankheit ist und daß wir machtlos gegen sie sind. Erst wenn wir diese Ohnmacht zugeben und einräumen, daß wir durch diese Verzögerungen geistig krank werden; erst wenn wir erkennen, daß eine höhere Macht unsere Gesundheit wiederherstellen kann — dann sind wir tatsächlich auch fähig zu sehen, daß wir eine Entscheidung getroffen haben, die wir uns selbst eingestehen können.

GANZ GEWISS mache ich mein Leben manchmal kompliziert. Zum Glück gibt es eine andere Möglichkeit.

Klarheit/Veränderungen
Inneres Wachstum

Dann erkannte ich allmählich, daß ich in meiner Entwicklung, meinem inneren Entfaltungsprozeß, einen weiteren Schritt unternehmen mußte. Eileen Caddy

Manchmal vermeiden wir es, die Dinge ganz klar ins Auge zu fassen, weil wir intuitiv wissen, daß wir dann auch einige Änderungen in unserem Leben vornehmen müssen. Wir haben uns so daran gewöhnt, das zu tun, was von uns erwartet wird, daß es uns schwerfällt herauszufinden, was wir eigentlich wollen oder brauchen. So leicht geben wir den Forderungen der anderen nach — zumal dann, wenn sie uns gegenüber in einer stärkeren Position sind —, daß wir ganz konfus werden und innere Klarheit vermissen lassen.

Trotz dieser Verwirrung drängt uns das Innere weiter in Richtung Entwicklung und Entfaltung. Etwas in uns kämpft um Klarheit und Überblick.

INNERES WACHSTUM und Selbstwerdung sind wie Atmen und Essen ganz natürlich und gehören zum Menschsein wesentlich dazu.

29. Dezember

Bewusstsein für den Lebensprozess

Das Schicksal geschieht fortwährend. Anita Loos

Unser Leben ist nicht in Stein gemeißelt. Wie die Blumen entfaltet es sich immer weiter. Auf unserem ganzen Weg stehen uns Möglichkeiten offen, haben wir die Freiheit der Wahl.

Gewiß übt die eigene Vergangenheit mit all den vielen Kräften, die sich in der Entwicklungsphase negativ bemerkbar machten, einen Einfluß auf uns aus. Und doch besitzen wir die Fähigkeit, unsere Gegenwart und unsere Zukunft zu ändern und neu zu gestalten.

Das Schicksal stellt einen fortlaufenden Prozeß dar, der sich in immer neuen Erscheinungen manifestiert. Sobald wir uns als die akzeptieren, die wir sind, haben wir die Möglichkeit, eine andere zu werden. Das ist das Paradox des Daseins an sich und unseres Lebens im besonderen.

Wenn ich fähig bin, das Leben einfach geschehen zu lassen, fühle ich mich besser. Wenn ich am Geschehen meines Lebens wirklich Anteil zu nehmen vermag, schwinge ich mich in die Lüfte empor.

DAS LEBEN offenbart sich im lebendigen Prozeß. Dieser vollzieht sich kontinuierlich.

Mitgefühl/Liebe

Niemand, auch kein Dichter, hat je ermessen, wie groß das menschliche Herz sein kann. Zelda Fitzgerald

Manchen von uns ist die Empfindung des Mitgefühls und der Liebe ganz fremd geworden. Wir glaubten, so hart und unnachgiebig und ständig so beschäftigt und hektisch sein zu müssen, daß Liebe und Mitgefühl mit der Zeit zu Luxusgütern wurden, die wir uns kaum leisten konnten. Aber gewiß, konnten wir unsere Menschlichkeit mit Hilfe einiger steuerlich absetzbarer Beträge aufrechterhalten, die wir am Ende des Jahres an gemeinnützige Organisationen überwiesen!

Dennoch wissen wir tief im Innern, daß wir liebevolle und mitfühlende Frauen sind. Wenn wir uns selbst etwas Zeit geben, kümmern wir uns auch um andere Menschen und entdecken viele Dinge, die wir in unserem Leben schätzen und lieben. Unser Herz besitzt die grenzenlose Fähigkeit, anderen Menschen Fürsorge und Mitgefühl entgegenzubringen.

WENN MEIN HERZ vor Liebe und Mitgefühl überfließt, so ist das besser als jede Kombination aus Vitaminen und körperlichen Übungen, die ich mir je ausdenken könnte.

31. Dezember

Schönheit

Glücklich möge ich meinen Weg gehen.
Möge es schön sein vor mir.
Möge es schön sein hinter mir.
Möge es schön sein unter mir.
Möge es schön sein über mir.
Möge es schön sein überall um mich.
In Schönheit vollendet sich alles.

Gebet der Navaho-Indianer

Wenn man dieses Gebet sehr langsam liest, fühlt man, von welch tiefgründiger und vollkommener Einfachheit es ist. Stellen Sie sich vor, von Schönheit umgeben zu sein! Wenn wir diesen Gedanken in uns tragen, träumen wir von einer einsamen Insel oder einem paradiesischen Ort.

Wenn wir jedoch dieses Gedicht wirklich Vers um Vers in uns aufnehmen und auf uns wirken lassen, erkennen wir allmählich, daß wir bereits von Schönheit umgeben *sind!* Wir sehen, daß dieses Gebet nicht nur einen Wunsch zum Ausdruck bringt, nein: Es ist zugleich die Wiedergabe einer tatsächlich vorhandenen Welt.

In meinem Leben gibt es schöne Dinge vor und hinter, unter und über mir. Ich befinde mich inmitten der Schönheit.

JA! Die Schönheit existiert wirklich für den, der sie sieht!

KREATIVITÄT/ZEIT DES ALLEINSEINS

Die Liebe kann mich jederzeit ablenken — aber schließlich bin ich dann doch ganz versessen darauf, wieder kreativ zu sein. Gilda Radner

Nichts in unserem Leben kann die Kreativität ersetzen: weder Arbeit noch Liebe — und nicht einmal unsere Mutterschaft. In all diesen Bereichen mögen wir kreativ tätig sein, aber unsere schöpferischen Impulse müssen ihre ganz eigenen Ausdrucksmöglichkeiten finden.

Unabhängig davon, wie interessant und anspruchsvoll unsere Arbeit ist und wie kreativ wir dabei vorgehen: Unabdingbar sind jene Augenblicke der Reflexion und der Kontemplation, da wir in Berührung kommen mit den tiefen Schichten unseres Seins und bewußt wahrnehmen, was sich dort regt. Unsere Kreativität läßt sich nicht eintauschen gegen etwas anderes; sie ist eine Kraftquelle, die wir vor allem dann erschließen, wenn wir allein sind.

ICH MAG diese Redewendung von Gilda Radner: »... schließlich bin ich dann ganz versessen darauf, wieder kreativ zu sein.«

Alternative Meditation 2

VERWIRRUNG

Es war ein unglaublicher Verrat — der um so furchtbarer war, als er (sie) nicht verstehen konnte, worin der Verrat eigentlich bestand. Ayn Rand

Innere Konfusion ist eines der ersten Kennzeichen suchterzeugender Prozesse. Man sagt uns, wir sollten logisch und rational sein, und so versuchen wir, uns dementsprechend auch zu verhalten. Aber so viele Dinge, die uns passieren, ergeben einfach überhaupt keinen Sinn. Das bringt uns dann ganz durcheinander, wir sind frustriert — und bemühen uns um so mehr um ein tieferes Verständnis. Wir glauben, es ginge uns besser, wenn wir nur begreifen könnten, was da eigentlich geschieht: dann würden wir mit der Situation schon fertig werden.

Im Verlaufe unseres Heilungsprozesses haben wir gelernt, daß alles sinnlos wird, sobald ein Mensch oder gar eine ganze Gruppe unter dem Diktat der Sucht handelt. Dann versteht man nicht mehr, was vor sich geht, weil alles irreal und wahnhaft erscheint — unbegreiflich eben.

WENN eine Sache vollkommen unverständlich ist, vertraut man sie am besten einer höheren Macht an und setzt dann den eigenen Weg fort.

PERFEKTIONISMUS/VERZÖGERUNGEN

Ich weiß: Wenn ich es nur noch einmal versuche, werde ich es schon hinkriegen.
Anonym

Und noch einmal, und noch einmal, und noch einmal. Der Zwang, alles perfekt machen zu wollen, ist ein genauso problematisches wie unerträgliches »Zuchtmittel«. Wenn wir dazu greifen, definieren wir die jeweilige Aufgabe und auch uns selbst aufgrund äußerlicher Merkmale, die mit dem Kern der Sache bzw. unserem wahren Wesen vielleicht gar nichts zu tun haben.

Tatsächlich benutzen wir dieses übertriebene Streben nach Perfektion, um ja nichts fertigkriegen zu müssen. Und warum sollten wir überhaupt anfangen, wenn nur das absolut Vollkommene zählt? Perfektionismus und Verzögerungstaktik gehen Hand in Hand — und nichts kommt dabei zustande.

Es ist notwendig, sich ins Gedächtnis zurückzurufen, daß wir einfach die Arbeit tun, die im Moment akut ist, und folglich uns selbst, unsere gesammelten Erkenntnisse und Erfahrungen wie auch unsere schöpferische Kraft in sie einbringen müssen. Kann jemand mehr verlangen?

MÖGE ICH heute nicht mehr verlangen, als mich jeder Aufgabe, die sich stellt, so intensiv zu widmen, wie ich nur kann.

Alternative Meditation 4

Ehrlichkeit

Aber ich lasse trotzdem nicht zu, daß ein kaltes Gefühl zurückbleibt, weil … Ich weiß, daß das, was ich sage, wahr ist, da es für mich *wahr ist; deshalb spreche ich es offen aus, und du mußt es ertragen.* Brenda Ueland

Wenn wir etwas als wahr erkannt haben, so müssen wir diesem Wissen auch wirklich vertrauen. Wir leben in einer Gesellschaft, die vor allem zwei Prämissen hat: Unehrlichkeit und Zweideutigkeit. In einigen Geschäfts- und Politkreisen ist ein »guter Kommunikator« derjenige, der andere einschüchtern, verwirren, aus dem Konzept bringen kann und dabei immer die Oberhand behält. Manchmal hat es den Anschein, als sei die Kunst der klaren, ehrlichen Kommunikation mit dem Zeitalter der Unwissenheit zu Ende gegangen.

Aber irgendwo tief im Innern sehnt sich jede von uns danach, aufrichtig zu sein und offen auszusprechen, was sie als wahr empfindet, damit die anderen es auch erfahren. Unsere Gesellschaft krankt, weil es ihr an Ehrlichkeit mangelt. Wir selbst verkümmern, weil wir sie vermissen lassen. Die ehrliche Grundhaltung aber ist ein wesentlicher Bestandteil unseres Heilungsprozesses.

UNS WURDE eingeimpft, Aufrichtigkeit zu fürchten. Dennoch ist gerade sie von entscheidender Bedeutung, wenn es darum geht, die Verdrängungsmechanismen zu durchbrechen und das Tor zur Heilung aufzustoßen.

Vertrauen

Im tiefinneren Glauben daran, daß es schon genügt, einfach so zu sein, wie man ist, liegt der Schlüssel zu einem befriedigenderen und ausgeglicheneren Leben.

Ellen Sue Stern

Ich bin genau richtig! Ständig hatte ich Angst davor, entweder zu großartig oder zu unbedeutend zu sein. Wie erleichternd es doch ist, wenn man sich einfach mit der Möglichkeit vertraut macht: Ich bin gut genug. Könnte es wirklich sein, daß ich nicht eins bin mit meinem Tun, meinen Erzeugnissen und Leistungen? Was, wenn ich allen Ansprüchen durchaus genüge und das schaffe, was ich mir vornehme? Wäre das wirklich genug? Vermutlich schon.

Ich hätte gerne ein »befriedigendes und ausgeglichenes« Leben. Ich hätte gerne mehr Zeit und Kraft übrig für meine Arbeit, mich selbst und die Menschen, die ich liebe. Wenn ich erkenne, daß *ich gut genug bin,* so habe ich alles, was ich möchte und brauche.

ICH WILL MICH einlassen auf dieses Gefühl, gut genug zu sein, und es heute in mir tragen.

Alternative Meditation 6

Beziehungen

> *Junge Frauen muß man dazu ermutigen, daß sie (nach dem College) weiter ihren Weg gehen und ihr Leben sorgfältig planen. Es hat sich gezeigt, daß sie durch diesen Vorsatz weniger darauf erpicht sind, sich früh in eine Ehe zu stürzen … Natürlich heiraten die meisten von ihnen irgendwann — aber dann aufgrund reiflicher Überlegung. Ihre Heirat ist dann keine Flucht, sondern der Beginn einer tiefen Bindung, die zwei Menschen eingehen, und Teil jener Verpflichtung, die sie gegenüber sich selbst und der Gesellschaft haben.* Betty Friedan

In unserer Gesellschaft weiß man nicht sehr viel über gesunde zwischenmenschliche Beziehungen. Meistens sind unsere diesbezüglichen Vorstellungen von Abhängigkeitsverhältnissen geprägt — darin kennen wir uns aus. Allzuoft betrachten wir unsere Beziehungen unter rein äußerlichen Aspekten und erwarten, daß sie uns — wie eine Droge — schnell gewähren, was wir so dringend brauchen: daß durch sie unsere Identität hergestellt und unser Leben in Ordnung gebracht wird. Wenn wir in dieser Weise denken und handeln, sind wir kein selbständiges Gegenüber, sondern eine weiche, beliebig gestaltbare Masse — und verlangen von den anderen, daß sie uns mit Hilfe der Beziehung irgendwie formen. Ohne diesen äußeren Halt, den uns der Partner gibt, lösen wir uns gleichsam in unsere Bestandteile auf. Wer aber wollte (oder könnte überhaupt) mit einem solch schwachen und völlig verwirrten Etwas in Beziehung treten?

WENN ICH mit einem anderen Menschen in Beziehung treten will, muß ich etwas einbringen … mich selbst.

Aufgerieben werden/Schuldgefühle

Manchmal denke ich, daß der angestrengte Versuch, diese beiden Zielsetzungen, Familie und Arbeit, in Einklang zu bringen, mich innerlich zerreißt.
Norma Jean Harris (Sheila Ballantyne)

Frauen haben es schwer, ihrer eigenen Arbeit nachzugehen. Von Künstlerinnen etwa wird häufig erwartet, daß sie auch noch den Haushalt führen, alle familiären Angelegenheiten regeln, mit anderen Müttern die Fahrgemeinschaft für die Kinder organisieren, sämtliche Mahlzeiten zubereiten, daß sie saubermachen, aufräumen — und dann auch noch fähig sind, ihre »freien« Augenblikke im (gewöhnlich nur behelfsmäßig eingerichteten) Atelier zu verbringen und zu arbeiten. In unserer Kultur ist es nicht leicht, eine künstlerische Existenz zu führen. Für Frauen jedoch ist es fast unmöglich.

Aber die Künstlerinnen sind nicht die einzigen, die diesen Kampf zu bestehen haben. Jede Frau, die sich zuviel Arbeit auflädt, kann nicht umhin, die Auswirkungen ihrer Sucht auf die Familie zu erkennen. Selbst wenn wir fest davon überzeugt sind, daß unsere eigene Arbeit Vorrang haben sollte, empfinden wir doch schreckliche Schuldgefühle, sobald der Ehepartner oder die Kinder mit uns erst einmal eine Verabredung treffen müssen, damit sie uns überhaupt zu Gesicht bekommen.

EINE FRAU, die ihrer eigenen Arbeit verpflichtet ist, vollbringt einen der besten Balanceakte in diesem Affenzirkus, den wir Leben nennen. Aber wenigstens sind wir nicht allein, wenn wir gegen dieses Problem ankämpfen.

Alternative Meditation 8

Kreativität

Ähnlich wie bestimmte Chemikalien photographische Bilder entwickeln, bringt der Mond die imaginativen Fähigkeiten zur Entfaltung.

Norma Jean Harris (Sheila Ballantyne)

Ich mag diese Vorstellung, nach der das Mondlicht gleichsam als Katalysator dient, um die in mir schon vorhandenen Bilder zum Vorschein kommen zu lassen.

Welch wundersame und überraschende Farbe mögen sie wohl annehmen, wenn ich mich im Licht des Mondes bade?

Ich vermute, daß es im Grunde gar nicht um den Mond und die ihm zugeschriebenen magischen Kräfte geht, sondern um meine Bereitschaft, die Dinge soweit ruhiger anzugehen, daß jede Erscheinungsweise der Natur mich berühren und inspirieren kann.

Die Alten wußten, daß durch die tiefe Verbundenheit mit der Natur heilende und schöpferische Kräfte freigesetzt werden. Auch ich brauche mehr Natur in meinem Leben.

ES MAG gar nicht so einfach sein, in die Natur zu gelangen — aber selbst über großen Städten leuchtet der Mond.

Geschenke/Kontrollverhalten Unnachgiebigkeit/Eigensinn

Wir machen keine Fehler. Wir haben nur Lektionen zu lernen. Anne Wilson Schaef

Wenn wir einmal in Betracht ziehen, wie sehr die Angst vor eigenen Fehlern uns all jener Dinge beraubt hat, die für das Leben so eminent wichtig sind, danken wir dafür, daß wir uns nicht länger allzusehr davor fürchten müssen, etwas falsch zu machen.

Das Leben bietet uns viele Gelegenheiten, die erforderlichen Lektionen zu lernen. Unser innerstes Wesen ist sehr auf Erhaltung bedacht: Immer wieder konfrontiert es uns mit einer bestimmten Erfahrung, bis wir »unseren Lernstoff intus haben«.

Der Preis, den wir für diese Art von Privatunterricht zahlen müssen, steht in direktem Verhältnis zu unserem Eigensinn und unserer Unnachgiebigkeit. Je dickköpfiger und starrer wir sind, desto fester müssen wir vor den Kopf gestoßen werden, damit wir endlich begreifen. Wenn wir beim ersten Mal noch nicht aus unseren Fehlern lernen wollen, bekommen wir eine weitere Chance ... und noch eine ... und wieder eine.

ICH BEDANKE mich dafür, daß es Gelegenheiten gibt, etwas zu lernen — auch wenn sie mir im jeweiligen Moment nicht gerade wie Geschenke vorkommen.

Alternative Meditation 10

Kreativität

> *Warum sollten wir alle unsere schöpferische Kraft nutzen ...? Weil nichts anderes die Menschen so großzügig, freudig, lebendig, mutig und mitfühlend macht, daß ihnen dieses ständige Kämpfen genauso gleichgültig wird wie die Anhäufung von materiellen Dingen und Geld.*
>
> Brenda Ueland

Unsere Reizbarkeit und Niedergeschlagenheit ist vor allem eine Reaktion darauf, daß wir unsere schöpferischen Kräfte nicht nutzen. Wir alle verfügen über einige Bereiche, in denen wir kreativ sein können, und eine jede von uns besitzt ein ganz einzigartiges schöpferisches Potential, das eng mit unseren Talenten und unserer Persönlichkeit zusammenhängt. Wann immer wir auf andere schauen und denken: »Ich kann nicht so gut malen« oder: »Ich habe nicht ihr Talent«, lassen wir unsere ureigensten Fähigkeiten einmal mehr außer acht.

Wenn wir diese kreativen Kräfte abblocken, kommt uns nicht nur jene tiefe Freude abhanden, sondern auch das Gefühl, wirklich lebendig zu sein. Ist es da verwunderlich, daß wir mürrisch und giftig werden und, statt kreativ zu sein, unsere innere Leere mit Dingen und Geld auszufüllen versuchen — was freilich nie wirklich funktioniert.

IM GRUNDE bin ich auf der Suche nach mir selbst — und von Natur aus kreativ.

Hausarbeit

Was machst du denn da draußen, das so wichtig wäre, daß du nicht einmal damit warten kannst, bis das Geschirr gespült ist und die Kinder zu Bett gebracht sind?
Sheila Ballantyne

Ich habe noch nie verstanden, warum die Hausarbeit nicht auch auf jene Liste kommt, die solch unvermeidliche Dinge umfaßt wie Steuern oder Tod. Ganz gleich, was wir gerade fertigkriegen wollen oder wie sehr wir eine Ruhepause nötig haben — die Hausarbeit ruft uns ständig, als würde eine Sirene betörend singen: »Komm, wende dich mir zu ... Komm, wende dich mir zu.« Ich habe schon daran gedacht, eine Art »Verhütungs-Spray« zu erfinden, das verhindert, daß sich die Hausarbeit während unseres Schlafs von selbst reproduziert. Denn wenn wir am Morgen aufstehen, hat sie sich im Vergleich zum Vorabend anscheinend vervielfacht.

Das Gute an der Hausarbeit ist natürlich, daß sie nicht einfach verschwindet. Wir können an anderen Aufgaben weiterarbeiten und uns ein bißchen kreativ betätigen oder ein langes Bad nehmen — sie wird auf uns warten und da sein, wenn wir zu ihr zurückkehren.

DA DIE HAUSARBEIT sowieso immer auf mich wartet, kann ich mich genausogut auch anderen Dingen zuwenden und das tun, was mir gefällt.

Alternative Meditation 12

TATKRAFT/KONTROLLVERHALTEN

Ich hatte immer große Angst davor, im Leben nur ein Passagier zu sein.

Prinzessin Margarete von Dänemark

Uns Frauen impfte man schon früh die Erwartung ein, daß später jemand kommt und für uns sorgt. Heute schätzen die meisten von uns berufstätigen Frauen ihre Unabhängigkeit. Dennoch haben wir oft den geheimen Wunsch, daß ein anderer die Verantwortung für unser Leben übernimmt. Häufig schwanken wir zwischen dem großen Bedürfnis, im Leben ein Passagier zu sein, der sich um nichts wirklich kümmern muß, und der ausdrücklichen Absicht, alles selbst zu meistern. Manchmal bleiben wir irgendwo zwischen diesen beiden Extremen hängen. Wir glauben, daß wir uns entweder einfach der Fahrt überlassen sollten oder aber unbedingt vorne in der Lok sitzen müssen, die den Zug hinter sich herzieht. Wir sehen nicht die dritte Möglichkeit: Verantwortung zu übernehmen für unser Leben, das wir zugleich jener Macht anvertrauen, die größer ist als wir.

Wenn wir am eigenen Leben wirklich Anteil nehmen, heißt das nicht, daß wir es kontrollieren. Und wenn wir es nicht kontrollieren, ist damit keineswegs gesagt, daß wir passiv sind.

ICH BRAUCHE mich nicht zu entscheiden, ob ich Passagier sein oder die Lok selbst steuern will. Ich kann mein Leben als einen Prozeß auffassen und es dementsprechend gestalten.

EHRLICHKEIT/SELBSTACHTUNG

Ich respektierte die Verpflichtungen, die ich mir selbst gegenüber hatte. Ich entdeckte meine innere Stimme und brachte Arbeiten hervor, die mit ihr in Einklang standen.
Norma Jean Harris (Sheila Ballantyne)

Einige von uns stoßen sich etwas an den Worten: »... Verpflichtungen, die ich mir selbst gegenüber hatte.« Wir wurden dazu erzogen zu glauben, daß wir uns aufopfern müßten, um ein guter Mensch zu sein. Andere wiederum haben sich gegen diesen weiblichen Kult der Selbstaufgabe gewehrt und die Entscheidung getroffen, daß wir eigennützig denken und uns auf uns selbst konzentrieren sollten. Oft fallen wir von einem Extrem ins andere. Leider (oder zum Glück, je nachdem, wie man es nimmt) ist weder die eine noch die andere Lösung zufriedenstellend. So oder so fühlen wir uns einsam, wissen nicht recht, was wir mit uns anfangen sollen, und sind unausgefüllt.

Die dritte Alternative besteht darin, sich selbst zu respektieren. Wenn wir dies tun und aus solchem Respekt heraus anderen etwas geben, dann ist unsere Gabe ganz rein. Wenn wir uns dagegen selbst *nicht* respektieren, ist sie mit Hintergedanken verknüpft und erzeugt so zwischen dem Gebenden und dem Empfänger eine ungute Atmosphäre.

WENN ICH MIR SELBST MIT RESPEKT BEGEGNE, entdecke ich, welch magische Kraft meine innere Stimme und meine Arbeiten besitzen.

Alternative Meditation 14

DIE WIRKUNG AUF ANDERE ABSCHÄTZEN UND PLANEN

> *Wir werden die Eigenart unserer Schöpferkraft erkennen, wenn wir aufhören, unseren eigenen Vorbildern bzw. denen anderer Menschen entsprechen zu wollen, wenn wir also lernen, wir selbst zu sein, und zulassen, daß unsere inneren Kanäle offen sind.* Shakti Gawain

Wenn wir unsere Wirkung auf andere abschätzen, versuchen wir, das Bild zu manipulieren, das die anderen sich von uns machen. Dies ist eine sehr subtile Form von Kontrolle, die daher rührt, daß wir uns unsicher, ängstlich und verletzlich fühlen. Ständig andere Menschen beeindrucken zu müssen, ist eine erschöpfende und zeitraubende Angelegenheit. Ständig sind wir so damit beschäftigt, anderen gefallen zu wollen und uns selbst unangreifbar zu machen, daß wir nicht einmal in die Nähe der uns eigenen Schöpferkraft kommen.

Für die moderne berufstätige Frau ist diese Neigung, eine bestimmte Wirkung zu erzielen, zu einer Art Lebensstil geworden. Und sie ist nicht die einzige, die sich darauf »spezialisiert« hat. Jede Frau, die mit sich selbst uneins ist, glaubt tatsächlich, die Wahrnehmungen der anderen steuern zu müssen. Daher geht sie auch nie wirklich das Risiko ein, erkannt zu werden.

WENN WIR VERSUCHEN, die Dinge zu lenken, wollen wir nichts anderes, als Kontrolle ausüben. Wenn wir jedoch wir selbst sind, können wir mit anderen in ganz natürlicher und aufrichtiger Weise *zusammensein.*

ZUVIEL FORDERN

Wenn man nur von jener Person träumt, die man gerne wäre, vergeudet man den Menschen, der man ist.
Anonym

Von der Person, die wir sein wollten, haben wir so oft geträumt, daß wir nie Zeit hatten, die Frau zu sein, die wir in Wahrheit sind. Es ist eine aufregende Erfahrung, auf unsere Entwicklung zurückzublicken und zu erkennen, daß da ein enger Zusammenhang besteht zwischen der Beendigung unseres Versuchs, jemand anders zu sein, und dem Anfang unserer Suche nach den eigenen Wurzeln. In der Vergangenheit haben wir meist zuviel von uns selbst verlangt. Gerade weil wir befürchteten, unser wahres Selbst würde niemals den Ansprüchen genügen können, wollten wir uns in eine Form pressen, die mit diesem Selbst gar nichts zu tun hatte.

Unsere Arbeit an den Zwölf Schritten hat uns geholfen einzusehen, daß jene zu hohen Anforderungen, die wir an uns selbst stellten, Teil unserer Krankheit sind — und daß sie sich in Luft auflösen, sobald wir uns aktiv für die eigene Gesundung einsetzen.

GUT GENUG ODER NICHT — ich bin, wie ich bin: vor dem Hintergrund einer höheren Macht.

Alternative Meditation 16

Freiheit

> *Frei sein bedeutet, daß man sich seine Bürden aussuchen kann.*
> Hephzibah Menuhin

Niemand ist vollkommen frei. Die totale Freiheit ist ein Mythos, der die meisten in Schrecken versetzt und anderen als eine traumhafte Vorstellung erscheint. Während wir unsere Angst vor dieser Freiheit zu bekämpfen bzw. gegen die Beschränkungen in unserem Leben vorzugehen versuchen, vergessen wir ganz die Freiheiten, die wir schon besitzen. Zum Beispiel steht es uns frei, unsere Bürden selbst zu wählen.

Frauen, die kinderlos sind, haben sich dazu entschlossen, die Last einer ganztägigen Beschäftigung auf sich zu nehmen und eben *nicht* jene ganz besondere Freiheit zu erfahren, die aus dem engen Umgang mit Kindern resultiert. Frauen, die sich für Kinder entschieden haben, sagen damit auch ja zu all den Belastungen, die mit deren Erziehung (und oft noch zusätzlich mit der Arbeit außer Haus!) verbunden sind. Wie unsere Entscheidungen auch ausfallen: Es sind die unseren. Es steht uns frei, gut mit ihnen zurechtzukommen.

ICH HABE meine Bürden selbst gewählt. Manchmal sehe ich nicht die Freiheit, die in dieser Entscheidung zum Ausdruck kommt.

Die 12 Schritte der AA

① Wir gaben zu, daß wir dem Alkohol gegenüber machtlos sind — und unser Leben nicht mehr meistern konnten.

② Wir kamen zu dem Glauben, daß eine Macht, größer als wir selbst, uns unsere geistige Gesundheit wiedergeben kann.

③ Wir faßten den Entschluß, unseren Willen und unser Leben der Sorge Gottes — wie wir Ihn verstanden — anzuvertrauen.

④ Wir machten eine gründliche und furchtlose Inventur in unserem Inneren.

⑤ Wir gaben Gott, uns selbst und einem anderen Menschen gegenüber unverhüllt unsere Fehler zu.

⑥ Wir waren völlig bereit, all diese Charakterfehler von Gott beseitigen zu lassen.

⑦ Demütig baten wir Ihn, unsere Mängel von uns zu nehmen.

⑧ Wir machten eine Liste aller Personen, denen wir Schaden zugefügt hatten, und wurden willig, ihn bei allen wieder gutzumachen.

⑨ Wir machten bei diesen Menschen alles wieder gut — wo immer es möglich war —, es sei denn, wir hätten dadurch sie oder andere verletzt.

⑩ Wir setzten die Inventur bei uns fort, und wenn wir Unrecht hatten, gaben wir es sofort zu.

⑪ Wir suchten, durch Gebet und Besinnung die bewußte Verbindung zu Gott — wie wir Ihn verstanden — zu verbessern.
Wir baten Ihn nur, uns seinen Willen für uns erkennen zu lassen, und um die Kraft, ihn auszuführen.

⑫ Nachdem wir durch diese Schritte ein geistiges Erwachen erlebt hatten, versuchten wir, diese Botschaft an Alkoholiker weiterzugeben und unser tägliches Leben nach diesen Grundsätzen auszurichten.

Kontaktadresse: 8000 München 2, Landwehrstraße 9

Danksagung

An dieser Stelle möchte ich den vielen Menschen danken, die an der Entstehung des vorliegenden Buches maßgeblichen Anteil hatten. Da ist zuerst mein Agent, Jonathon Lazear, der mich eines Tages anrief und sagte: »Ich habe gerade ein Buch von Ihnen verkauft, von dem Sie nicht einmal wissen, daß Sie es schreiben werden.« — »O nein, haben Sie nicht«, gab ich zurück. Dann diskutierten wir über das Projekt. Jan Johnson vom Verlag Harper & Row konnte mich weiter davon überzeugen. Während unseres Gesprächs fiel mir wieder ein, daß ich schon vor Jahren den tiefen Wunsch gehabt hatte, ein Meditationsbuch zu schreiben. Und da ich inzwischen zu der Überzeugung gekommen bin, daß Schreiben meine Profession ist, fühlte ich mich nun auch bereit, meine Fähigkeiten unter Beweis zu stellen. Also sagte ich ja. Die Arbeit an diesem Buch war eine schöne und wichtige Erfahrung, und ich danke Jan und Jonathon dafür, daß sie mich mit einer solchen Herausforderung konfrontierten.

Dann sind da die Menschen aus meiner unmittelbaren Umgebung, die mir den Rücken stärkten. Diane Fassel und John Reed gaben mir ständig Beistand und Feedback und halfen, die Zitate zusammenzustellen. Linda Lewis bemühte sich sehr darum, einige besonders markante Stellen aus der Literatur beizusteuern. Mary Ann Wells, Linda Crowder und Gwen DeCino tippten das Manuskript ab und ordneten es. Ann Sprague bewältigte die ermüdende und zeitraubende, aber dennoch wichtige Aufgabe, die Zitate zu überprüfen und das Ganze kritisch durchzulesen; dabei nahm sie einige inhaltliche und redaktionelle Änderungen vor (fügte am Rand auch so wunderbare und persönliche Kommentare an wie: »Diese Meditation mag ich sehr« oder einfach: »Uff!« etc.) und gab dem Text den letzten Schliff. Meine erwachsenen Kinder sowie mein Schwiegersohn waren eine treibende Kraft, indem sie mich in jeder Hinsicht ermutigten.

Wir alle waren ein großartiges Team, und so bin ich einmal mehr davon überzeugt, daß die Realisierung eines Buches nie in den Händen eines einzigen Menschen liegt. Die Arbeit daran bescherte mir eine herrliche Zeit: Ich wurde als Schriftstellerin wie als Denkerin wie als Organisatorin voll und ganz gefordert. Vielleicht werden wir sogar eine Art Fortsetzung herausbringen für Frauen, die tatsächlich von ihrer Sucht nach Arbeit und Hetze geheilt worden sind. Wer weiß?

Vor allem aber möchte ich jenen Frauen danken, deren Lebensweisheiten und Aussprüche den Kern dieses Buches bilden, sowie dem Zwölf-Schritte-Programm der Anonymen Alkoholiker, ohne dessen Hilfe ich hier nie zu der erforderlichen Klarheit gefunden hätte.

QUELLENNACHWEIS

Wir danken folgenden Verlagen für die Genehmigung, aus ihren Werken zitieren zu dürfen:

Zitate von Elizabeth Asquith Bibesco, Julia Louise Woodruff, Chungmi Kim, Mary Carolyn Davies und Anna Akhmatova aus *The Quotable Woman* von Elaine Partnow. Copyright © 1982 by Elaine Partnow. Abdruck mit freundlicher Erlaubnis von Facts On File, Inc., New York

Auszug aus »Poem« von Helene Johnson aus *Caroline Dusk*, hrsg. von Countee Cullen. Copyright © 1927 by Harper & Row, Publishers, Inc.

Auszüge aus *For Colored Girls Who Have Considered Suicide, When the Rainbow Is Enuf* von Ntozake Shange. Copyright © 1975, 1976, 1977 by Ntozake Shange. Abdruck mit freundlicher Erlaubnis von Macmillan Publishing Company.

Register

A

Abgeschiedenheit 22. Febr., 24. Nov.
Adrenalinstoß 13. April
Alleinsein, Zeit des Alleinseins 3. Febr., 15. März, 31. Aug., 21. Nov., Alternative Meditation 1; und Selbstverantwortung 19. Juli; und Schuldgefühle 12. Juli
Älter werden 2. Okt.
Am Ball bleiben 23. Mai, 9. Nov.
Andere Menschen brauchen 30. Okt.
Angst 21. Okt.; und Bewußtsein für den Lebensprozeß 21. Juli; davor, überflüssig zu sein 28. Jan.; und Veränderung 22. Dez.; und Kontrollverhalten 23. Dez.; und Mut 26. März; und Unehrlichkeit 21. Jan.; und Manipulation 29. April; und Offenheit 6. Dez.; und Arbeit 30. Sept.
Arbeit 4. Aug., 30 Sept., 1. Nov.
Auf andere Menschen zugehen 26. Nov.
(Ohne) Aufgaben sein 24. April, 31. Okt.
Aufgerieben werden 14. Juli, Alternative Meditation 7
(Den) Augenblick bewußt erleben 18. Jan., 8. Mai, 20. Mai, 9. Aug., 19. Sept., 7. Okt.

B

Befriedigung 10. Juni
Begeisterung 9. Juli, 8. Aug.
Bejahende Haltung 31. Mai; und Ehrgeiz 18. Nov.; und Selbstwerdung 17. März; gegenüber den eigenen Gefühlen 11. Febr.; und Ehrlichkeit 15. April; und Demut 24. Juli; und im Heute leben 23. Okt.; gegenüber den eigenen Fehlern 12. März; und Selbstvertrauen 23. Juli
Beruflicher Aufstieg 9. Febr., 7. Dez.
Besessen sein 16. Sept., 6. Okt., 30. Okt.
Bewußtheit 18. März, 17. Mai, 23. Juni, 5. Sept., 18. Okt.
Beziehungen 6. März, 28. Aug., Alternative Meditation 6

D

Dankbarkeit 9. Febr., 24. März, 14. April, 6. Mai, 6. Aug.
Defensive Grundeinstellung 12. Aug.
Demut 24. Juli
Denken 17. Jan.; verwirrtes Denken 3. April, 25. Sept.
Depression 31. Juli

E

Ehrfurcht 17. März, 17. Aug., 17. Okt.
Ehrgeiz 5. Aug., 8. Sept., 18. Nov.
Ehrlichkeit 23. Jan., 23. Febr., 15. April, 1. Sept.
Einheit 17. Okt., 29. Okt.
Einsamkeit 5. März, 9. Mai, 22. Mai, 27. Juli, 18. Aug.
Elterliche Erziehung 13. Mai, 26. Aug., 26. Sept., 24. Okt.
Entmutigung 27. März
Entscheidungen 22. März, 22. Dez.
Entschuldigungen 3. Jan., 20. Juli
Erfolg 9. Febr., 4. April, 22. Juli, 14. Aug.
Erschöpfung 5. Jan., 5. Febr., 28. Mai, 3. Juni, 10. Juli
Erwartungen 14. Febr., 20. Juni, 14. Aug., 11. Dez.

F

Feiertage 2. Aug., 16. Dez.
(Zuviel) fordern 13. Nov., Alternative Meditation 15
Freiheit 16. Jan., 1. Febr., 4. März, 1. Juni, 3. Aug., 4. Okt., 3. Dez., Alternative Meditation 16
Freizeit 12. April
Freundschaft 8. April, 7. Juli, 29. Sept.
Frohsinn 1. Aug., 2. Sept., 20. Dez.

G

(Innere) Ganzheit 28. Juni, 22. Nov.
Gebet 15. Nov.
Geduld 22. März
(Sich) gefangen fühlen 27. April, 10. Dez.
Gefühle 11. Febr., 4. März, 20. März, 7. Mai, 15. Sept.
(In der) Gegenwart leben 4. Mai, 18. Juni

(Innere) Gelassenheit 10. März, 11. Sept., 15. Nov.
Geschäftigkeit 25. März, 11. April, 26. April, 11. Aug., 15. Aug.; und Adrenalinstoß 13. April; bewußtes Wahrnehmen der 11. Nov.; und innere Verwirrung 9. Dez.; und Erschöpfung 28. Mai; und Freundschaft 29. Sept.; und Hausarbeit 2. Juni; und Einsamkeit 9. Mai
Geschenke 15. Jan., 4. Febr., 1. April, 17. Sept., 4. Dez., Alternative Meditation 9
(Geistige) Gesundheit 7. März
Glaube 14. Jan., 6. Febr., 25. April, 6. Juni; und höhere Macht 9. April
(Inneres) Gleichgewicht 16. Juli, 24. Sept.
Glück 2. Febr., 31. Juli, 25. Aug., 27. Nov.
(Die eigenen) Grenzen erreichen 12. Sept.
Gute Sache 7. Juni, 1. Nov., 11. Nov., 24. Dez.

H

Halsstarrigkeit 9. Nov., Alternative Meditation 9
Hausarbeit 11. März, 2. Juni, Alternative Meditation 11
(Innere) Heilung 17. April, 25. Mai, 30. Juni, 4. Nov.
Hektik 18. Febr., 29. Mai, 16. Dez.
Hetze 1. Jan., 11. April, 19. April, 29. Mai
Heute 1. Mai
(Im) Heute leben 23. Okt.
(Um) Hilfe bitten 16. Mai, 16. Aug.
Höhere Macht 1. März, 9. März, 9. April, 3. Sept., 23. Nov.
Hoffnungen und Träume 24. Mai, 25. Okt.
Humor 4. Jan., 3. Juli, 28. Aug.

I

Ichbezogenheit 2. Sept.
Inspiration 21. Dez.
(Innere) Integrität 4. April, 29. Juli
Interessen 2. Dez.
Intimität 24. Jan., 10. Mai, 20. Juli
(Innere) Inventur 20. April
Isolation 30. April, 5. Juli

K

Kampf 23. Aug.
Klarheit 8. Febr., 21. Sept., 28. Dez.
Kommunikation 10. Febr., 28. Okt., 19. Dez.
Konflikte 11. Febr., 21. Mai
Konkurrenzdenken 6. Sept.
Kontrollverhalten 19. Jan., 20. Jan., 16. Juni, 17. Juli, 13. Aug., 13. Okt., 14. Nov.; und bejahende Haltung 15. Nov.; und Tatkraft Alternative Meditation 12; und Wiedergutmachung 26. Sept.; und Arroganz 23. Mai; und Bewußtheit 5. Sept.; und Bewußtsein für den Lebensprozeß 17. Febr., 20. Okt.; und Selbstwerdung 16. Okt; und Mut 20. Sept.; und Krisen 5. Jan.; und Gefühl, überflüssig zu sein 28. Jan.; und Angst 21. Jan., 23. Dez., Alternative Meditation 9; und Gefühle 20. März; und Glück 25. Aug.; und sich unentbehrlich machen 8. Okt.; und Frohsinn 2. Sept.; und Loslassen 10. Nov.; und einen Tag nach dem anderen leben 18. Mai; und innere Heilung 4. Nov.
Kreativität 8. Juni, 27. Okt., 12. Nov., Alternative Meditationen 8, 10; und Bewußtsein für den Lebensprozeß 17. Febr., 15. Juli; und Zeit des Alleinseins Alternative Meditation 1
Krisen 5. Jan., 3. Nov.

L

Lachen 28. Febr., 29. Nov.
(Ein erfülltes) Leben führen 2. April, 26. Mai, 13. Juni, 26. Juni, 2. Juli, 13. Sept.; auch geistig 1. März
(Das eigene) Leben in die Hand nehmen 13. Juli
Lebensprozeß, Bewußtsein für den 17. Febr., 27. Mai, 1. Juni, 22. Juni, 21. Juli, 1. Okt., 20. Okt., 29. Dez.; innere Verbundenheit damit 1. März
(Innere) Leere 5. Okt.
Leidenschaft 29. März
Lernen 4. Sept.
Liebe 12. Mai, 7. Juni, 18. Dez., 30. Dez.
Loslassen 25. Jan., 3. März, 10. Nov.

M

Machtlosigkeit 2. Jan., 29. Jan., 18. Juli

Mißerfolg 6. April
Mitgefühl 13. Jan., 30. Dez.
(Sich) mitteilen 8. Dez.
Moralische Grundsätze 13. Febr.
Mut 26. März, 2. Mai, 24. Juni, 20. Sept., 7. Nov., 6. Dez.

N

Negative Einstellung 10. Jan., 15. Juni
Neubeginn 10. Sept.

P

Panik 27. Sept.
Perfektionismus 27. Febr., 27. Juli, 25. Nov., Alternative Meditation 3
Pflicht 10. April, 21. Aug.
(Mit) Projekten herumjonglieren 10. Jan., 19. Febr.

Q

Qualen 11. Mai

R

Ressentiments 3. März
Reue 11. März
Rücksichtslosigkeit 13. Jan.

S

Schamgefühle 30. Mai
Schmerz 25. Febr., 31. März
Schönheit 28. April, 11. Juni, 21. Juni, 15. Okt., 17. Okt.
Schuldgefühle 23. April, 14. Mai, 12. Juli, 18. Sept., 2. Nov., 30. Nov., Alternative Meditation 7
Selbstachtung 9. März, 22. April, 4. Juli, Alternative Meditation 13
Selbstbejahung 19. Juni
Selbstbestätigung 8. März, 29. Juni
Selbstbewußtheit 30. Jan., 21. April, 12. Juni, 17. Juni
Selbsttäuschung 6. Jan.

Selbstvertrauen 23. Juli, 15. Dez.
Selbstwerdung 16. Febr., 17. März, 30. März, 2. Okt., 16. Okt., 13. Dez.
Sicherheit 11. Jan.; finanzielle 26. Jan., 5. Nov., 1. Dez.
Sorgen 17. Sept.
Stärke 29. Juni, 14. Dez.
Staunen 25. Juli, 22. Aug.
Streß 7. Febr.

T

Tag für Tag leben 18. Mai
Tatkraft 27. Juni, 8. Nov., Alternative Meditation 12
(Enge) Termine 7. Febr., 6. Nov.
Tränen 16. März
Träume und Hoffnungen 24. Mai, 25. Okt.
Traurigkeit 20. Aug.

U

(Sich) überflüssig fühlen 28. Jan.
(Sich selbst) überfordern 7. Sept., 2. Dez.
(Sich) überfordert fühlen 5. Mai, 14. Sept., 14. Okt.
Unabhängigkeit 16. April
Unehrlichkeit 21. Jan.
(Sich) unentbehrlich machen 28. Sept., 8. Okt.
Unnachgiebigkeit 7. Jan., Alternative Meditation 9
Unterbrechungen 30. Aug.
Unterstützung 27. Sept.

V

Veränderung 11. Jan., 22. Dez., 28. Dez.
Verantwortliche Position 5. Juni, 5. Dez.
Verantwortung 24. Febr., 14. Mai, 19. Juli, 12. Dez.
(Innere) Verbundenheit 5. April, 22. Mai, 25. Dez.
Verdrängung 21. Jan., 28. Juli
Vergleiche 9. Juni, 21. Juni
(Innere) Verpflichtung 1. Okt.
Versöhnlichkeit 27. Jan., 21. März, 6. Juli
(Unrealistische) Versprechungen 19. März
Vertrauen 18. Mai, 26. Juli, Alternative Meditation 5

Verwirrung 22. Mai, 15. Juni, 22. Sept., 23. Sept., 10. Okt., 9. Dez., Alternative Meditation 2
Verzögerungen 6. Nov., 27. Dez., Alternative Meditation 3
Verzweiflung 19. März, 20. März, 3. Mai, 9. Okt.

W

(Inneres) Wachstum 8. Juli, 7. Aug., 25. Dez., 28. Dez.
Wahlmöglichkeiten 12. Jan.; und Entschuldigungen 3. Jan.; und sich gefangen fühlen 27. April; und Verantwortung 24. Febr.; und Unterstützung 27. Sept.; und Gefühl der Wertlosigkeit 19. Mai
(Sich halb) wahnsinnig fühlen 15. Febr., 2. März, 3. Okt.
Wahrheit 4. Aug.
Weisheit 14. Juni, 9. Sept.
Weitergehen 20. Aug.
Werte 21. Febr.
Wertlosigkeit, Gefühl der 19. Mai, 29. Mai, 25. Juni
Wettbewerb 12. Febr., 9. Juni
Widersprüche 30. Juli
Wiedergutmachung 20. Febr., 12. März, 6. Juli, 26. Sept.
Wirkung auf andere abschätzen und planen 29. Febr., 29. Aug., 26. Okt., Alternative Meditation 14
Wißbegier 13. Juni
Wochenenden 12. April
(Sich selbst) würdigen 27. Sept., Alternative Meditation 13
Würdigung des Lebens 18. April, 20. Nov.
Wut 9. Jan., 14. März, 15. Mai

Z

Zeitplanung 19. Nov.
Ziele 12. Febr., 4. Juni, 11. Juli, 10. Aug.
Zwölf-Schritte-Programm: Erster Schritt 2. Jan., 21. Jan., 29. Jan., 11. April, 30. Juni, 20. Juli, 16. Nov., 27. Dez.
Zweiter Schritt 21. Jan., 3. April, 9. April, 16. Nov.
Dritter Schritt 21. Jan., 28. März, 1. Okt., 16. Nov.
Vierter Schritt 4. April, 14. April
Achter Schritt 26. Sept.
Neunter Schritt 26. Sept.
Elfter Schritt 6. Febr., 6. Juni, 15. Juli
Zwölfter Schritt 26. Nov., 8. Dez.